HONGAARS

WOORDENSCHAT

THEMATISCHE WOORDENLIJST

NEDERLANDS HONGAARS

De meest bruikbare woorden
Om uw woordenschat uit te breiden en
uw taalvaardigheid aan te scherpen

7000 woorden

Thematische woordenschat Nederlands-Hongaars - 7000 woorden
Door Andrey Taranov

Woordenlijsten van T&P Books zijn bedoeld om u woorden van een vreemde taal te helpen leren, onthouden, en bestudering. Dit woordenboek is ingedeeld in thema's en behandelt alle belangrijk terreinen van het dagelijkse leven, bedrijven, wetenschap, cultuur, etc.

Het proces van het leren van woorden met behulp van de op thema's gebaseerde aanpak van T&P Books biedt u de volgende voordelen:

- Correct gegroepeerde informatie is bepalend voor succes bij opeenvolgende stadia van het leren van woorden
- De beschikbaarheid van woorden die van dezelfde stam zijn maakt het mogelijk om woordgroepen te onthouden (in plaats van losse woorden)
- Kleine groepen van woorden faciliteren het proces van het aanmaken van associatieve verbindingen, die nodig zijn bij het consolideren van de woordenschat
- Het niveau van talenkennis kan worden ingeschat door het aantal geleerde woorden

T&P Books Publishing
www.tpbooks.com

ISBN: 978-1-78492-304-4

Dit boek is ook beschikbaar in e-boek formaat.
Gelieve www.tpbooks.com te bezoeken of de belangrijkste online boekwinkels.

HONGAARSE WOORDENSCHAT
nieuwe woorden leren

T&P Books woordenlijsten zijn bedoeld om u te helpen vreemde woorden te leren, te onthouden, en te bestuderen. De woordenschat bevat meer dan 7000 veel gebruikte woorden die thematisch geordend zijn.

- De woordenlijst bevat de meest gebruikte woorden
- Aanbevolen als aanvulling bij welke taalcursus dan ook
- Voldoet aan de behoeften van de beginnende en gevorderde student in vreemde talen
- Geschikt voor dagelijks gebruik, bestudering en zelftestactiviteiten
- Maakt het mogelijk om uw woordenschat te evalueren

Bijzondere kenmerken van de woordenschat

- De woorden zijn gerangschikt naar hun betekenis, niet volgens alfabet
- De woorden worden weergegeven in drie kolommen om bestudering en zelftesten te vergemakkelijken
- Woorden in groepen worden verdeeld in kleine blokken om het leerproces te vergemakkelijken
- De woordenschat biedt een handige en eenvoudige beschrijving van elk buitenlands woord

De woordenschat bevat 198 onderwerpen zoals:

Basisconcepten, getallen, kleuren, maanden, seizoenen, meeteenheden, kleding en accessoires, eten & voeding, restaurant, familieleden, verwanten, karakter, gevoelens, emoties, ziekten, stad, dorp, bezienswaardigheden, winkelen, geld, huis, thuis, kantoor, werken op kantoor, import & export, marketing, werk zoeken, sport, onderwijs, computer, internet, gereedschap, natuur, landen, nationaliteiten en meer ...

INHOUDSOPGAVE

UITSPRAAKGIDS

T&P fonetisch alfabet	Hongaars voorbeeld	Nederlands voorbeeld

Klinkers

[ɒ]	**takaró** [tɒkɒro:]	Fries - 'hanne'
[a:]	**bátor** [ba:tor]	aan, maart
[ɛ]	**öreg** [ørɛg]	elf, zwembad
[e:]	**csésze** [ʧɛ:sɛ]	twee, ongeveer
[i]	**viccel** [vitsɛl]	bidden, tint
[i:]	**híd** [hi:d]	team, portier
[o]	**komoly** [komoj]	overeenkomst
[o:]	**óvoda** [o:vodɒ]	rood, knoop
[ø]	**könny** [køɲ:]	neus, beu
[ø:]	**rendőr** [rɛndø:r]	lange 'uh' als in deur
[u]	**tud** [tud]	hoed, doe
[u:]	**bútor** [bu:tor]	fuut, uur
[y]	**üveg** [yvɛg]	fuut, uur
[y:]	**tűzoltó** [ty:zolto:]	jullie

Medeklinkers

[b]	**borsó** [borʃo:]	hebben
[c]	**kutya** [kucɒ]	petje
[ʦ]	**recept** [rɛtsɛpt]	niets, plaats
[ʧ]	**bocsát** [boʧa:t]	Tsjechië, cello
[d]	**dal** [dɒl]	Dank u, honderd
[ʣ]	**edző** [ɛʣø:]	zeldzaam
[ʤ]	**dzsem** [ʤɛm]	jeans, jungle
[f]	**feltétel** [fɛlte:tɛl]	feestdag, informeren
[g]	**régen** [re:gɛn]	goal, tango
[h]	**homok** [homok]	het, herhalen
[j]	**játszik** [ja:ʦik]	New York, januari
[ɟ]	**negyven** [nɛɟvɛn]	Djengiz Khan
[k]	**katalógus** [kɒtɒlo:guʃ]	kennen, kleur
[l]	**olcsó** [olʧo:]	delen, luchter
[m]	**megment** [mɛgmɛnt]	morgen, etmaal
[n]	**négyzet** [ne:ɟzɛt]	nemen, zonder
[ŋ]	**senki** [ʃɛŋki]	optelling
[ɲ]	**kanyar** [kɒɲɒr]	cognac, nieuw
[p]	**pizsama** [piʒɒmɒ]	parallel, koper
[r]	**köröm** [kørøm]	roepen, breken

T&P fonetisch alfabet	Hongaars voorbeeld	Nederlands voorbeeld
[s]	**szoknya** [sokɲɒ]	spreken, kosten
[ʃ]	**siet** [ʃiɛt]	shampoo, machine
[t]	**táska** [ta:ʃkɒ]	tomaat, taart
[v]	**vezető** [vɛzɛtø:]	beloven, schrijven
[z]	**frizura** [frizurɒ]	zeven, zesde
[ʒ]	**mazsola** [mɒʒolɒ]	journalist, rouge

AFKORTINGEN gebruikt in de woordenschat

Nederlandse afkortingen

abn	-	als bijvoeglijk naamwoord
bijv.	-	bijvoorbeeld
bn	-	bijvoeglijk naamwoord
bw	-	bijwoord
enk.	-	enkelvoud
enz.	-	enzovoort
form.	-	formele taal
inform.	-	informele taal
mann.	-	mannelijk
mil.	-	militair
mv.	-	meervoud
on.ww.	-	onovergankelijk werkwoord
ontelb.	-	ontelbaar
ov.	-	over
ov.ww.	-	overgankelijk werkwoord
telb.	-	telbaar
vn	-	voornaamwoord
vrouw.	-	vrouwelijk
vw	-	voegwoord
vz	-	voorzetsel
wisk.	-	wiskunde
ww	-	werkwoord

Nederlandse artikelen

de	-	gemeenschappelijk geslacht
de/het	-	gemeenschappelijk geslacht, onzijdig
het	-	onzijdig

BASISBEGRIPPEN

Basisbegrippen Deel 1

1. Voornaamwoorden

ik	**én**	[e:n]
jij, je	**te**	[tɛ]
hij, zij, het	**ő**	[ø:]
wij, we	**mi**	[mi]
jullie	**ti**	[ti]
zij, ze	**ők**	[ø:k]

2. Begroetingen. Begroetingen. Afscheid

Hallo! Dag!	**Szervusz!**	[sɛrvus]
Hallo!	**Szervusztok!**	[sɛrvustok]
Goedemorgen!	**Jó reggelt!**	[jo: rɛggɛlt]
Goedemiddag!	**Jó napot!**	[jo: nɒpot]
Goedenavond!	**Jó estét!**	[jo: ɛʃte:t]
gedag zeggen (groeten)	**köszönt**	[køsønt]
Hoi!	**Szia!**	[siɒ]
groeten (het)	**üdvözlet**	[ydvøzlɛt]
verwelkomen (ww)	**üdvözöl**	[ydvøzøl]
Hoe gaat het?	**Hogy vagy?**	[hoɟ vɒɟ]
Is er nog nieuws?	**Mi újság?**	[mi u:jʃa:g]
Dag! Tot ziens!	**Viszontlátásra!**	[visont la:ta:ʃrɒ]
Tot snel! Tot ziens!	**A közeli viszontlátásra!**	[ɒ køzɛli visont la:ta:ʃrɒ]
Vaarwel! (inform.)	**Isten veled!**	[iʃtɛn vɛlɛd]
Vaarwel! (form.)	**Isten vele!**	[iʃtɛn vɛlɛ]
afscheid nemen (ww)	**elbúcsúzik**	[ɛlbu:ʧu:zik]
Tot kijk!	**Viszlát!**	[visla:t]
Dank u!	**Köszönöm!**	[køsønøm]
Dank u wel!	**Köszönöm szépen!**	[køsønøm se:pɛn]
Graag gedaan	**Kérem.**	[ke:rɛm]
Geen dank!	**szóra sem érdemes**	[so:rɒ ʃɛm e:rdɛmɛʃ]
Geen moeite.	**nincs mit**	[ninʧ mit]
Excuseer me, ...	**Bocsánat!**	[boʧa:nɒt]
excuseren (verontschuldigen)	**bocsát**	[boʧa:t]
zich verontschuldigen	**bocsánatot kér**	[boʧa:nɒtot ke:r]
Mijn excuses.	**bocsánatot kérek**	[boʧa:nɒtot ke:rɛk]

Het spijt me!	**Elnézést!**	[ɛlne:ze:ʃt]
vergeven (ww)	**bocsát**	[boʧa:t]
alsjeblieft	**kérem szépen**	[ke:rɛm se:pɛn]
Vergeet het niet!	**Ne felejtse!**	[nɛ fɛlɛjʧɛ]
Natuurlijk!	**Persze!**	[pɛrsɛ]
Natuurlijk niet!	**Persze nem!**	[pɛrsɛ nɛm]
Akkoord!	**Jól van!**	[jo:l vɒn]
Zo is het genoeg!	**Elég!**	[ɛle:g]

3. Kardinale getallen. Deel 1

nul	**nulla**	[nullɒ]
een	**egy**	[ɛɟ]
twee	**kettő, két**	[kɛttø:], [ke:t]
drie	**három**	[ha:rom]
vier	**négy**	[ne:ɟ]
vijf	**öt**	[øt]
zes	**hat**	[hɒt]
zeven	**hét**	[he:t]
acht	**nyolc**	[ɲolts]
negen	**kilenc**	[kilɛnts]
tien	**tíz**	[ti:z]
elf	**tizenegy**	[tizɛnɛɟ]
twaalf	**tizenkettő**	[tizɛŋkɛttø:]
dertien	**tizenhárom**	[tizɛnha:rom]
veertien	**tizennégy**	[tizɛnne:ɟ]
vijftien	**tizenöt**	[tizɛnøt]
zestien	**tizenhat**	[tizɛnhɒt]
zeventien	**tizenhét**	[tizɛnhe:t]
achttien	**tizennyolc**	[tizɛnɲølts]
negentien	**tizenkilenc**	[tizɛŋkilɛnts]
twintig	**húsz**	[hu:s]
eenentwintig	**huszonegy**	[husonɛɟ]
tweeëntwintig	**huszonkettő**	[huson kɛttø:]
drieëntwintig	**huszonhárom**	[huson ha:rom]
dertig	**harminc**	[hɒrmints]
eenendertig	**harmincegy**	[hɒrmintsɛɟ]
tweeëndertig	**harminckettő**	[hɒrmints kɛttø:]
drieëndertig	**harminchárom**	[hɒrmintsha:rom]
veertig	**negyven**	[nɛɟvɛn]
eenenveertig	**negyvenegy**	[nɛɟvɛnɛɟ]
tweeënveertig	**negyvenkettő**	[nɛɟvɛn kɛttø:]
drieënveertig	**negyvenhárom**	[nɛɟvɛn ha:rom]
vijftig	**ötven**	[øtvɛn]
eenenvijftig	**ötvenegy**	[øtvɛnɛɟ]
tweeënvijftig	**ötvenkettő**	[øtvɛn kɛttø:]

drieënvijftig	**ötvenhárom**	[øtvɛn ha:rom]
zestig	**hatvan**	[hɒtvɒn]
eenenzestig	**hatvanegy**	[hɒtvɒnɛɟ]
tweeënzestig	**hatvankettő**	[hɒtvɒn kɛttø:]
drieënzestig	**hatvanhárom**	[hɒtvɒn ha:rom]
zeventig	**hetven**	[hɛtvɛn]
eenenzeventig	**hetvenegy**	[hɛtvɛnɛɟ]
tweeënzeventig	**hetvenkettő**	[hɛtvɛn kɛttø:]
drieënzeventig	**hetvenhárom**	[hɛtvɛn ha:rom]
tachtig	**nyolcvan**	[ɲoltsvɒn]
eenentachtig	**nyolcvanegy**	[ɲoltsvɒnɛɟ]
tweeëntachtig	**nyolcvankettő**	[ɲoltsvɒn kɛttø:]
drieëntachtig	**nyolcvanhárom**	[ɲoltsvɒn ha:rom]
negontig	**kilencven**	[kilɛntsvɛn]
eenennegentig	**kilencvenegy**	[kilɛntsvɛnɛɟ]
tweeënnegentig	**kilencvenkettő**	[kilɛntsvɛn kɛttø:]
drieënnegentig	**kilencvenhárom**	[kilɛntsvɛn ha:rom]

4. Kardinale getallen. Deel 2

honderd	**száz**	[sa:z]
tweehonderd	**kétszáz**	[ke:tsa:z]
driehonderd	**háromszáz**	[ha:romsa:z]
vierhonderd	**négyszáz**	[ne:ɟsa:z]
vijfhonderd	**ötszáz**	[øtsa:z]
zeshonderd	**hatszáz**	[hɒtsa:z]
zevenhonderd	**hétszáz**	[he:tsa:z]
achthonderd	**nyolcszáz**	[ɲoltssa:z]
negenhonderd	**kilencszáz**	[kilɛntssa:z]
duizend	**ezer**	[ɛzɛr]
tweeduizend	**kétezer**	[ke:tɛzɛr]
drieduizend	**háromezer**	[ha:romɛzɛr]
tienduizend	**tízezer**	[ti:zɛzɛr]
honderdduizend	**százezer**	[sa:zɛzɛr]
miljoen (het)	**millió**	[millio:]
miljard (het)	**milliárd**	[millia:rd]

5. Getallen. Breuken

breukgetal (het)	**tört**	[tørt]
half	**fél**	[fe:l]
een derde	**egy harmad**	[ɛɟ hɒrmɒd]
kwart	**egy negyed**	[ɛɟ nɛɟɛd]
een achtste	**egy nyolcad**	[ɛɟ nøltsɒd]
een tiende	**egy tized**	[ɛɟ tizɛd]
twee derde	**két harmad**	[ke:t hɒrmɒd]
driekwart	**három negyed**	[ha:rom nɛɟɛd]

6. Getallen. Eenvoudige berekeningen

aftrekking (de)	**kivonás**	[kivona:ʃ]
aftrekken (ww)	**kivon**	[kivon]
deling (de)	**osztás**	[osta:ʃ]
delen (ww)	**oszt**	[ost]
optelling (de)	**összeadás**	[øssɛɒda:ʃ]
erbij optellen (bij elkaar voegen)	**összead**	[øssɛɒd]
optellen (ww)	**hozzáad**	[hozza:ɒd]
vermenigvuldiging (de)	**szorzás**	[sorza:ʃ]
vermenigvuldigen (ww)	**megszoroz**	[mɛgsoroz]

7. Getallen. Diversen

cijfer (het)	**számjegy**	[sa:mjɛɟ]
nummer (het)	**szám**	[sa:m]
telwoord (het)	**számnév**	[sa:mne:v]
minteken (het)	**mínusz**	[mi:nus]
plusteken (het)	**plusz**	[plus]
formule (de)	**formula**	[formulɒ]
berekening (de)	**kiszámítás**	[kisa:mi:ta:ʃ]
tellen (ww)	**számol**	[sa:mol]
bijrekenen (ww)	**összeszámol**	[øssɛsa:mol]
vergelijken (ww)	**összehasonlít**	[øssɛhɒʃonli:t]
Hoeveel? (ontelb.)	**Mennyi?**	[mɛɲɲi]
Hoeveel? (telb.)	**Hány?**	[ha:ɲ]
som (de), totaal (het)	**összeg**	[øssɛg]
uitkomst (de)	**eredmény**	[ɛrɛdme:ɲ]
rest (de)	**maradék**	[mɒrɒde:k]
enkele (bijv. ~ minuten)	**néhány**	[ne:ha:ɲ]
weinig (bw)	**kevés ...**	[kɛve:ʃ]
restant (het)	**egyéb**	[ɛɟe:b]
anderhalf	**másfél**	[ma:ʃfe:l]
dozijn (het)	**tucat**	[tutsɒt]
middendoor (bw)	**ketté**	[kɛtte:]
even (bw)	**egyenlően**	[ɛɟɛnlø:ɛn]
helft (de)	**fél**	[fe:l]
keer (de)	**egyszer**	[ɛcsɛr]

8. De belangrijkste werkwoorden. Deel 1

aanbevelen (ww)	**ajánl**	[ɒja:nl]
aandringen (ww)	**ragaszkodik**	[rɒgɒskodik]
aankomen (per auto, enz.)	**érkezik**	[e:rkɛzik]

aanraken (ww)	**érint**	[e:rint]
adviseren (ww)	**tanácsol**	[tɒna:ʧol]
afdalen (on.ww.)	**lemegy**	[lɛmɛɟ]
afslaan (naar rechts ~)	**fordul**	[fordul]
antwoorden (ww)	**válaszol**	[va:lɒsol]
bang zijn (ww)	**fél**	[fe:l]
bedreigen (bijv. met een pistool)	**fenyeget**	[fɛɲɛgɛt]
bedriegen (ww)	**csal**	[ʧɒl]
beëindigen (ww)	**befejez**	[bɛfɛjɛz]
beginnen (ww)	**kezd**	[kɛzd]
begrijpen (ww)	**ért**	[e:rt]
beheren (managen)	**irányít**	[ira:ni:t]
beledigen (met scheldwoorden)	**megsért**	[mɛgʃe:rt]
beloven (ww)	**ígér**	[i:ge:r]
bereiden (koken)	**készít**	[ke:si:t]
bespreken (spreken over)	**megbeszél**	[mɛgbɛse:l]
bestellen (eten ~)	**rendel**	[rɛndɛl]
bestraffen (een stout kind ~)	**büntet**	[byntɛt]
betalen (ww)	**fizet**	[fizɛt]
betekenen (beduiden)	**jelent**	[jɛlɛnt]
betreuren (ww)	**sajnál**	[ʃɒjna:l]
bevallen (prettig vinden)	**tetszik**	[tɛtsik]
bevelen (mil.)	**parancsol**	[pɒrɒnʧol]
bevrijden (stad, enz.)	**felszabadít**	[fɛlsɒbɒdi:t]
bewaren (ww)	**megőriz**	[mɛgø:riz]
bezitten (ww)	**rendelkezik**	[rɛndɛlkɛzik]
bidden (praten met God)	**imádkozik**	[ima:dkozik]
binnengaan (een kamer ~)	**bemegy**	[bɛmɛɟ]
breken (ww)	**tör**	[tør]
controleren (ww)	**ellenőriz**	[ɛllɛnø:riz]
creëren (ww)	**teremt**	[tɛrɛmt]
deelnemen (ww)	**részt vesz**	[re:st vɛs]
denken (ww)	**gondol**	[gondol]
doden (ww)	**megöl**	[mɛgøl]
doen (ww)	**csinál**	[ʧina:l]
dorst hebben (ww)	**szomjas van**	[somjɒʃ vɒn]

9. De belangrijkste werkwoorden. Deel 2

een hint geven	**céloz**	[tse:loz]
eisen (met klem vragen)	**követel**	[køvɛtɛl]
existeren (bestaan)	**létezik**	[le:tɛzik]
gaan (te voet)	**megy**	[mɛɟ]
gaan zitten (ww)	**leül**	[lɛyl]
gaan zwemmen	**úszni megy**	[u:sni mɛɟ]

geven (ww)	**ad**	[ɒd]
glimlachen (ww)	**mosolyog**	[moʃojog]
goed raden (ww)	**kitalál**	[kitɒla:l]
grappen maken (ww)	**viccel**	[vitsɛl]
graven (ww)	**ás**	[a:ʃ]
hebben (ww)	**van**	[vɒn]
helpen (ww)	**segít**	[ʃɛgi:t]
herhalen (opnieuw zeggen)	**ismétel**	[iʃme:tɛl]
honger hebben (ww)	**éhes van**	[e:hɛʃ vɒn]
hopen (ww)	**remél**	[rɛme:l]
horen (waarnemen met het oor)	**hall**	[hɒll]
huilen (wenen)	**sír**	[ʃi:r]
huren (huis, kamer)	**bérel**	[be:rɛl]
informeren (informatie geven)	**tájékoztat**	[ta:je:koztɒt]
instemmen (akkoord gaan)	**beleegyezik**	[bɛlɛɛɟɛzik]
jagen (ww)	**vadászik**	[vɒda:sik]
kennen (kennis hebben van iemand)	**ismer**	[iʃmɛr]
kiezen (ww)	**választ**	[va:lɒst]
klagen (ww)	**panaszkodik**	[pɒnɒskodik]
kosten (ww)	**kerül**	[kɛryl]
kunnen (ww)	**tud**	[tud]
lachen (ww)	**nevet**	[nɛvɛt]
laten vallen (ww)	**leejt**	[lɛɛjt]
lezen (ww)	**olvas**	[olvɒʃ]
liefhebben (ww)	**szeret**	[sɛrɛt]
lunchen (ww)	**ebédel**	[ɛbe:dɛl]
nemen (ww)	**vesz**	[vɛs]
nodig zijn (ww)	**szükség van**	[sykʃe:g vɒn]

10. De belangrijkste werkwoorden. Deel 3

onderschatten (ww)	**aláértékel**	[ɒla:e:rte:kɛl]
ondertekenen (ww)	**aláír**	[ɒla:i:r]
ontbijten (ww)	**reggelizik**	[rɛggɛlizik]
openen (ww)	**nyit**	[ɲit]
ophouden (ww)	**abbahagy**	[ɒbbɒhɒɟ]
opmerken (zien)	**észrevesz**	[e:srɛvɛs]
opscheppen (ww)	**dicsekedik**	[diʧɛkɛdik]
opschrijven (ww)	**feljegyez**	[fɛljɛɟɛz]
plannen (ww)	**tervez**	[tɛrvɛz]
prefereren (verkiezen)	**többre becsül**	[tøbbrɛ bɛʧyl]
proberen (trachten)	**próbál**	[pro:ba:l]
redden (ww)	**megment**	[mɛgmɛnt]
rekenen op ...	**számít ...re**	[sa:mi:t ...rɛ]
rennen (ww)	**fut**	[fut]

reserveren (een hotelkamer ~)	**rezervál**	[rɛzɛrva:l]
roepen (om hulp)	**hív**	[hi:v]
schieten (ww)	**lő**	[lø:]
schreeuwen (ww)	**kiabál**	[kiɒba:l]
schrijven (ww)	**ír**	[i:r]
souperen (ww)	**vacsorázik**	[vɒʧora:zik]
spelen (kinderen)	**játszik**	[ja:tsik]
spreken (ww)	**beszélget**	[bɛse:lgɛt]
stelen (ww)	**lop**	[lop]
stoppen (pauzeren)	**megáll**	[mɛga:ll]
studeren (Nederlands ~)	**tanul**	[tɒnul]
sturen (zenden)	**felad**	[fɛlɒd]
tellen (optellen)	**számol**	[sa:mol]
toebehoren aan ...	**tartozik**	[tɒrtozik]
toestaan (ww)	**enged**	[ɛŋgɛd]
tonen (ww)	**mutat**	[mutɒt]
twijfelen (onzeker zijn)	**kételkedik**	[ke:tɛlkɛdik]
uitgaan (ww)	**kimegy**	[kimɛɟ]
uitnodigen (ww)	**meghív**	[mɛghi:v]
uitspreken (ww)	**kiejt**	[kiɛjt]
uitvaren tegen (ww)	**szid**	[sid]

11. De belangrijkste werkwoorden. Deel 4

vallen (ww)	**esik**	[ɛʃik]
vangen (ww)	**fog**	[fog]
veranderen (anders maken)	**változtat**	[va:ltoztɒt]
verbaasd zijn (ww)	**csodálkozik**	[ʧoda:lkozik]
verbergen (ww)	**rejt**	[rɛjt]
verdedigen (je land ~)	**véd**	[ve:d]
verenigen (ww)	**egyesít**	[ɛɟɛʃi:t]
vergelijken (ww)	**összehasonlít**	[øssɛhɒʃonli:t]
vergeten (ww)	**elfelejt**	[ɛlfɛlɛjt]
vergeven (ww)	**bocsát**	[boʧa:t]
verklaren (uitleggen)	**magyaráz**	[mɒɟɒra:z]
verkopen (per stuk ~)	**elad**	[ɛlɒd]
vermelden (praten over)	**megemlít**	[mɛgɛmli:t]
versieren (decoreren)	**díszít**	[di:si:t]
vertalen (ww)	**fordít**	[fordi:t]
vertrouwen (ww)	**rábíz**	[ra:bi:z]
vervolgen (ww)	**folytat**	[fojtɒt]
verwarren (met elkaar ~)	**összetéveszt**	[øssɛte:vɛst]
verzoeken (ww)	**kér**	[ke:r]
verzuimen (school, enz.)	**elmulaszt**	[ɛlmulɒst]
vinden (ww)	**talál**	[tɒla:l]
vliegen (ww)	**repül**	[rɛpyl]

volgen (ww)	**követ**	[køvɛt]
voorstellen (ww)	**javasol**	[jɒvɒʃol]
voorzien (verwachten)	**előre lát**	[ɛlø:rɛ la:t]
vragen (ww)	**kérdez**	[ke:rdɛz]
waarnemen (ww)	**figyel**	[fiɟɛl]
waarschuwen (ww)	**figyelmeztet**	[fiɟɛlmɛztɛt]
wachten (ww)	**vár**	[va:r]
weerspreken (ww)	**ellentmond**	[ɛllɛntmond]
weigeren (ww)	**lemond**	[lɛmond]
werken (ww)	**dolgozik**	[dolgozik]
weten (ww)	**tud**	[tud]
willen (verlangen)	**akar**	[ɒkɒr]
zeggen (ww)	**mond**	[mond]
zich haasten (ww)	**siet**	[ʃiɛt]
zich interesseren voor ...	**érdeklődik**	[e:rdɛklø:dik]
zich vergissen (ww)	**hibázik**	[hiba:zik]
zich verontschuldigen	**bocsánatot kér**	[botʃa:nɒtot ke:r]
zien (ww)	**lát**	[la:t]
zoeken (ww)	**keres**	[kɛrɛʃ]
zwemmen (ww)	**úszik**	[u:sik]
zwijgen (ww)	**hallgat**	[hɒllgɒt]

12. Kleuren

kleur (de)	**szín**	[si:n]
tint (de)	**árnyalat**	[a:rɲɒlɒt]
kleurnuance (de)	**tónus**	[to:nuʃ]
regenboog (de)	**szivárvány**	[siva:rva:ɲ]
wit (bn)	**fehér**	[fɛhe:r]
zwart (bn)	**fekete**	[fɛkɛtɛ]
grijs (bn)	**szürke**	[syrkɛ]
groen (bn)	**zöld**	[zøld]
geel (bn)	**sárga**	[ʃa:rgɒ]
rood (bn)	**piros**	[piroʃ]
blauw (bn)	**kék**	[ke:k]
lichtblauw (bn)	**világoskék**	[vila:goʃke:k]
roze (bn)	**rózsaszínű**	[ro:ʒɒsi:ny:]
oranje (bn)	**narancssárga**	[nɒrɒntʃ ʃa:rgɒ]
violet (bn)	**lila**	[lilɒ]
bruin (bn)	**barna**	[bɒrnɒ]
goud (bn)	**arany**	[ɒrɒɲ]
zilverkleurig (bn)	**ezüstös**	[ɛzyʃtøʃ]
beige (bn)	**bézs**	[be:ʒ]
roomkleurig (bn)	**krémszínű**	[kre:msi:ny:]
turkoois (bn)	**türkizkék**	[tyrkiske:k]

kersrood (bn)	**meggyszínű**	[mɛdɟ si:ny:]
lila (bn)	**lila**	[lilɒ]
karmijnrood (bn)	**málnaszínű**	[ma:lnɒ si:ny:]
licht (bn)	**világos**	[vila:goʃ]
donker (bn)	**sötét**	[ʃøte:t]
fel (bn)	**élénk**	[e:le:ŋk]
kleur-, kleurig (bn)	**színes**	[si:nɛʃ]
kleuren- (abn)	**színes**	[si:nɛʃ]
zwart-wit (bn)	**feketefehér**	[fɛkɛtɛfɛhe:r]
eenkleurig (bn)	**egyszínű**	[ɛcsi:ny:]
veelkleurig (bn)	**sokszínű**	[ʃoksi:ny:]

13. Vragen

Wie?	**Ki?**	[ki]
Wat?	**Mi?**	[mi]
Waar?	**Hol?**	[hol]
Waarheen?	**Hová?**	[hova:]
Waarvandaan?	**Honnan?**	[honnɒn]
Wanneer?	**Mikor?**	[mikor]
Waarom?	**Minek?**	[minɛk]
Waarom?	**Miért?**	[mie:rt]
Waarvoor dan ook?	**Miért?**	[mie:rt]
Hoe?	**Hogy? Hogyan?**	[hoɟ], [hoɟɒn]
Wat voor ...?	**Milyen?**	[mijɛn]
Welk?	**Melyik?**	[mɛjik]
Aan wie?	**Kinek?**	[kinɛk]
Over wie?	**Kiről?**	[kirø:l]
Waarover?	**Miről?**	[mirø:l]
Met wie?	**Kivel?**	[kivɛl]
Hoeveel? (telb.)	**Hány?**	[ha:ɲ]
Van wie? (mann.)	**Kié?**	[kie:]

14. Functiewoorden. Bijwoorden. Deel 1

Waar?	**Hol?**	[hol]
hier (bw)	**itt**	[itt]
daar (bw)	**ott**	[ott]
ergens (bw)	**valahol**	[vɒlɒhol]
nergens (bw)	**sehol**	[ʃɛhol]
bij ... (in de buurt)	**mellett, nál, -nél**	[mɛllɛtt], [na:l, -ne:l]
bij het raam	**az ablaknál**	[ɒz ɒblɒkna:l]
Waarheen?	**Hová?**	[hova:]
hierheen (bw)	**ide**	[idɛ]

daarheen (bw)	**oda**	[odɒ]
hiervandaan (bw)	**innen**	[innɛn]
daarvandaan (bw)	**onnan**	[onnɒn]
dichtbij (bw)	**közel**	[køzɛl]
ver (bw)	**messze**	[mɛssɛ]
in de buurt (van ...)	**mellett**	[mɛllɛtt]
dichtbij (bw)	**a közelben**	[ɒ køzɛlbɛn]
niet ver (bw)	**nem messze**	[nɛm mɛssɛ]
linker (bn)	**bal**	[bɒl]
links (bw)	**balra**	[bɒlrɒ]
linksaf, naar links (bw)	**balra**	[bɒlrɒ]
rechter (bn)	**jobb**	[jobb]
rechts (bw)	**jobbra**	[jobbrɒ]
rechtsaf, naar rechts (bw)	**jobbra**	[jobbrɒ]
vooraan (bw)	**elöl**	[ɛløl]
voorste (bn)	**elülső**	[ɛlylʃø:]
vooruit (bw)	**előre**	[ɛlø:rɛ]
achter (bw)	**hátul**	[ha:tul]
van achteren (bw)	**hátulról**	[ha:tulro:l]
achteruit (naar achteren)	**hátra**	[ha:trɒ]
midden (het)	**közép**	[køze:p]
in het midden (bw)	**középen**	[køze:pɛn]
opzij (bw)	**oldalról**	[oldɒlro:l]
overal (bw)	**mindenütt**	[mindɛnytt]
omheen (bw)	**körül**	[køryl]
binnenuit (bw)	**belülről**	[bɛlylrø:l]
naar ergens (bw)	**valahova**	[vɒlɒhovɒ]
rechtdoor (bw)	**egyenesen**	[ɛɟɛnɛʃɛn]
terug (bijv. ~ komen)	**visszafelé**	[vissɒfɛle:]
ergens vandaan (bw)	**valahonnan**	[vɒlɒhonnɒn]
ergens vandaan (en dit geld moet ~ komen)	**valahonnan**	[vɒlɒhonnɒn]
ten eerste (bw)	**először**	[ɛlø:sør]
ten tweede (bw)	**másodszor**	[ma:ʃodsor]
ten derde (bw)	**harmadszor**	[hɒrmɒdsor]
plotseling (bw)	**hirtelen**	[hirtɛlɛn]
in het begin (bw)	**eleinte**	[ɛlɛintɛ]
voor de eerste keer (bw)	**először**	[ɛlø:sør]
lang voor ... (bw)	**jóval ... előtt**	[jo:vɒl ... ɛlø:tt]
opnieuw (bw)	**újra**	[u:jrɒ]
voor eeuwig (bw)	**mindörökre**	[mindørøkrɛ]
nooit (bw)	**soha**	[ʃohɒ]
weer (bw)	**ismét**	[iʃme:t]

nu (bw)	**most**	[moʃt]
vaak (bw)	**gyakran**	[ɟokrɒn]
toen (bw)	**akkor**	[ɒkkor]
urgent (bw)	**sürgősen**	[ʃyrgø:ʃɛn]
meestal (bw)	**általában**	[a:ltɒla:bɒn]
trouwens, ... (tussen haakjes)	**apropó**	[ɒpropo:]
mogelijk (bw)	**lehetséges**	[lɛhɛʧe:gɛʃ]
waarschijnlijk (bw)	**valószínűleg**	[vɒlo:si:ny:lɛg]
misschien (bw)	**talán**	[tɒla:n]
trouwens (bw)	**azon kívül ...**	[ɒzon ki:vyl]
daarom ...	**ezért**	[ɛze:rt]
in weerwil van ...	**nek ellenére**	[nɛk ɛllɛne:rɛ]
dankzij ...	**... köszenhetően**	[køsɛnhɛtø:ɛn]
wat (vn)	**mi**	[mi]
dat (vw)	**ami**	[ɒmi]
iets (vn)	**valami**	[vɒlɒmi]
iets	**valami**	[vɒlɒmi]
niets (vn)	**semmi**	[ʃɛmmi]
wie (~ is daar?)	**ki**	[ki]
iemand (een onbekende)	**valaki**	[vɒlɒki]
iemand (een bepaald persoon)	**valaki**	[vɒlɒki]
niemand (vn)	**senki**	[ʃɛŋki]
nergens (bw)	**sehol**	[ʃɛhol]
niemands (bn)	**senkié**	[ʃɛŋkie:]
iemands (bn)	**valakié**	[vɒlɒkie:]
zo (Ik ben ~ blij)	**így**	[i:ɟ]
ook (evenals)	**is**	[iʃ]
alsook (eveneens)	**is**	[iʃ]

15. Functiewoorden. Bijwoorden. Deel 2

Waarom?	**Miért?**	[mie:rt]
om een bepaalde reden	**valamiért**	[vɒlɒmie:rt]
omdat ...	**azért, mert ...**	[ɒze:rt], [mɛrt]
voor een bepaald doel	**valamiért**	[vɒlɒmie:rt]
en (vw)	**és**	[e:ʃ]
of (vw)	**vagy**	[vɒɟ]
maar (vw)	**de**	[dɛ]
voor (vz)	**... céljából**	[tse:ja:bo:l]
te (~ veel mensen)	**túl**	[tu:l]
alleen (bw)	**csak**	[ʧɒk]
precies (bw)	**pontosan**	[pontoʃɒn]
ongeveer (~ 10 kg)	**körülbelül**	[kørylbɛlyl]
omstreeks (bw)	**körülbelül**	[kørylbɛlyl]
bij benadering (bn)	**megközelítő**	[mɛgkøzɛli:tø:]

bijna (bw)	**majdnem**	[mɒjdnɛm]
rest (de)	**a többi**	[ɒ tøbbi]
elk (bn)	**minden**	[mindɛn]
om het even welk	**bármilyen**	[ba:rmijɛn]
veel (grote hoeveelheid)	**sok**	[ʃok]
veel mensen	**sokan**	[ʃokɒn]
iedereen (alle personen)	**mindenki**	[mindɛŋki]
in ruil voor ...	**ért cserébe**	[e:rt ʧɛre:bɛ]
in ruil (bw)	**viszonzásul**	[visonza:ʃul]
met de hand (bw)	**kézzel**	[ke:zzɛl]
onwaarschijnlijk (bw)	**aligha**	[ɒlighɒ]
waarschijnlijk (bw)	**valószínűleg**	[vɒlo:si:ny:lɛg]
met opzet (bw)	**szándékosan**	[sa:nde:koʃɒn]
toevallig (bw)	**véletlenül**	[ve:lɛtlɛnyl]
zeer (bw)	**nagyon**	[nɒɟøn]
bijvoorbeeld (bw)	**például**	[pe:lda:ul]
tussen (~ twee steden)	**között**	[køzøtt]
tussen (te midden van)	**körében**	[køre:bɛn]
zoveel (bw)	**annyi**	[ɒɲɲi]
vooral (bw)	**különösen**	[kylønøʃɛn]

Basisbegrippen Deel 2

16. Dagen van de week

maandag (de)	**hétfő**	[he:tfø:]
dinsdag (de)	**kedd**	[kɛdd]
woensdag (de)	**szerda**	[sɛrdɒ]
donderdag (de)	**csütörtök**	[ʧytørtøk]
vrijdag (de)	**péntek**	[pe:ntɛk]
zaterdag (de)	**szombat**	[sombɒt]
zondag (de)	**vasárnap**	[vɒʃa:rnɒp]
vandaag (bw)	**ma**	[mɒ]
morgen (bw)	**holnap**	[holnɒp]
overmorgen (bw)	**holnapután**	[holnɒputa:n]
gisteren (bw)	**tegnap**	[tɛgnɒp]
eergisteren (bw)	**tegnapelőtt**	[tɛgnɒpɛlø:tt]
dag (de)	**nap**	[nɒp]
werkdag (de)	**munkanap**	[muŋkɒnɒp]
feestdag (de)	**ünnepnap**	[ynnɛpnɒp]
verlofdag (de)	**szabadnap**	[sɒbɒdnɒp]
weekend (het)	**hétvég**	[he:tve:g]
de hele dag (bw)	**egész nap**	[ɛge:s nɒp]
de volgende dag (bw)	**másnap**	[ma:ʃnɒp]
twee dagen geleden	**két nappal ezelőtt**	[ke:t nɒppɒl ɛzɛlø:tt]
aan de vooravond (bw)	**az előző nap**	[ɒz ɛlø:zø: nɒp]
dag-, dagelijks (bn)	**napi**	[nɒpi]
elke dag (bw)	**naponta**	[nɒpontɒ]
week (de)	**hét**	[he:t]
vorige week (bw)	**a múlt héten**	[ɒ mu:lt he:tɛn]
volgende week (bw)	**a következő héten**	[ɒ køvɛtkɛzø: he:tɛn]
wekelijks (bn)	**heti**	[hɛti]
elke week (bw)	**hetente**	[hɛtɛntɛ]
twee keer per week	**kétszer hetente**	[ke:tsɛr hɛtɛntɛ]
elke dinsdag	**minden kedd**	[mindɛn kɛdd]

17. Uren. Dag en nacht

morgen (de)	**reggel**	[rɛggɛl]
's morgens (bw)	**reggel**	[rɛggɛl]
middag (de)	**délidő**	[de:lidø:]
's middags (bw)	**délután**	[de:luta:n]
avond (de)	**este**	[ɛʃtɛ]
's avonds (bw)	**este**	[ɛʃtɛ]

nacht (de)	**éjszak**	[e:jsɒk]
's nachts (bw)	**éjjel**	[e:jjɛl]
middernacht (de)	**éjfél**	[e:jfe:l]
seconde (de)	**másodperc**	[ma:ʃodpɛrts]
minuut (de)	**perc**	[pɛrts]
uur (het)	**óra**	[o:rɒ]
halfuur (het)	**félóra**	[fe:lo:rɒ]
kwartier (het)	**negyedóra**	[nɛɟɛdo:rɒ]
vijftien minuten	**tizenöt perc**	[tizɛnøt pɛrts]
etmaal (het)	**teljes nap**	[tɛjɛʃ nɒp]
zonsopgang (de)	**napkelte**	[nɒpkɛltɛ]
dageraad (de)	**virradat**	[virrɒdɒt]
vroege morgen (de)	**kora reggel**	[korɒ rɛggɛl]
zonsondergang (de)	**naplemente**	[nɒplɛmɛntɛ]
's morgens vroeg (bw)	**kora reggel**	[korɒ rɛggɛl]
vanmorgen (bw)	**ma reggel**	[mɒ rɛggɛl]
morgenochtend (bw)	**holnap reggel**	[holnɒp rɛggɛl]
vanmiddag (bw)	**ma nappal**	[mɒ nɒppɒl]
's middags (bw)	**délután**	[de:luta:n]
morgenmiddag (bw)	**holnap délután**	[holnɒp de:luta:n]
vanavond (bw)	**ma este**	[mɒ ɛʃtɛ]
morgenavond (bw)	**holnap este**	[holnɒp ɛʃtɛ]
klokslag drie uur	**pont három órakor**	[pont ha:rom o:rɒkor]
ongeveer vier uur	**körülbelül négy órakor**	[kørylbɛlyl ne:ɟ o:rɒkor]
tegen twaalf uur	**tizenkét órára**	[tizɛŋke:t o:ra:rɒ]
over twintig minuten	**húsz perc múlva**	[hu:s pɛrts mu:lvɒ]
over een uur	**egy óra múlva**	[ɛɟ o:rɒ mu:lvɒ]
op tijd (bw)	**időben**	[idø:bɛn]
kwart voor …	**háromnegyed**	[ha:romnɛɟɛd]
binnen een uur	**egy óra folyamán**	[ɛɟ: o:rɒ fojɒma:n]
elk kwartier	**minden tizenöt perc**	[mindɛn tizɛnøt pɛrts]
de klok rond	**éjjel nappal**	[e:jjɛl nɒppɒl]

18. Maanden. Seizoenen

januari (de)	**január**	[jɒnua:r]
februari (de)	**február**	[fɛbrua:r]
maart (de)	**március**	[ma:rtsiuʃ]
april (de)	**április**	[a:priliʃ]
mei (de)	**május**	[ma:juʃ]
juni (de)	**június**	[ju:niuʃ]
juli (de)	**július**	[ju:liuʃ]
augustus (de)	**augusztus**	[ɒugustuʃ]
september (de)	**szeptember**	[sɛptɛmbɛr]
oktober (de)	**október**	[okto:bɛr]
november (de)	**november**	[novɛmbɛr]
december (de)	**december**	[dɛtsɛmbɛr]

lente (de)	**tavasz**	[tɒvɒs]
in de lente (bw)	**tavasszal**	[tɒvɒssɒl]
lente- (abn)	**tavaszi**	[tɒvɒsi]
zomer (de)	**nyár**	[ɲa:r]
in de zomer (bw)	**nyáron**	[ɲa:ron]
zomer-, zomers (bn)	**nyári**	[ɲa:ri]
herfst (de)	**ősz**	[ø:s]
in de herfst (bw)	**ősszel**	[ø:ssɛl]
herfst- (abn)	**őszi**	[ø:si]
winter (de)	**tél**	[te:l]
in de winter (bw)	**télen**	[te:lɛn]
winter- (abn)	**téli**	[te:li]
maand (de)	**hónap**	[ho:nɒp]
deze maand (bw)	**ebben a hónapban**	[ɛbbɛn ɒ ho:nɒpbɒn]
volgende maand (bw)	**a következő hónapban**	[ɒ køvɛtkɛzø: ho:nɒpbɒn]
vorige maand (bw)	**a múlt hónapban**	[ɒ mu:lt ho:nɒpbɒn]
een maand geleden (bw)	**egy hónappal ezelőtt**	[ɛɟ ho:nɒppɒl ɛzɛlø:tt]
over een maand (bw)	**egy hónap múlva**	[ɛɟ ho:nɒp mu:lvɒ]
over twee maanden (bw)	**két hónap múlva**	[ke:t ho:nɒp mu:lvɒ]
de hele maand (bw)	**az egész hónap**	[ɒz ɛge:s ho:nɒp]
een volle maand (bw)	**az egész hónap**	[ɒz ɛge:s ho:nɒp]
maand-, maandelijks (bn)	**havi**	[hɒvi]
maandelijks (bw)	**havonta**	[hɒvontɒ]
elke maand (bw)	**minden hónap**	[mindɛn ho:nɒp]
twee keer per maand	**kétszer havonta**	[ke:tsɛr hɒvontɒ]
jaar (het)	**év**	[e:v]
dit jaar (bw)	**ebben az évben**	[ɛbbɛn ɒz e:vbɛn]
volgend jaar (bw)	**a következő évben**	[ɒ køvɛtkɛzø: e:vbɛn]
vorig jaar (bw)	**a múlt évben**	[ɒ mu:lt e:vbɛn]
een jaar geleden (bw)	**egy évvel ezelőtt**	[ɛɟ e:vvɛl ɛzɛlø:tt]
over een jaar	**egy év múlva**	[ɛɟ e:v mu:lvɒ]
over twee jaar	**két év múlva**	[ke:t e:v mu:lvɒ]
het hele jaar	**az egész év**	[ɒz ɛge:s e:v]
een vol jaar	**az egész év**	[ɒz ɛge:s e:v]
elk jaar	**minden év**	[mindɛn e:v]
jaar-, jaarlijks (bn)	**évi**	[e:vi]
jaarlijks (bw)	**évente**	[e:vɛntɛ]
4 keer per jaar	**négyszer évente**	[ne:ɟsɛr e:vɛntɛ]
datum (de)	**nap**	[nɒp]
datum (de)	**dátum**	[da:tum]
kalender (de)	**naptár**	[nɒpta:r]
een half jaar	**fél év**	[fe:l e:v]
zes maanden	**félév**	[fe:le:v]
seizoen (bijv. lente, zomer)	**évszak**	[e:vsɒk]
eeuw (de)	**század**	[sa:zɒd]

19. Tijd. Diversen

tijd (de)	**idő**	[idø:]
ogenblik (het)	**pillanat**	[pillɒnɒt]
moment (het)	**pillanat**	[pillɒnɒt]
ogenblikkelijk (bn)	**pillanatnyi**	[pillɒnɒtni]
tijdsbestek (het)	**szakasz**	[sɒkɒs]
leven (het)	**élet**	[e:lɛt]
eeuwigheid (de)	**örökkévalóság**	[ørøkke:vɒlo:ʃa:g]
epoche (de), tijdperk (het)	**korszak**	[korsɒk]
era (de), tijdperk (het)	**korszak**	[korsɒk]
cyclus (de)	**ciklus**	[tsikluʃ]
periode (de)	**időköz**	[idø:køz]
termijn (vastgestelde periode)	**határidő**	[hɒta:ridø:]
toekomst (de)	**jövő**	[jøvø:]
toekomstig (bn)	**jövő**	[jøvø:]
de volgende keer	**máskor**	[ma:ʃkor]
verleden (het)	**múlt**	[mu:lt]
vorig (bn)	**elmúlt**	[ɛlmu:lt]
de vorige keer	**legutóbb**	[lɛguto:bb]
later (bw)	**később**	[ke:ʃø:bb]
na (~ het diner)	**után**	[uta:n]
tegenwoordig (bw)	**mostanában**	[moʃtɒna:bɒn]
nu (bw)	**most**	[moʃt]
onmiddellijk (bw)	**azonnal**	[ɒzonnɒl]
snel (bw)	**hamarosan**	[hɒmɒroʃɒn]
bij voorbaat (bw)	**előre**	[ɛlø:rɛ]
lang geleden (bw)	**régen**	[re:gɛn]
kort geleden (bw)	**nemrég**	[nɛmre:g]
noodlot (het)	**sors**	[ʃorʃ]
herinneringen (mv.)	**emlék**	[ɛmle:k]
archief (het)	**irattár**	[irɒtta:r]
tijdens … (ten tijde van)	**… közben**	[køzbɛn]
lang (bw)	**sokáig**	[ʃoka:ig]
niet lang (bw)	**röviden**	[røvidɛn]
vroeg (bijv. ~ in de ochtend)	**korán**	[kora:n]
laat (bw)	**későn**	[ke:ʃø:n]
voor altijd (bw)	**örökre**	[ørøkrɛ]
beginnen (ww)	**kezd**	[kɛzd]
uitstellen (ww)	**elhalaszt**	[ɛlhɒlɒst]
tegelijkertijd (bw)	**egyszerre**	[ɛcsɛrrɛ]
voortdurend (bw)	**állandóan**	[a:llɒndo:ɒn]
voortdurend	**állandó**	[a:llɒndo:]
tijdelijk (bn)	**ideiglenes**	[idɛiglɛnɛʃ]
soms (bw)	**néha**	[ne:hɒ]
zelden (bw)	**ritkán**	[ritka:n]
vaak (bw)	**gyakran**	[ɟokrɒn]

20. Tegenovergestelden

rijk (bn)	**gazdag**	[gɒzdɒg]
arm (bn)	**szegény**	[sɛge:ɲ]
ziek (bn)	**beteg**	[bɛtɛg]
gezond (bn)	**egészséges**	[ɛge:ʃɛgɛʃ]
groot (bn)	**nagy**	[nɒɟ]
klein (bn)	**kicsi**	[kiʧi]
snel (bw)	**gyorsan**	[ɟørʃɒn]
langzaam (bw)	**lassan**	[lɒʃɒn]
snel (bn)	**gyors**	[ɟørʃ]
langzaam (bn)	**lassú**	[lɒʃu:]
vrolijk (bn)	**vidám**	[vida:m]
treurig (bn)	**szomorú**	[somoru:]
samen (bw)	**együtt**	[ɛɟytt]
apart (bw)	**külön**	[kyløn]
hardop (~ lezen)	**hangosan**	[hɒŋgoʃɒn]
stil (~ lezen)	**magában**	[mɒga:bɒn]
hoog (bn)	**magas**	[mɒgɒʃ]
laag (bn)	**alacsony**	[ɒlɒʧoɲ]
diep (bn)	**mély**	[me:j]
ondiep (bn)	**sekély**	[ʃɛke:j]
ja	**igen**	[igɛn]
nee	**nem**	[nɛm]
ver (bn)	**távoli**	[ta:voli]
dicht (bn)	**közeli**	[køzɛli]
ver (bw)	**messze**	[mɛssɛ]
dichtbij (bw)	**közel**	[køzɛl]
lang (bn)	**hosszú**	[hossu:]
kort (bn)	**rövid**	[røvid]
vriendelijk (goedhartig)	**kedves**	[kɛdvɛʃ]
kwaad (bn)	**gonosz**	[gonos]
gehuwd (mann.)	**nős**	[nø:ʃ]
ongehuwd (mann.)	**nőtlen**	[nø:tlɛn]
verbieden (ww)	**tilt**	[tilt]
toestaan (ww)	**enged**	[ɛŋgɛd]
einde (het)	**vég**	[ve:g]
begin (het)	**kezdet**	[kɛzdɛt]

linker (bn)	**bal**	[bɒl]
rechter (bn)	**jobb**	[jobb]
eerste (bn)	**első**	[ɛlʃøː]
laatste (bn)	**utolsó**	[utolʃoː]
misdaad (de)	**bűncselekmény**	[byːnʧɛlɛkmeːɲ]
bestraffing (de)	**büntetés**	[byntɛteːʃ]
bevelen (ww)	**parancsol**	[pɒrɒnʧol]
gehoorzamen (ww)	**engedelmeskedik**	[ɛŋgɛdɛlmɛʃkɛdik]
recht (bn)	**egyenes**	[ɛɟɛnɛʃ]
krom (bn)	**ferde**	[fɛrdɛ]
paradijs (het)	**paradicsom**	[pɒrɒdiʧom]
hel (de)	**pokol**	[pokol]
geboren worden (ww)	**születik**	[sylɛtik]
sterven (ww)	**meghal**	[mɛghɒl]
sterk (bn)	**erős**	[ɛrøːʃ]
zwak (bn)	**gyenge**	[ɟɛŋgɛ]
oud (bn)	**öreg**	[ørɛg]
jong (bn)	**fiatal**	[fiɒtɒl]
oud (bn)	**régi**	[reːgi]
nieuw (bn)	**új**	[uːj]
hard (bn)	**kemény**	[kɛmeːɲ]
zacht (bn)	**puha**	[puhɒ]
warm (bn)	**meleg**	[mɛlɛg]
koud (bn)	**hideg**	[hidɛg]
dik (bn)	**kövér**	[køveːr]
dun (bn)	**sovány**	[ʃovaːɲ]
smal (bn)	**keskeny**	[kɛʃkɛɲ]
breed (bn)	**széles**	[seːlɛʃ]
goed (bn)	**jó**	[joː]
slecht (bn)	**rossz**	[ross]
moedig (bn)	**bátor**	[baːtor]
laf (bn)	**gyáva**	[ɟaːvɒ]

21. Lijnen en vormen

vierkant (het)	**négyzet**	[neːɟzɛt]
vierkant (bn)	**négyszögletes**	[neːɟsøglɛtɛʃ]
cirkel (de)	**kör**	[kør]
rond (bn)	**kerek**	[kɛrɛk]

driehoek (de)	**háromszög**	[ha:romsøg]
driehoekig (bn)	**háromszögű**	[ha:romsøgy:]
ovaal (het)	**tojásidom**	[toja:ʃidom]
ovaal (bn)	**ovális**	[ova:liʃ]
rechthoek (de)	**téglalap**	[te:glɒlɒp]
rechthoekig (bn)	**derékszögű**	[dɛre:ksøgy:]
piramide (de)	**gúla**	[gu:lɒ]
ruit (de)	**rombusz**	[rombus]
trapezium (het)	**trapéz**	[trɒpe:z]
kubus (de)	**kocka**	[kotskɒ]
prisma (het)	**prizma**	[prizmɒ]
omtrek (de)	**körvonal**	[kørvonɒl]
bol, sfeer (de)	**gömb**	[gømb]
bal (de)	**gömb**	[gømb]
diameter (de)	**átmérő**	[a:tme:rø:]
straal (de)	**sugár**	[ʃuga:r]
omtrek (~ van een cirkel)	**kerület**	[kɛrylɛt]
middelpunt (het)	**középpont**	[køze:ppont]
horizontaal (bn)	**vízszintes**	[vi:zsintɛʃ]
verticaal (bn)	**függőleges**	[fyggø:lɛgɛʃ]
parallel (de)	**párhuzamos egyenes**	[pa:rhuzɒmoʃ ɛɟɛnɛʃ]
parallel (bn)	**párhuzamos**	[pa:rhuzɒmoʃ]
lijn (de)	**vonal**	[vonɒl]
streep (de)	**vonal**	[vonɒl]
rechte lijn (de)	**egyenes**	[ɛɟɛnɛʃ]
kromme (de)	**görbe**	[gørbɛ]
dun (bn)	**vékony**	[ve:koɲ]
omlijning (de)	**körvonal**	[kørvonɒl]
snijpunt (het)	**metszés**	[mɛtse:ʃ]
rechte hoek (de)	**derékszög**	[dɛre:ksøg]
segment (het)	**körszelet**	[kørsɛlɛt]
sector (de)	**szektor**	[sɛktor]
zijde (de)	**oldal**	[oldɒl]
hoek (de)	**szög**	[søg]

22. Meeteenheden

gewicht (het)	**súly**	[ʃu:j]
lengte (de)	**hosszúság**	[hossu:ʃa:g]
breedte (de)	**szélesség**	[se:lɛʃe:g]
hoogte (de)	**magasság**	[mɒgɒʃa:g]
diepte (de)	**mélység**	[me:jʃe:g]
volume (het)	**térfogat**	[te:rfogɒt]
oppervlakte (de)	**terület**	[tɛrylɛt]
gram (het)	**gramm**	[grɒmm]
milligram (het)	**milligramm**	[milligrɒmm]
kilogram (het)	**kilógramm**	[kilo:grɒmm]

ton (duizend kilo)	**tonna**	[tonnɒ]
pond (het)	**font**	[font]
ons (het)	**uncia**	[untsiɒ]
meter (de)	**méter**	[me:tɛr]
millimeter (de)	**milliméter**	[millime:tɛr]
centimeter (de)	**centiméter**	[tsɛntime:tɛr]
kilometer (de)	**kilométer**	[kilome:tɛr]
mijl (de)	**mérföld**	[me:rføld]
duim (de)	**hüvelyk**	[hyvɛjk]
voet (de)	**láb**	[la:b]
yard (de)	**yard**	[jard]
vierkante meter (de)	**négyzetméter**	[ne:ɟzɛtme:tɛr]
hectare (de)	**hektár**	[hɛkta:r]
liter (de)	**liter**	[litɛr]
graad (de)	**fok**	[fok]
volt (de)	**volt**	[volt]
ampère (de)	**amper**	[ɒmpɛr]
paardenkracht (de)	**lóerő**	[lo:ɛrø:]
hoeveelheid (de)	**mennyiség**	[mɛɲɲiʃe:g]
een beetje ...	**egy kicsit ...**	[ɛɟ: kitʃit]
helft (de)	**fél**	[fe:l]
dozijn (het)	**tucat**	[tutsɒt]
stuk (het)	**darab**	[dɒrɒb]
afmeting (de)	**méret**	[me:rɛt]
schaal (bijv. ~ van 1 op 50)	**lépték**	[le:pte:k]
minimaal (bn)	**minimális**	[minima:liʃ]
minste (bn)	**legkisebb**	[lɛgkiʃɛbb]
medium (bn)	**közép**	[køze:p]
maximaal (bn)	**maximális**	[mɒksima:liʃ]
grootste (bn)	**legnagyobb**	[lɛgnɒɟøbb]

23. Containers

glazen pot (de)	**befőttes üveg**	[bɛfø:tɛs yvɛg]
blik (conserven~)	**bádogdoboz**	[ba:dogdoboz]
emmer (de)	**vödör**	[vødør]
ton (bijv. regenton)	**hordó**	[hordo:]
ronde waterbak (de)	**tál**	[ta:l]
tank (bijv. watertank-70-ltr)	**tartály**	[tɒrta:j]
heupfles (de)	**kulacs**	[kulɒtʃ]
jerrycan (de)	**kanna**	[kɒnnɒ]
tank (bijv. ketelwagen)	**ciszterna**	[tsistɛrnɒ]
beker (de)	**bögre**	[bøgrɛ]
kopje (het)	**csésze**	[tʃe:sɛ]
schoteltje (het)	**csészealj**	[tʃe:sɛɒj]

glas (het)	**pohár**	[poha:r]
wijnglas (het)	**borospohár**	[boroʃpoha:r]
pan (de)	**lábas**	[la:bɒʃ]
fles (de)	**üveg**	[yvɛg]
flessenhals (de)	**nyak**	[ɲɒk]
karaf (de)	**butélia**	[bute:liɒ]
kruik (de)	**korsó**	[korʃo:]
vat (het)	**edény**	[ɛde:ɲ]
pot (de)	**köcsög**	[køʧøg]
vaas (de)	**váza**	[va:zɒ]
flacon (de)	**kölnisüveg**	[kølniʃyvɛg]
flesje (het)	**üvegcse**	[yvɛgʧɛ]
tube (bijv. ~ tandpasta)	**tubus**	[tubuʃ]
zak (bijv. ~ aardappelen)	**zsák**	[ʒa:k]
tasje (het)	**zacskó**	[zɒʧko:]
pakje (~ sigaretten, enz.)	**csomag**	[ʧomɒg]
doos (de)	**doboz**	[doboz]
kist (de)	**láda**	[la:dɒ]
mand (de)	**kosár**	[koʃa:r]

24. Materialen

materiaal (het)	**anyag**	[ɒɲɒg]
hout (het)	**fa**	[fɒ]
houten (bn)	**fa, fából való**	[fɒ], [fa:bo:l vɒlo:]
glas (het)	**üveg**	[yvɛg]
glazen (bn)	**üveges**	[yvɛgɛʃ]
steen (de)	**kő**	[kø:]
stenen (bn)	**köves**	[køvɛʃ]
plastic (het)	**műanyag**	[my:ɒɲɒg]
plastic (bn)	**műanyagos**	[my:ɒɲɒgoʃ]
rubber (het)	**gumi**	[gumi]
rubber-, rubberen (bn)	**gumi**	[gumi]
stof (de)	**szövet**	[søvɛt]
van stof (bn)	**szövetből készült**	[søvɛtbø:l ke:sy:lt]
papier (het)	**papír**	[pɒpi:r]
papieren (bn)	**papír**	[pɒpi:r]
karton (het)	**karton**	[kɒrton]
kartonnen (bn)	**karton**	[kɒrton]
polyethyleen (het)	**polietilén**	[poliɛtile:n]
cellofaan (het)	**celofán**	[tsɛlofa:n]
multiplex (het)	**furnérlap**	[furne:rlɒp]

porselein (het)	**porcelán**	[portsɛla:n]
porseleinen (bn)	**porcelán**	[portsɛla:n]
klei (de)	**agyag**	[ɒɟog]
klei-, van klei (bn)	**agyag**	[ɒɟog]
keramiek (de)	**kerámia**	[kɛra:miɒ]
keramieken (bn)	**kerámiai**	[kɛra:miɒi]

25. Metalen

metaal (het)	**fém**	[fe:m]
metalen (bn)	**fémes**	[fe:mɛʃ]
legering (de)	**ötvözet**	[øtvøzɛt]
goud (het)	**arany**	[ɒrɒɲ]
gouden (bn)	**arany**	[ɒrɒɲ]
zilver (het)	**ezüst**	[ɛzyʃt]
zilveren (bn)	**ezüst, ezüstös**	[ɛzyʃt], [ɛzyʃtøʃ]
ijzer (het)	**vas**	[vɒʃ]
ijzeren	**vas**	[vɒʃ]
staal (het)	**acél**	[ɒtse:l]
stalen (bn)	**acél**	[ɒtse:l]
koper (het)	**réz**	[re:z]
koperen (bn)	**réz**	[re:z]
aluminium (het)	**alumínium**	[ɒlumi:nium]
aluminium (bn)	**alumínium**	[ɒlumi:nium]
brons (het)	**bronz**	[bronz]
bronzen (bn)	**bronz**	[bronz-]
messing (het)	**sárgaréz**	[ʃa:rgɒre:z]
nikkel (het)	**nikkel**	[nikkɛl]
platina (het)	**platina**	[plɒtinɒ]
kwik (het)	**higany**	[higɒɲ]
tin (het)	**ón**	[o:n]
lood (het)	**ólom**	[o:lom]
zink (het)	**horgany**	[horgɒɲ]

MENS

Mens. Het lichaam

26. Mensen. Basisbegrippen

mens (de)	**ember**	[ɛmbɛr]
man (de)	**férfi**	[fe:rfi]
vrouw (de)	**nő**	[nø:]
kind (het)	**gyerek**	[ɟɛrɛk]
meisje (het)	**lány**	[la:ɲ]
jongen (de)	**fiú**	[fiu:]
tiener, adolescent (de)	**kamasz**	[kɒmɒs]
oude man (de)	**öregember**	[ørɛgɛmbɛr]
oude vrouw (de)	**öregasszony**	[ørɛgɒssoɲ]

27. Menselijke anatomie

organisme (het)	**szervezet**	[sɛrvɛzɛt]
hart (het)	**szív**	[si:v]
bloed (het)	**vér**	[ve:r]
slagader (de)	**ütőér**	[ytø:e:r]
ader (de)	**véna**	[ve:nɒ]
hersenen (mv.)	**agy**	[ɒɟ]
zenuw (de)	**ideg**	[idɛg]
zenuwen (mv.)	**idegek**	[idɛgɛk]
wervel (de)	**csigolya**	[ʧigojɒ]
ruggengraat (de)	**gerinc**	[gɛrints]
maag (de)	**gyomor**	[ɟømor]
darmen (mv.)	**bélcsatorna**	[be:lʧɒtornɒ]
darm (de)	**bél**	[be:l]
lever (de)	**máj**	[ma:j]
nier (de)	**vese**	[vɛʃɛ]
been (deel van het skelet)	**csont**	[ʧont]
skelet (het)	**csontváz**	[ʧontva:z]
rib (de)	**borda**	[bordɒ]
schedel (de)	**koponya**	[kopoɲɒ]
spier (de)	**izom**	[izom]
biceps (de)	**bicepsz**	[bitsɛps]
pees (de)	**ín**	[i:n]
gewricht (het)	**ízület**	[i:zylɛt]

longen (mv.)	**tüdő**	[tydø:]
geslachtsorganen (mv.)	**nemi szervek**	[nɛmi sɛrvɛk]
huid (de)	**bőr**	[bø:r]

28. Hoofd

hoofd (het)	**fej**	[fɛj]
gezicht (het)	**arc**	[ɒrts]
neus (de)	**orr**	[orr]
mond (de)	**száj**	[sa:j]
oog (het)	**szem**	[sɛm]
ogen (mv.)	**szem**	[sɛm]
pupil (de)	**pupilla**	[pupillɒ]
wenkbrauw (de)	**szemöldök**	[sɛmøldøk]
wimper (de)	**szempilla**	[sɛmpillɒ]
ooglid (het)	**szemhéj**	[sɛmhe:j]
tong (de)	**nyelv**	[ɲɛlv]
tand (de)	**fog**	[fog]
lippen (mv.)	**ajak**	[ɒjɒk]
jukbeenderen (mv.)	**pofacsont**	[pofɒʧont]
tandvlees (het)	**íny**	[i:ɲ]
gehemelte (het)	**szájpadlás**	[sa:jpɒdla:ʃ]
neusgaten (mv.)	**orrlyuk**	[orrjuk]
kin (de)	**áll**	[a:ll]
kaak (de)	**állkapocs**	[a:llkɒpoʧ]
wang (de)	**orca**	[ortsɒ]
voorhoofd (het)	**homlok**	[homlok]
slaap (de)	**halánték**	[hɒla:nte:k]
oor (het)	**fül**	[fyl]
achterhoofd (het)	**tarkó**	[tɒrko:]
hals (de)	**nyak**	[ɲɒk]
keel (de)	**torok**	[torok]
haren (mv.)	**haj**	[hɒj]
kapsel (het)	**frizura**	[frizurɒ]
haarsnit (de)	**hajvágás**	[hɒjva:ga:ʃ]
pruik (de)	**paróka**	[pɒro:kɒ]
snor (de)	**bajusz**	[bɒjus]
baard (de)	**szakáll**	[sɒka:ll]
dragen (een baard, enz.)	**visel**	[viʃɛl]
vlecht (de)	**copf**	[tsopf]
bakkebaarden (mv.)	**pofaszakáll**	[pofɒsɒka:ll]
ros (roodachtig, rossig)	**vörös hajú**	[vørøʃ hɒju:]
grijs (~ haar)	**ősz hajú**	[ø:s hɒju:]
kaal (bn)	**kopasz**	[kopɒs]
kale plek (de)	**kopaszság**	[kopɒʃa:g]
paardenstaart (de)	**lófarok**	[lo:fɒrok]
pony (de)	**sörény**	[ʃøre:ɲ]

29. Menselijk lichaam

hand (de)	**kéz, kézfej**	[ke:z], [ke:sfɛj]
arm (de)	**kar**	[kɒr]
vinger (de)	**ujj**	[ujj]
duim (de)	**hüvelykujj**	[hyvɛjkujj]
pink (de)	**kisujj**	[kiʃujj]
nagel (de)	**köröm**	[kørøm]
vuist (de)	**ököl**	[økøl]
handpalm (de)	**tenyér**	[tɛne:r]
pols (de)	**csukló**	[ʧuklo:]
voorarm (de)	**alkar**	[ɒlkɒr]
elleboog (de)	**könyök**	[køɲøk]
schouder (de)	**váll**	[va:ll]
been (rechter ~)	**láb**	[la:b]
voet (de)	**talp**	[tɒlp]
knie (de)	**térd**	[te:rd]
kuit (de)	**lábikra**	[la:bikrɒ]
heup (de)	**csípő**	[ʧi:pø:]
hiel (de)	**sarok**	[ʃɒrok]
lichaam (het)	**test**	[tɛʃt]
buik (de)	**has**	[hɒʃ]
borst (de)	**mell**	[mɛll]
borst (de)	**mell**	[mɛll]
zijde (de)	**oldal**	[oldɒl]
rug (de)	**hát**	[ha:t]
lage rug (de)	**derék**	[dɛre:k]
taille (de)	**derék**	[dɛre:k]
navel (de)	**köldök**	[køldøk]
billen (mv.)	**far**	[fɒr]
achterwerk (het)	**fenék**	[fɛne:k]
huidvlek (de)	**anyajegy**	[ɒɲɒjɛɟ]
tatoeage (de)	**tetoválás**	[tɛtova:la:ʃ]
litteken (het)	**forradás**	[forrɒda:ʃ]

Kleding en accessoires

30. Bovenkleding. Jassen

kleren (mv.)	**ruha**	[ruhɒ]
bovenkleding (de)	**felsőruha**	[fɛlʃø:ruhɒ]
winterkleding (de)	**téli ruha**	[te:li ruhɒ]
jas (de)	**kabát**	[kɒba:t]
bontjas (de)	**bunda**	[bundɒ]
bontjasje (het)	**bekecs**	[bɛkɛʧ]
donzen jas (de)	**pehelykabát**	[pɛhɛj kɒba:t]
jasje (bijv. een leren ~)	**zeke**	[zɛkɛ]
regenjas (de)	**ballonkabát**	[bɒlloŋkɒba:t]
waterdicht (bn)	**vízhatlan**	[vi:zhɒtlɒn]

31. Heren & dames kleding

overhemd (het)	**ing**	[iŋg]
broek (de)	**nadrág**	[nɒdra:g]
jeans (de)	**farmernadrág**	[fɒrmɛrnɒdra:g]
colbert (de)	**zakó**	[zɒko:]
kostuum (het)	**kosztüm**	[kostym]
jurk (de)	**ruha**	[ruhɒ]
rok (de)	**szoknya**	[sokɲɒ]
blouse (de)	**blúz**	[blu:z]
wollen vest (de)	**kardigán**	[kɒrdiga:n]
blazer (kort jasje)	**blézer**	[ble:zɛr]
T-shirt (het)	**trikó**	[triko:]
shorts (mv.)	**rövidnadrág**	[røvidnɒdra:g]
trainingspak (het)	**sportruha**	[ʃportruhɒ]
badjas (de)	**köntös**	[køntøʃ]
pyjama (de)	**pizsama**	[piʒɒmɒ]
sweater (de)	**pulóver**	[pulo:vɛr]
pullover (de)	**pulóver**	[pulo:vɛr]
gilet (het)	**mellény**	[mɛlle:ɲ]
rokkostuum (het)	**frakk**	[frɒkk]
smoking (de)	**szmoking**	[smokiŋg]
uniform (het)	**egyenruha**	[ɛɟɛnruhɒ]
werkkleding (de)	**munkaruha**	[muŋkɒruhɒ]
overall (de)	**kezeslábas**	[kɛzɛʃla:bɒʃ]
doktersjas (de)	**köpeny**	[køpɛɲ]

32. Kleding. Ondergoed

ondergoed (het)	**fehérnemű**	[fɛhe:rnɛmy:]
onderhemd (het)	**alsóing**	[ɒlʃo:iŋg]
sokken (mv.)	**zokni**	[zokni]
nachthemd (het)	**hálóing**	[ha:lo:iŋg]
beha (de)	**melltartó**	[mɛlltɒrto:]
kniekousen (mv.)	**térdzokni**	[te:rʤokni]
panty (de)	**harisnya**	[hɒriʃɲɒ]
nylonkousen (mv.)	**harisnya**	[hɒriʃɲɒ]
badpak (het)	**fürdőruha**	[fyrdø:ruhɒ]

33. Hoofddeksels

hoed (de)	**sapka**	[ʃɒpkɒ]
deukhoed (de)	**kalap**	[kɒlɒp]
honkbalpet (de)	**baseball sapka**	[bɛjsbɒll ʃɒpkɒ]
kleppet (de)	**sport sapka**	[ʃport ʃɒpkɒ]
baret (de)	**svájci sapka**	[ʃva:jtsi ʃɒpkɒ]
kap (de)	**csuklya**	[ʧukjɒ]
panamahoed (de)	**panamakalap**	[pɒnɒmɒ kɒlɒp]
gebreide muts (de)	**kötött sapka**	[køtøtt ʃɒpkɒ]
hoofddoek (de)	**kendő**	[kɛndø:]
dameshoed (de)	**női kalap**	[nø:i kɒlɒp]
veiligheidshelm (de)	**sisak**	[ʃiʃɒk]
veldmuts (de)	**pilótasapka**	[pilo:tɒ ʃɒpkɒ]
helm, valhelm (de)	**sisak**	[ʃiʃɒk]
bolhoed (de)	**keménykalap**	[kɛme:ɲkɒlɒp]

34. Schoeisel

schoeisel (het)	**cipő**	[tsipø:]
schoenen (mv.)	**bakancs**	[bɒkɒnʧ]
vrouwenschoenen (mv.)	**félcipő**	[fe:ltsipø:]
laarzen (mv.)	**csizma**	[ʧizmɒ]
pantoffels (mv.)	**papucs**	[pɒpuʧ]
sportschoenen (mv.)	**edzőcipő**	[ɛʤø:tsipø:]
sneakers (mv.)	**tornacipő**	[tornɒtsipø:]
sandalen (mv.)	**szandál**	[sɒnda:l]
schoenlapper (de)	**cipész**	[tsipe:s]
hiel (de)	**sarok**	[ʃɒrok]
paar (een ~ schoenen)	**pár**	[pa:r]
veter (de)	**cipőfűző**	[tsipø:fy:zø:]
rijgen (schoenen ~)	**befűz**	[bɛfy:z]

schoenlepel (de)	**cipőkanál**	[tsipø:kɒna:l]
schoensmeer (de/het)	**cipőkrém**	[tsipø:kre:m]

35. Textiel. Weefsel

katoen (de/het)	**pamut**	[pɒmut]
katoenen (bn)	**pamut**	[pɒmut]
vlas (het)	**len**	[lɛn]
vlas-, van vlas (bn)	**len**	[lɛn]
zijde (de)	**selyem**	[ʃɛjɛm]
zijden (bn)	**selyem**	[ʃɛjɛm]
wol (de)	**gyapjú**	[ɟopju:]
wollen (bn)	**gyapjú**	[ɟopju:]
fluweel (het)	**bársony**	[ba:rʃoɲ]
suède (de)	**szarvasbőr**	[sɒrvɒʃbø:r]
ribfluweel (het)	**kordbársony**	[kordba:rʃoɲ]
nylon (de/het)	**nejlon**	[nɛjlon]
nylon-, van nylon (bn)	**nejlon**	[nɛjlon]
polyester (het)	**poliészter**	[polie:stɛr]
polyester- (abn)	**poliészter**	[polie:stɛr]
leer (het)	**bőr**	[bø:r]
leren (van leer gemaak)	**bőr**	[bø:r]
bont (het)	**szőrme**	[sø:rmɛ]
bont- (abn)	**szőrme**	[sø:rmɛ]

36. Persoonlijke accessoires

handschoenen (mv.)	**kesztyű**	[kɛscy:]
wanten (mv.)	**egyujjas kesztyű**	[ɛɟujjɒʃ kɛscy:]
sjaal (fleece ~)	**sál**	[ʃa:l]
bril (de)	**szemüveg**	[sɛmyvɛg]
brilmontuur (het)	**keret**	[kɛrɛt]
paraplu (de)	**esernyő**	[ɛʃɛrɲø:]
wandelstok (de)	**sétabot**	[ʃe:tɒbot]
haarborstel (de)	**hajkefe**	[hɒjkɛfɛ]
waaier (de)	**legyező**	[lɛɟɛzø:]
das (de)	**nyakkendő**	[ɲɒkkɛndø:]
strikje (het)	**csokornyakkendő**	[ʧokorɲɒkkɛndø:]
bretels (mv.)	**nadrágtartó**	[nɒdra:gtɒrto:]
zakdoek (de)	**zsebkendő**	[ʒɛbkɛndø:]
kam (de)	**fésű**	[fe:ʃy:]
haarspeldje (het)	**hajcsat**	[hɒjʧɒt]
schuifspeldje (het)	**hajtű**	[hɒjty:]
gesp (de)	**csat**	[ʧɒt]
broekriem (de)	**öv**	[øv]

draagriem (de)	**táskaszíj**	[ta:ʃkɒsi:j]
handtas (de)	**táska**	[ta:ʃkɒ]
damestas (de)	**kézitáska**	[ke:zita:ʃkɒ]
rugzak (de)	**hátizsák**	[ha:tiʒa:k]

37. Kleding. Diversen

mode (de)	**divat**	[divɒt]
de mode (bn)	**divatos**	[divɒtoʃ]
kledingstilist (de)	**divattervező**	[divɒt tɛrvɛzø:]
kraag (de)	**gallér**	[gɒlle:r]
zak (de)	**zseb**	[ʒɛb]
zak- (abn)	**zseb**	[ʒɛb]
mouw (de)	**ruhaujj**	[ruhɒujj]
lusje (het)	**akasztó**	[ɒkɒsto:]
gulp (de)	**slicc**	[ʃlits]
rits (de)	**cipzár**	[tsipza:r]
sluiting (de)	**kapocs**	[kɒpotʃ]
knoop (de)	**gomb**	[gomb]
knoopsgat (het)	**gomblyuk**	[gombjuk]
losraken (bijv. knopen)	**elszakad**	[ɛlsɒkɒd]
naaien (kleren, enz.)	**varr**	[vɒrr]
borduren (ww)	**hímez**	[hi:mɛz]
borduursel (het)	**hímzés**	[hi:mze:ʃ]
naald (de)	**tű**	[ty:]
draad (de)	**cérna**	[tse:rnɒ]
naad (de)	**varrás**	[vɒrra:ʃ]
vies worden (ww)	**bepiszkolódik**	[bɛpiskolo:dik]
vlek (de)	**folt**	[folt]
gekreukt raken (ov. kleren)	**gyűrődik**	[ɟy:rø:dik]
scheuren (ov.ww.)	**megszakad**	[mɛgsɒkɒd]
mot (de)	**molylepke**	[mojlɛpkɛ]

38. Persoonlijke verzorging. Schoonheidsmiddelen

tandpasta (de)	**fogkrém**	[fogkre:m]
tandenborstel (de)	**fogkefe**	[fokkɛfɛ]
tanden poetsen (ww)	**fogat mos**	[fogɒt moʃ]
scheermes (het)	**borotva**	[borotvɒ]
scheerschuim (het)	**borotvakrém**	[borotvɒkre:m]
zich scheren (ww)	**borotválkozik**	[borotva:lkozik]
zeep (de)	**szappan**	[sɒppɒn]
shampoo (de)	**sampon**	[ʃɒmpon]
schaar (de)	**olló**	[ollo:]
nagelvijl (de)	**körömreszelő**	[kørømrɛsɛlø:]

nagelknipper (de)	**körömvágó**	[kørømva:go:]
pincet (het)	**csipesz**	[ʧipɛs]
cosmetica (mv.)	**kozmetika**	[kozmɛtikɒ]
masker (het)	**maszk**	[mɒsk]
manicure (de)	**manikűr**	[mɒniky:r]
manicure doen	**manikűrözik**	[mɒniky:røzik]
pedicure (de)	**pedikűr**	[pɛdiky:r]
cosmetica tasje (het)	**piperetáska**	[pipɛrɛta:ʃkɒ]
poeder (de/het)	**púder**	[pu:dɛr]
poederdoos (de)	**púderdoboz**	[pu:dɛrdoboz]
rouge (de)	**arcpirosító**	[ɒrtspiroʃi:to:]
parfum (de/het)	**illatszer**	[illɒtsɛr]
eau de toilet (de)	**parfüm**	[pɒrfym]
lotion (de)	**arcápoló**	[ɒrtsa:polo:]
eau de cologne (de)	**kölnivíz**	[kølnivi:z]
oogschaduw (de)	**szemhéjfesték**	[sɛmhe:jfɛʃte:k]
oogpotlood (het)	**szemceruza**	[sɛmtsɛruzɒ]
mascara (de)	**szempillafesték**	[sɛmpillɒfɛʃte:k]
lippenstift (de)	**rúzs**	[ru:ʒ]
nagellak (de)	**körömlakk**	[kørømlɒkk]
haarlak (de)	**hajrögzítő**	[hɒjrøgzi:tø:]
deodorant (de)	**dezodor**	[dɛzodor]
crème (de)	**krém**	[kre:m]
gezichtscrème (de)	**arckrém**	[ɒrtskre:m]
handcrème (de)	**kézkrém**	[ke:skre:m]
antirimpelcrème (de)	**ránc elleni krém**	[ra:nts ɛllɛni kre:m]
dag- (abn)	**nappali**	[nɒppɒli]
nacht- (abn)	**éjjeli**	[e:jjɛli]
tampon (de)	**tampon**	[tɒmpon]
toiletpapier (het)	**vécépapír**	[ve:tse:pɒpi:r]
föhn (de)	**hajszárító**	[hɒjsa:ri:to:]

39. Juwelen

sieraden (mv.)	**ékszerek**	[e:ksɛrɛk]
edel (bijv. ~ stenen)	**drágakő**	[dra:gakø:]
keurmerk (het)	**fémjelzés**	[fe:mjɛlze:ʃ]
ring (de)	**gyűrű**	[ɟy:ry:]
trouwring (de)	**jegygyűrű**	[jɛɟɟy:ry:]
armband (de)	**karkötő**	[kɒrkøtø:]
oorringen (mv.)	**fülbevaló**	[fylbɛvɒlo:]
halssnoer (het)	**nyaklánc**	[ɲɒkla:nts]
kroon (de)	**korona**	[koronɒ]
kralen snoer (het)	**gyöngydíszítés**	[ɟøɲɟdi:si:te:ʃ]
diamant (de)	**briliáns**	[brilia:nʃ]

smaragd (de)	**smaragd**	[ʃmɒrɒgd]
robijn (de)	**rubin**	[rubin]
saffier (de)	**zafír**	[zɒfir]
parel (de)	**gyöngy**	[ɟøɲɟ]
barnsteen (de)	**borostyán**	[boroʃca:n]

40. Horloges. Klokken

polshorloge (het)	**karóra**	[kɒro:rɒ]
wijzerplaat (de)	**számlap**	[sa:mlɒp]
wijzer (de)	**mutató**	[mutɒto:]
metalen horlogeband (de)	**karkötő**	[kɒrkøtø:]
horlogebandje (het)	**óraszíj**	[o:rɒsi:j]
batterij (de)	**elem**	[ɛlɛm]
leeg zijn (ww)	**lemerül**	[lɛmɛryl]
batterij vervangen	**kicseréli az elemet**	[kiʧɛre:li ɒz ɛlɛmɛt]
voorlopen (ww)	**siet**	[ʃiɛt]
achterlopen (ww)	**késik**	[ke:ʃik]
wandklok (de)	**fali óra**	[fɒli o:rɒ]
zandloper (de)	**homokóra**	[homoko:rɒ]
zonnewijzer (de)	**napóra**	[nɒpo:rɒ]
wekker (de)	**ébresztőóra**	[e:brɛstø:o:rɒ]
horlogemaker (de)	**órás**	[o:ra:ʃ]
repareren (ww)	**javít**	[jɒvi:t]

Voedsel. Voeding

41. Voedsel

vlees (het)	**hús**	[hu:ʃ]
kip (de)	**csirke**	[ʧirkɛ]
kuiken (het)	**csirke**	[ʧirkɛ]
eend (de)	**kacsa**	[kɒʧɒ]
gans (de)	**liba**	[libɒ]
wild (het)	**vadhús**	[vɒdhu:ʃ]
kalkoen (de)	**pulyka**	[pujkɒ]
varkensvlees (het)	**sertés**	[ʃɛrte:ʃ]
kalfsvlees (het)	**borjúhús**	[borju:hu:ʃ]
schapenvlees (het)	**birkahús**	[birkɒhu:ʃ]
rundvlees (het)	**marhahús**	[mɒrhɒhu:ʃ]
konijnenvlees (het)	**nyúl**	[ɲu:l]
worst (de)	**kolbász**	[kolba:s]
saucijs (de)	**virsli**	[virʃli]
spek (het)	**húsos szalonna**	[hu:ʃoʃ sɒlonnɒ]
ham (de)	**sonka**	[ʃoŋkɒ]
gerookte achterham (de)	**sonka**	[ʃoŋkɒ]
paté (de)	**pástétom**	[pa:ʃte:tom]
lever (de)	**máj**	[ma:j]
gehakt (het)	**darált hús**	[dɒra:lt hu:ʃ]
tong (de)	**nyelv**	[ɲɛlv]
ei (het)	**tojás**	[toja:ʃ]
eieren (mv.)	**tojások**	[toja:ʃok]
eiwit (het)	**tojásfehérje**	[toja:ʃfɛhe:rjɛ]
eigeel (het)	**tojássárgája**	[toja:ʃa:rga:jɒ]
vis (de)	**hal**	[hɒl]
zeevruchten (mv.)	**tenger gyümölcsei**	[tɛŋgɛr ɟymølʧɛi]
kaviaar (de)	**halikra**	[hɒlikrɒ]
krab (de)	**tarisznyarák**	[tɒrisɲɒra:k]
garnaal (de)	**garnélarák**	[gɒrne:lɒra:k]
oester (de)	**osztriga**	[ostrigɒ]
langoest (de)	**languszta**	[lɒŋgustɒ]
octopus (de)	**nyolckarú polip**	[ɲoltskɒru: polip]
inktvis (de)	**kalmár**	[kɒlma:r]
steur (de)	**tokhal**	[tokhɒl]
zalm (de)	**lazac**	[lɒzɒts]
heilbot (de)	**óriás laposhal**	[o:ria:ʃ lɒpoʃhɒl]
kabeljauw (de)	**tőkehal**	[tø:kɛhɒl]
makreel (de)	**makréla**	[mɒkre:lɒ]

tonijn (de)	**tonhal**	[tonhɒl]
paling (de)	**angolna**	[ɒŋgolnɒ]
forel (de)	**pisztráng**	[pistra:ŋg]
sardine (de)	**szardínia**	[sɒrdi:niɒ]
snoek (de)	**csuka**	[ʧukɒ]
haring (de)	**hering**	[hɛriŋg]
brood (het)	**kenyér**	[kɛne:r]
kaas (de)	**sajt**	[ʃɒjt]
suiker (de)	**cukor**	[tsukor]
zout (het)	**só**	[ʃo:]
rijst (de)	**rizs**	[riʒ]
pasta (de)	**makaróni**	[mɒkɒro:ni]
noedels (mv.)	**metélttészta**	[mɛte:ltte:stɒ]
boter (de)	**vaj**	[vɒj]
plantaardige olie (de)	**olaj**	[olɒj]
zonnebloemolie (de)	**napraforgóolaj**	[nɒprɒforgo:olɒj]
margarine (de)	**margarin**	[mɒrgɒrin]
olijven (mv.)	**olajbogyó**	[olɒjboɟø:]
olijfolie (de)	**olívaolaj**	[oli:vɒ olɒj]
melk (de)	**tej**	[tɛj]
gecondenseerde melk (de)	**sűrített tej**	[ʃy:ri:tɛtt tɛj]
yoghurt (de)	**joghurt**	[jogurt]
zure room (de)	**tejföl**	[tɛjføl]
room (de)	**tejszín**	[tɛjsi:n]
mayonaise (de)	**majonéz**	[mɒjone:z]
crème (de)	**krém**	[kre:m]
graan (het)	**dara**	[dɒrɒ]
meel (het), bloem (de)	**liszt**	[list]
conserven (mv.)	**konzerv**	[konzɛrv]
maïsvlokken (mv.)	**kukoricapehely**	[kukoritsɒpɛhɛj]
honing (de)	**méz**	[me:z]
jam (de)	**dzsem**	[ʤɛm]
kauwgom (de)	**rágógumi**	[ra:go:gumi]

42. Drankjes

water (het)	**víz**	[vi:z]
drinkwater (het)	**ivóvíz**	[ivo:vi:z]
mineraalwater (het)	**ásványvíz**	[a:ʃva:ɲvi:z]
zonder gas	**szóda nélkül**	[so:dɒ ne:lkyl]
koolzuurhoudend (bn)	**szóda**	[so:dɒ]
bruisend (bn)	**szóda**	[so:dɒ]
ijs (het)	**jég**	[je:g]
met ijs	**jeges**	[jɛgɛʃ]

alcohol vrij (bn)	**alkoholmentes**	[ɒlkoholmɛntɛʃ]
alcohol vrije drank (de)	**alkoholmentes ital**	[ɒlkoholmɛntɛʃ itɒl]
frisdrank (de)	**üdítő**	[y:di:tø:]
limonade (de)	**limonádé**	[limona:de:]
alcoholische dranken (mv.)	**szeszesitalok**	[sɛsɛʃ itɒlok]
wijn (de)	**bor**	[bor]
witte wijn (de)	**fehérbor**	[fɛhe:rbor]
rode wijn (de)	**vörösbor**	[vørøʃbor]
likeur (de)	**likőr**	[likø:r]
champagne (de)	**pezsgő**	[pɛʒgø:]
vermout (de)	**vermut**	[vɛrmut]
whisky (de)	**whisky**	[viski]
wodka (de)	**vodka**	[vodkɒ]
gin (de)	**gin**	[ʤin]
cognac (de)	**konyak**	[koɲɒk]
rum (de)	**rum**	[rum]
koffie (de)	**kávé**	[ka:ve:]
zwarte koffie (de)	**feketekávé**	[fɛkɛtɛ ka:ve:]
koffie (de) met melk	**tejeskávé**	[tɛjɛʃka:ve:]
cappuccino (de)	**tejszínes kávé**	[tɛjsi:nɛʃ ka:ve:]
oploskoffie (de)	**neszkávé**	[nɛska:ve:]
melk (de)	**tej**	[tɛj]
cocktail (de)	**koktél**	[kokte:l]
milkshake (de)	**tejkoktél**	[tɛjkokte:l]
sap (het)	**lé**	[le:]
tomatensap (het)	**paradicsomlé**	[pɒrɒdiʧomle:]
sinaasappelsap (het)	**narancslé**	[nɒrɒnʧle:]
vers geperst sap (het)	**frissen kifacsart lé**	[friʃɛn kifɒʧɒrt le:]
bier (het)	**sör**	[ʃør]
licht bier (het)	**világos sör**	[vila:goʃ ʃør]
donker bier (het)	**barna sör**	[bɒrnɒ ʃør]
thee (de)	**tea**	[tɛɒ]
zwarte thee (de)	**feketetea**	[fɛkɛtɛ tɛɒ]
groene thee (de)	**zöldtea**	[zølt tɛɒ]

43. Groenten

groenten (mv.)	**zöldségek**	[zøldʃe:gɛk]
verse kruiden (mv.)	**zöldség**	[zøldʃe:g]
tomaat (de)	**paradicsom**	[pɒrɒdiʧom]
augurk (de)	**uborka**	[uborkɒ]
wortel (de)	**sárgarépa**	[ʃa:rgɒre:pɒ]
aardappel (de)	**krumpli**	[krumpli]
ui (de)	**hagyma**	[hɒɟmɒ]
knoflook (de)	**fokhagyma**	[fokhɒɟmɒ]

kool (de)	**káposzta**	[ka:postɒ]
bloemkool (de)	**karfiol**	[kɒrfiol]
spruitkool (de)	**kelbimbó**	[kɛlbimbo:]
broccoli (de)	**brokkoli**	[brokkoli]
rode biet (de)	**cékla**	[tse:klɒ]
aubergine (de)	**padlizsán**	[pɒdliʒa:n]
courgette (de)	**cukkini**	[tsukkini]
pompoen (de)	**tök**	[tøk]
raap (de)	**répa**	[re:pɒ]
peterselie (de)	**petrezselyem**	[pɛtrɛʒɛjɛm]
dille (de)	**kapor**	[kɒpor]
sla (de)	**saláta**	[ʃɒla:tɒ]
selderij (de)	**zeller**	[zɛllɛr]
asperge (de)	**spárga**	[ʃpa:rgɒ]
spinazie (de)	**spenót**	[ʃpɛno:t]
erwt (de)	**borsó**	[borʃo:]
bonen (mv.)	**bab**	[bɒb]
maïs (de)	**kukorica**	[kukoritsɒ]
nierboon (de)	**bab**	[bɒb]
peper (de)	**paprika**	[pɒprikɒ]
radijs (de)	**hónapos retek**	[ho:nɒpoʃ rɛtɛk]
artisjok (de)	**articsóka**	[ɒrtiʧo:kɒ]

44. Vruchten. Noten

vrucht (de)	**gyümölcs**	[ɟymølʧ]
appel (de)	**alma**	[ɒlmɒ]
peer (de)	**körte**	[kørtɛ]
citroen (de)	**citrom**	[tsitrom]
sinaasappel (de)	**narancs**	[nɒrɒnʧ]
aardbei (de)	**eper**	[ɛpɛr]
mandarijn (de)	**mandarin**	[mɒndɒrin]
pruim (de)	**szilva**	[silvɒ]
perzik (de)	**őszibarack**	[ø:sibɒrɒtsk]
abrikoos (de)	**sárgabarack**	[ʃa:rgɒbɒrɒtsk]
framboos (de)	**málna**	[ma:lnɒ]
ananas (de)	**ananász**	[ɒnɒna:s]
banaan (de)	**banán**	[bɒna:n]
watermeloen (de)	**görögdinnye**	[gørøgdiɲɛ]
druif (de)	**szőlő**	[sø:lø:]
zure kers (de)	**meggy**	[mɛdɟ]
zoete kers (de)	**cseresznye**	[ʧɛrɛsnɛ]
meloen (de)	**dinnye**	[diɲɛ]
grapefruit (de)	**citrancs**	[tsitrɒnʧ]
avocado (de)	**avokádó**	[ɒvoka:do:]
papaja (de)	**papaya**	[pɒpɒjɒ]
mango (de)	**mangó**	[mɒŋgo:]

granaatappel (de)	**gránátalma**	[gra:na:tɒlmɒ]
rode bes (de)	**pirosribizli**	[piroʃribizli]
zwarte bes (de)	**feketeribizli**	[fɛkɛtɛ ribizli]
kruisbes (de)	**egres**	[ɛgrɛʃ]
blauwe bosbes (de)	**fekete áfonya**	[fɛkɛtɛ a:foɲɒ]
braambes (de)	**szeder**	[sɛdɛr]
rozijn (de)	**mazsola**	[mɒʒolɒ]
vijg (de)	**füge**	[fygɛ]
dadel (de)	**datolya**	[dɒtojɒ]
pinda (de)	**földimogyoró**	[føldimoɟøro:]
amandel (de)	**mandula**	[mɒndulɒ]
walnoot (de)	**dió**	[dio:]
hazelnoot (de)	**mogyoró**	[moɟøro:]
kokosnoot (de)	**kókuszdió**	[ko:kusdio:]
pistaches (mv.)	**pisztácia**	[pista:tsiɒ]

45. Brood. Snoep

suikerbakkerij (de)	**édesipari áruk**	[e:dɛʃipɒri a:ruk]
brood (het)	**kenyér**	[kɛɲe:r]
koekje (het)	**sütemény**	[ʃytɛme:ɲ]
chocolade (de)	**csokoládé**	[ʧokola:de:]
chocolade- (abn)	**csokoládé**	[ʧokola:de:]
snoepje (het)	**cukorka**	[tsukorkɒ]
cakeje (het)	**torta**	[tortɒ]
taart (bijv. verjaardags~)	**torta**	[tortɒ]
pastei (de)	**töltött lepény**	[tøltøtt lɛpe:ɲ]
vulling (de)	**töltelék**	[tøltɛle:k]
confituur (de)	**lekvár**	[lɛkva:r]
marmelade (de)	**gyümölcszselé**	[ɟymølʧ ʒɛle:]
wafel (de)	**ostya**	[oʃcɒ]
ijsje (het)	**fagylalt**	[fɒɟlɒlt]

46. Bereide gerechten

gerecht (het)	**étel**	[e:tɛl]
keuken (bijv. Franse ~)	**konyha**	[koɲhɒ]
recept (het)	**recept**	[rɛtsɛpt]
portie (de)	**adag**	[ɒdɒg]
salade (de)	**saláta**	[ʃɒla:tɒ]
soep (de)	**leves**	[lɛvɛʃ]
bouillon (de)	**erőleves**	[ɛrø:lɛvɛʃ]
boterham (de)	**szendvics**	[sɛndviʧ]
spiegelei (het)	**tojásrántotta**	[toja:ʃra:ntottɒ]
hamburger (de)	**hamburger**	[hɒmburgɛr]

biefstuk (de)	**bifsztek**	[bifstɛk]
garnering (de)	**köret**	[kørɛt]
spaghetti (de)	**spagetti**	[ʃpɒgɛtti]
aardappelpuree (de)	**burgonyapüré**	[burgoɲɒpyre:]
pizza (de)	**pizza**	[pitsɒ]
pap (de)	**kása**	[ka:ʃɒ]
omelet (de)	**tojáslepény**	[toja:ʃlɛpe:ɲ]
gekookt (in water)	**főtt**	[fø:tt]
gerookt (bn)	**füstölt**	[fyʃtølt]
gebakken (bn)	**sült**	[ʃylt]
gedroogd (bn)	**aszalt**	[ɒsɒlt]
diepvries (bn)	**fagyasztott**	[fɒɟostott]
gemarineerd (bn)	**ecetben eltett**	[ɛtsɛtbɛn ɛltɛtt]
zoet (bn)	**édes**	[e:dɛʃ]
gezouten (bn)	**sós**	[ʃo:ʃ]
koud (bn)	**hideg**	[hidɛg]
heet (bn)	**meleg**	[mɛlɛg]
bitter (bn)	**keserű**	[kɛʃɛry:]
lekker (bn)	**finom**	[finom]
koken (in kokend water)	**főz**	[fø:z]
bereiden (avondmaaltijd ~)	**készít**	[ke:si:t]
bakken (ww)	**süt**	[ʃyt]
opwarmen (ww)	**melegít**	[mɛlɛgi:t]
zouten (ww)	**sóz**	[ʃo:z]
peperen (ww)	**borsoz**	[borʃoz]
raspen (ww)	**reszel**	[rɛsɛl]
schil (de)	**héj**	[he:j]
schillen (ww)	**hámoz**	[ha:moz]

47. Kruiden

zout (het)	**só**	[ʃo:]
gezouten (bn)	**sós**	[ʃo:ʃ]
zouten (ww)	**sóz**	[ʃo:z]
zwarte peper (de)	**feketebors**	[fɛkɛtɛ borʃ]
rode peper (de)	**pirospaprika**	[piroʃpɒprikɒ]
mosterd (de)	**mustár**	[muʃta:r]
mierikswortel (de)	**torma**	[tormɒ]
condiment (het)	**fűszer**	[fy:sɛr]
specerij, kruiderij (de)	**fűszer**	[fy:sɛr]
saus (de)	**szósz**	[so:s]
azijn (de)	**ecet**	[ɛtsɛt]
anijs (de)	**ánizs**	[a:nis]
basilicum (de)	**bazsalikom**	[bɒʒɒlikom]
kruidnagel (de)	**szegfű**	[sɛgfy:]
gember (de)	**gyömbér**	[ɟømbe:r]
koriander (de)	**koriander**	[koriɒndɛr]

kaneel (de/het)	**fahéj**	[fɒhe:j]
sesamzaad (het)	**szezámmag**	[sɛza:mmɒg]
laurierblad (het)	**babérlevél**	[bɒbe:rlɛve:l]
paprika (de)	**paprika**	[pɒprikɒ]
komijn (de)	**kömény**	[køme:ɲ]
saffraan (de)	**sáfrány**	[ʃa:fra:ɲ]

48. Maaltijden

eten (het)	**étel**	[e:tɛl]
eten (ww)	**eszik**	[ɛsik]
ontbijt (het)	**reggeli**	[rɛggɛli]
ontbijten (ww)	**reggelizik**	[rɛggɛlizik]
lunch (de)	**ebéd**	[ɛbe:d]
lunchen (ww)	**ebédel**	[ɛbe:dɛl]
avondeten (het)	**vacsora**	[vɒʧorɒ]
souperen (ww)	**vacsorázik**	[vɒʧora:zik]
eetlust (de)	**étvágy**	[e:tva:ɟ]
Eet smakelijk!	**Jó étvágyat!**	[jo: e:tva:ɟot]
openen (een fles ~)	**nyit**	[ɲit]
morsen (koffie, enz.)	**kiönt**	[kiønt]
zijn gemorst	**kiömlik**	[kiømlik]
koken (water kookt bij 100°C)	**forr**	[forr]
koken (Hoe om water te ~)	**forral**	[forrɒl]
gekookt (~ water)	**forralt**	[forrɒlt]
afkoelen (koeler maken)	**lehűt**	[lɛhy:t]
afkoelen (koeler worden)	**lehűl**	[lɛhy:l]
smaak (de)	**íz**	[i:z]
nasmaak (de)	**utóíz**	[uto:i:z]
volgen een dieet	**lefogy**	[lɛfoɟ]
dieet (het)	**diéta**	[die:tɒ]
vitamine (de)	**vitamin**	[vitɒmin]
calorie (de)	**kalória**	[kɒlo:riɒ]
vegetariër (de)	**vegetáriánus**	[vɛgɛta:ria:nuʃ]
vegetarisch (bn)	**vegetáriánus**	[vɛgɛta:ria:nuʃ]
vetten (mv.)	**zsír**	[ʒi:r]
eiwitten (mv.)	**fehérje**	[fɛhe:rjɛ]
koolhydraten (mv.)	**szénhidrát**	[se:nhidra:t]
snede (de)	**szelet**	[sɛlɛt]
stuk (bijv. een ~ taart)	**szelet**	[sɛlɛt]
kruimel (de)	**morzsa**	[morʒɒ]

49. Tafelschikking

lepel (de)	**kanál**	[kɒna:l]
mes (het)	**kés**	[ke:ʃ]

vork (de)	**villa**	[villɒ]
kopje (het)	**csésze**	[ʧe:sɛ]
bord (het)	**tányér**	[ta:ne:r]
schoteltje (het)	**csészealj**	[ʧe:sɛɒj]
servet (het)	**szalvéta**	[sɒlve:tɒ]
tandenstoker (de)	**fogpiszkáló**	[fokpiska:lo:]

50. Restaurant

restaurant (het)	**étterem**	[e:ttɛrɛm]
koffiehuis (het)	**kávézó**	[ka:ve:zo:]
bar (de)	**bár**	[ba:r]
tearoom (de)	**tea szalon**	[tɛɒ sɒlon]
kelner, ober (de)	**pincér**	[pintse:r]
serveerster (de)	**pincérnő**	[pintse:rnø:]
barman (de)	**bármixer**	[ba:rmiksɛr]
menu (het)	**étlap**	[e:tlɒp]
wijnkaart (de)	**borlap**	[borlɒp]
een tafel reserveren	**asztalt foglal**	[ɒstɒlt foglɒl]
gerecht (het)	**étel**	[e:tɛl]
bestellen (eten ~)	**rendel**	[rɛndɛl]
een bestelling maken	**rendel**	[rɛndɛl]
aperitief (de/het)	**aperitif**	[ɒpɛritif]
voorgerecht (het)	**előétel**	[ɛlø:e:tɛl]
dessert (het)	**desszert**	[dɛssɛrt]
rekening (de)	**számla**	[sa:mlɒ]
de rekening betalen	**számlát fizet**	[sa:mla:t fizɛt]
wisselgeld teruggeven	**visszajáró pénzt ad**	[vissɒja:ro: pe:nzt ɒd]
fooi (de)	**borravaló**	[borrɒvɒlo:]

Familie, verwanten en vrienden

51. Persoonlijke informatie. Formulieren

naam (de)	**név**	[ne:v]
achternaam (de)	**vezetéknév**	[vɛzɛte:k ne:v]
geboortedatum (de)	**születési dátum**	[sylɛte:ʃi da:tum]
geboorteplaats (de)	**születési hely**	[sylɛte:ʃi hɛj]
nationaliteit (de)	**nemzetiség**	[nɛmzɛtiʃe:g]
woonplaats (de)	**lakcím**	[lɒktsi:m]
land (het)	**ország**	[orsa:g]
beroep (het)	**foglalkozás**	[foglɒlkoza:ʃ]
geslacht (ov. het vrouwelijk ~)	**nem**	[nɛm]
lengte (de)	**magasság**	[mɒgɒʃa:g]
gewicht (het)	**súly**	[ʃu:j]

52. Familieleden. Verwanten

moeder (de)	**anya**	[ɒɲɒ]
vader (de)	**apa**	[ɒpɒ]
zoon (de)	**fiú**	[fiu:]
dochter (de)	**lány**	[la:ɲ]
jongste dochter (de)	**fiatalabb lány**	[fiɒtɒlɒbb la:ɲ]
jongste zoon (de)	**fiatalabb fiú**	[fiɒtɒlɒbb fiu:]
oudste dochter (de)	**idősebb lány**	[idø:ʃɛbb la:ɲ]
oudste zoon (de)	**idősebb fiú**	[idø:ʃɛbb fiu:]
oudere broer (de)	**báty**	[ba:c]
jongere broer (de)	**öcs**	[øʧ]
oudere zuster (de)	**nővér**	[nø:ve:r]
jongere zuster (de)	**húg**	[hu:g]
neef (zoon van oom, tante)	**unokabáty**	[unokɒ ba:c]
nicht (dochter van oom, tante)	**unokanővér**	[unokɒ nø:ve:r]
mama (de)	**anya**	[ɒɲɒ]
papa (de)	**apa**	[ɒpɒ]
ouders (mv.)	**szülők**	[sylø:k]
kind (het)	**gyerek**	[ɟɛrɛk]
kinderen (mv.)	**gyerekek**	[ɟɛrɛkɛk]
oma (de)	**nagyanya**	[nɒɟɒɲɒ]
opa (de)	**nagyapa**	[nɒɟɒpɒ]
kleinzoon (de)	**unoka**	[unokɒ]

kleindochter (de)	**unoka**	[unokɒ]
kleinkinderen (mv.)	**unokák**	[unoka:k]
oom (de)	**bácsi**	[ba:ʧi]
tante (de)	**néni**	[ne:ni]
neef (zoon van broer, zus)	**unokaöcs**	[unokɒøʧ]
nicht (dochter van broer, zus)	**unokahúg**	[unokɒhu:g]
schoonmoeder (de)	**anyós**	[ɒɲø:ʃ]
schoonvader (de)	**após**	[ɒpo:ʃ]
schoonzoon (de)	**vő**	[vø:]
stiefmoeder (de)	**mostohaanya**	[moʃtohɒɒɲɒ]
stiefvader (de)	**mostohaapa**	[moʃtohɒɒpɒ]
zuigeling (de)	**csecsemő**	[ʧɛʧɛmø:]
wiegenkind (het)	**csecsemő**	[ʧɛʧɛmø:]
kleuter (de)	**kisgyermek**	[kiʃɟɛrmɛk]
vrouw (de)	**feleség**	[fɛlɛʃe:g]
man (de)	**férj**	[fe:rj]
echtgenoot (de)	**házastárs**	[ha:zɒʃta:rʃ]
echtgenote (de)	**hitves**	[hitvɛʃ]
gehuwd (mann.)	**nős**	[nø:ʃ]
gehuwd (vrouw.)	**férjnél**	[fe:rjne:l]
ongehuwd (mann.)	**nőtlen**	[nø:tlɛn]
vrijgezel (de)	**nőtlen ember**	[nø:tlɛn ɛmbɛr]
gescheiden (bn)	**elvált**	[ɛlva:lt]
weduwe (de)	**özvegy**	[øzvɛɟ]
weduwnaar (de)	**özvegy**	[øzvɛɟ]
familielid (het)	**rokon**	[rokon]
dichte familielid (het)	**közeli rokon**	[køzɛli rokon]
verre familielid (het)	**távoli rokon**	[ta:voli rokon]
familieleden (mv.)	**rokonok**	[rokonok]
wees (de), weeskind (het)	**árva**	[a:rvɒ]
voogd (de)	**gyám**	[ɟa:m]
adopteren (een jongen te ~)	**örökbe fogad**	[ørøkbɛ fogɒd]
adopteren (een meisje te ~)	**örökbe fogad**	[ørøkbɛ fogɒd]

53. Vrienden. Collega's

vriend (de)	**barát**	[bɒra:t]
vriendin (de)	**barátnő**	[bɒra:tnø:]
vriendschap (de)	**barátság**	[bɒra:ʧa:g]
bevriend zijn (ww)	**barátkozik**	[bɒra:tkozik]
makker (de)	**barát**	[bɒra:t]
vriendin (de)	**barátnő**	[bɒra:tnø:]
partner (de)	**partner**	[pɒrtnɛr]
chef (de)	**főnök**	[fø:nøk]
baas (de)	**főnök**	[fø:nøk]

ondergeschikte (de)	**alárendelt**	[ɒla:rɛndɛlt]
collega (de)	**kolléga**	[kolle:gɒ]
kennis (de)	**ismerős**	[iʃmɛrø:ʃ]
medereiziger (de)	**útitárs**	[u:tita:rʃ]
klasgenoot (de)	**osztálytárs**	[osta:jta:rʃ]
buurman (de)	**szomszéd**	[somse:d]
buurvrouw (de)	**szomszéd**	[somse:d]
buren (mv.)	**szomszédok**	[somse:dok]

54. Man. Vrouw

vrouw (de)	**nő**	[nø:]
meisje (het)	**lány**	[la:ɲ]
bruid (de)	**mennyasszony**	[mɛɲɲɒssoɲ]
mooi(e) (vrouw, meisje)	**szép**	[se:p]
groot, grote (vrouw, meisje)	**magas**	[mɒgɒʃ]
slank(e) (vrouw, meisje)	**karcsú**	[kɒrʧu:]
korte, kleine (vrouw, meisje)	**alacsony**	[ɒlɒʧoɲ]
blondine (de)	**szőke nő**	[sø:kɛ nø:]
brunette (de)	**barna nő**	[bɒrnɒ nø:]
dames- (abn)	**női**	[nø:i]
maagd (de)	**szűz**	[sy:z]
zwanger (bn)	**terhes**	[tɛrhɛʃ]
man (de)	**férfi**	[fe:rfi]
blonde man (de)	**szőke férfi**	[sø:kɛ fe:rfi]
bruinharige man (de)	**barna férfi**	[bɒrnɒ fe:rfi]
groot (bn)	**magas**	[mɒgɒʃ]
klein (bn)	**alacsony**	[ɒlɒʧoɲ]
onbeleefd (bn)	**goromba**	[gorombɒ]
gedrongen (bn)	**zömök**	[zømøk]
robuust (bn)	**erős**	[ɛrø:ʃ]
sterk (bn)	**erős**	[ɛrø:ʃ]
sterkte (de)	**erő**	[ɛrø:]
mollig (bn)	**kövér**	[køve:r]
getaand (bn)	**barna**	[bɒrnɒ]
slank (bn)	**jó alakú**	[jo: ɒlɒku:]
elegant (bn)	**elegáns**	[ɛlɛga:nʃ]

55. Leeftijd

leeftijd (de)	**kor**	[kor]
jeugd (de)	**ifjúság**	[ifju:ʃa:g]
jong (bn)	**fiatal**	[fiɒtɒl]
jonger (bn)	**fiatalabb**	[fiɒtɒlɒbb]

ouder (bn)	**idősebb**	[idø:ʃɛbb]
jongen (de)	**fiatalember**	[fiɒtɒl ɛmbɛr]
tiener, adolescent (de)	**kamasz**	[kɒmɒs]
kerel (de)	**fickó**	[fitsko:]
oude man (de)	**öregember**	[ørɛgɛmbɛr]
oude vrouw (de)	**öregasszony**	[ørɛgɒssoɲ]
volwassen (bn)	**felnőtt**	[fɛlnø:tt]
van middelbare leeftijd (bn)	**középkorú**	[køze:pkoru:]
bejaard (bn)	**idős**	[idø:ʃ]
oud (bn)	**öreg**	[ørɛg]
pensioen (het)	**nyugdíj**	[ɲugdi:j]
met pensioen gaan	**nyugdíjba megy**	[ɲugdi:jbɒ mɛɟ]
gepensioneerde (de)	**nyugdíjas**	[ɲugdi:jɒʃ]

56. Kinderen

kind (het)	**gyerek**	[ɟɛrɛk]
kinderen (mv.)	**gyerekek**	[ɟɛrɛkɛk]
tweeling (de)	**ikrek**	[ikrɛk]
wieg (de)	**bölcső**	[bølʧø:]
rammelaar (de)	**csörgő**	[ʧørgø:]
luier (de)	**pelenka**	[pɛlɛŋkɒ]
speen (de)	**cucli**	[tsutsli]
kinderwagen (de)	**gyerekkocsi**	[ɟɛrɛkkoʧi]
kleuterschool (de)	**óvoda**	[o:vodɒ]
babysitter (de)	**dajka**	[dɒjkɒ]
kindertijd (de)	**gyermekkor**	[ɟɛrmɛkkor]
pop (de)	**baba**	[bɒbɒ]
speelgoed (het)	**játék**	[ja:te:k]
bouwspeelgoed (het)	**építő játék**	[e:pi:tø: ja:te:k]
welopgevoed (bn)	**jól nevelt**	[jol nɛvɛlt]
onopgevoed (bn)	**neveletlen**	[nɛvɛlɛtlɛn]
verwend (bn)	**elkényeztetett**	[ɛlke:nɛztɛtɛtt]
stout zijn (ww)	**csintalankodik**	[ʧintɒlɒŋkodik]
stout (bn)	**csintalan**	[ʧintɒlɒn]
stoutheid (de)	**csintalanság**	[ʧintɒlɒnʃa:g]
stouterd (de)	**kópé**	[ko:pe:]
gehoorzaam (bn)	**engedelmes**	[ɛŋgɛdɛlmɛʃ]
ongehoorzaam (bn)	**engedetlen**	[ɛŋgɛdɛtlɛn]
braaf (bn)	**okos**	[okoʃ]
slim (verstandig)	**okos**	[okoʃ]
wonderkind (het)	**csodagyerek**	[ʧodɒɟɛrɛk]

57. Gehuwde paren. Gezinsleven

kussen (een kus geven)	**csókol**	[ʧo:kol]
elkaar kussen (ww)	**csókolózik**	[ʧo:kolo:zik]
gezin (het)	**család**	[ʧɒla:d]
gezins- (abn)	**családos**	[ʧɒla:doʃ]
paar (het)	**pár**	[pa:r]
huwelijk (het)	**házasság**	[ha:zɒʃa:g]
thuis (het)	**otthon**	[otthon]
dynastie (de)	**dinasztia**	[dinɒstiɒ]
date (de)	**randevú**	[rɒndɛvu:]
zoen (de)	**csók**	[ʧo:k]
liefde (de)	**szerelem**	[sɛrɛlɛm]
liefhebben (ww)	**szeret**	[sɛrɛt]
geliefde (bn)	**szerető**	[sɛrɛtø:]
tederheid (de)	**gyengédség**	[ɟɛŋge:dʃe:g]
teder (bn)	**gyengéd**	[ɟɛŋge:d]
trouw (de)	**hűség**	[hy:ʃe:g]
trouw (bn)	**hűséges**	[hy:ʃe:gɛʃ]
zorg (bijv. bejaarden~)	**gondoskodás**	[gondoʃkoda:ʃ]
zorgzaam (bn)	**gondos**	[gondoʃ]
jonggehuwden (mv.)	**fiatal házasok**	[fiɒtɒl ha:zɒʃok]
wittebroodsweken (mv.)	**mézeshetek**	[me:zɛʃ hɛtɛk]
trouwen (vrouw)	**férjhez megy**	[fe:rjhɛz mɛɟ]
trouwen (man)	**feleségül vesz**	[fɛlɛʃe:gyl vɛs]
bruiloft (de)	**lakodalom**	[lɒkodɒlom]
gouden bruiloft (de)	**aranylakodalom**	[ɒrɒɲlɒkodɒlom]
verjaardag (de)	**évforduló**	[e:vfordulo:]
minnaar (de)	**szerető**	[sɛrɛtø:]
minnares (de)	**szerető**	[sɛrɛtø:]
overspel (het)	**megcsalás**	[mɛgʧɒla:ʃ]
overspel plegen (ww)	**megcsal**	[mɛgʧɒl]
jaloers (bn)	**féltékeny**	[fe:lte:kɛɲ]
jaloers zijn (echtgenoot, enz.)	**féltékenykedik**	[fe:lte:kɛɲkɛdik]
echtscheiding (de)	**válás**	[va:la:ʃ]
scheiden (ww)	**elválik**	[ɛlva:lik]
ruzie hebben (ww)	**veszekedik**	[vɛsɛkɛdik]
vrede sluiten (ww)	**békül**	[be:kyl]
samen (bw)	**együtt**	[ɛɟytt]
seks (de)	**szex**	[sɛks]
geluk (het)	**boldogság**	[boldogʃa:g]
gelukkig (bn)	**boldog**	[boldog]
ongeluk (het)	**boldogtalanság**	[boldogtɒlɒnʃa:g]
ongelukkig (bn)	**boldogtalan**	[boldogtɒlɒn]

Karakter. Gevoelens. Emoties

58. Gevoelens. Emoties

gevoel (het)	**érzelem**	[e:rzɛlɛm]
gevoelens (mv.)	**érzelmek**	[e:rzɛlmɛk]
voelen (ww)	**érez**	[e:rɛz]
honger (de)	**éhség**	[e:hʃe:g]
honger hebben (ww)	**éhes van**	[e:hɛʃ vɒn]
dorst (de)	**szomjúság**	[somju:ʃa:g]
dorst hebben	**szomjas van**	[somjɒʃ vɒn]
slaperigheid (de)	**álmosság**	[a:lmoʃa:g]
willen slapen	**álmos van**	[a:lmoʃ vɒn]
moeheid (de)	**fáradtság**	[fa:rɒttʃa:g]
moe (bn)	**fáradt**	[fa:rɒtt]
vermoeid raken (ww)	**elfárad**	[ɛlfa:rɒd]
stemming (de)	**kedv**	[kɛdv]
verveling (de)	**unalom**	[unɒlom]
zich vervelen (ww)	**unatkozik**	[unɒtkozik]
afzondering (de)	**magány**	[mɒga:ɲ]
zich afzonderen (ww)	**magányba vonul**	[mɒga:ɲbɒ vonul]
bezorgd maken	**nyugtalanít**	[ɲugtɒlɒni:t]
bezorgd zijn (ww)	**nyugtalankodik**	[ɲugtɒlɒŋkodik]
zorg (bijv. geld~en)	**nyugtalanság**	[ɲugtɒlɒnʃa:g]
ongerustheid (de)	**aggodalom**	[ɒggodɒlom]
ongerust (bn)	**nyugtalan**	[ɲugtɒlɒn]
zenuwachtig zijn (ww)	**izgul**	[izgul]
in paniek raken	**pánikba esik**	[pa:nikbɒ ɛʃik]
hoop (de)	**remény**	[rɛme:ɲ]
hopen (ww)	**remél**	[rɛme:l]
zekerheid (de)	**biztosság**	[biztoʃa:g]
zeker (bn)	**biztos**	[biztoʃ]
onzekerheid (de)	**bizonytalanság**	[bizoɲtɒlɒnʃa:g]
onzeker (bn)	**bizonytalan**	[bizoɲtɒlɒn]
dronken (bn)	**részeg**	[re:sɛg]
nuchter (bn)	**józan**	[jo:zɒn]
zwak (bn)	**gyenge**	[ɟɛŋgɛ]
gelukkig (bn)	**boldog**	[boldog]
doen schrikken (ww)	**megijeszt**	[mɛgijɛst]
toorn (de)	**dühöngés**	[dyhøŋge:ʃ]
woede (de)	**düh**	[dy]
depressie (de)	**depresszió**	[dɛprɛssio:]
ongemak (het)	**kényelmetlenségérzet**	[ke:nɛlmɛtlɛnʃe:g e:rzɛt]

gemak, comfort (het)	**kényelem**	[ke:nɛlɛm]
spijt hebben (ww)	**sajnál**	[ʃɒjna:l]
spijt (de)	**sajnálom**	[ʃɒjna:lom]
pech (de)	**balszerencse**	[bɒlsɛrɛntʃɛ]
bedroefdheid (de)	**keserűség**	[kɛʃɛry:ʃe:g]
schaamte (de)	**szégyen**	[se:ɟɛn]
pret (de), plezier (het)	**vidámság**	[vida:mʃa:g]
enthousiasme (het)	**lelkesedés**	[lɛlkɛʃɛde:ʃ]
enthousiasteling (de)	**lelkesedő**	[lɛlkɛʃɛdø:]
enthousiasme vertonen	**lelkesedik**	[lɛlkɛʃɛdik]

59. Karakter. Persoonlijkheid

karakter (het)	**jellem**	[jɛllɛm]
karakterfout (de)	**jellemhiba**	[jɛllɛmhibɒ]
verstand (het)	**értelem**	[e:rtɛlɛm]
rede (de)	**ész**	[e:s]
geweten (het)	**lelkiismeret**	[lɛlki:ʃmɛrɛt]
gewoonte (de)	**szokás**	[soka:ʃ]
bekwaamheid (de)	**képesség**	[ke:pɛʃe:g]
kunnen (bijv., ~ zwemmen)	**tud**	[tud]
geduldig (bn)	**türelmes**	[tyrɛlɛm]
ongeduldig (bn)	**türelmetlen**	[tyrɛlmɛtlɛn]
nieuwsgierig (bn)	**kíváncsi**	[ki:va:ntʃi]
nieuwsgierigheid (de)	**kíváncsiság**	[ki:vɒntʃiʃa:g]
bescheidenheid (de)	**szerénység**	[sɛre:ɲʃe:g]
bescheiden (bn)	**szerény**	[sɛre:ɲ]
onbescheiden (bn)	**szemérmetlen**	[sɛme:rmɛtlɛn]
lui (bn)	**lusta**	[luʃtɒ]
luiwammes (de)	**lusta**	[luʃtɒ]
sluwheid (de)	**ravaszság**	[rɒvɒʃa:g]
sluw (bn)	**ravasz**	[rɒvɒs]
wantrouwen (het)	**bizalmatlanság**	[bizɒlmɒtlɒnʃa:g]
wantrouwig (bn)	**bizalmatlan**	[bizɒlmɒtlɒn]
gulheid (de)	**bőkezűség**	[bø:kɛzy:ʃe:g]
gul (bn)	**bőkezű**	[bø:kɛzy:]
talentrijk (bn)	**tehetséges**	[tɛhɛtʃe:gɛʃ]
talent (het)	**tehetség**	[tɛhɛtʃe:g]
moedig (bn)	**bátor**	[ba:tor]
moed (de)	**bátorság**	[ba:torʃa:g]
eerlijk (bn)	**becsületes**	[bɛtʃylɛtɛʃ]
eerlijkheid (de)	**becsületesség**	[bɛtʃylɛtɛʃe:g]
voorzichtig (bn)	**óvatos**	[o:vɒtoʃ]
manhaftig (bn)	**bátor**	[ba:tor]
ernstig (bn)	**komoly**	[komoj]

streng (bn)	**szigorú**	[sigoru:]
resoluut (bn)	**határozott**	[hɒta:rozott]
onzeker, irresoluut (bn)	**határozatlan**	[hɒta:rozotlɒn]
schuchter (bn)	**félénk**	[fe:le:ŋk]
schuchterheid (de)	**félénkség**	[fe:le:ŋkʃe:g]
vertrouwen (het)	**bizalom**	[bizɒlom]
vertrouwen (ww)	**bízik**	[bi:zik]
goedgelovig (bn)	**bizalomteljes**	[bizɒlomtɛjɛʃ]
oprecht (bw)	**őszintén**	[ø:sinte:n]
oprecht (bn)	**őszinte**	[ø:sintɛ]
oprechtheid (de)	**őszinteség**	[ø:sintɛʃe:g]
open (bn)	**nyílt**	[ɲi:lt]
rustig (bn)	**csendes**	[ʧɛndɛʃ]
openhartig (bn)	**nyílt**	[ɲi:lt]
naïef (bn)	**naiv**	[nɒiv]
verstrooid (bn)	**szórakozott**	[so:rɒkozott]
leuk, grappig (bn)	**nevetséges**	[nɛvɛʧe:gɛʃ]
gierigheid (de)	**kapzsiság**	[kɒpʒiʃa:g]
gierig (bn)	**kapzsi**	[kɒpʒi]
inhalig (bn)	**zsugori**	[ʒugori]
kwaad (bn)	**gonosz**	[gonos]
koppig (bn)	**makacs**	[mɒkɒʧ]
onaangenaam (bn)	**kellemetlen**	[kɛllɛmɛtlɛn]
egoïst (de)	**önző**	[ønzø:]
egoïstisch (bn)	**önző**	[ønzø:]
lafaard (de)	**gyáva**	[ɟa:vɒ]
laf (bn)	**gyáva**	[ɟa:vɒ]

60. Slaap. Dromen

slapen (ww)	**alszik**	[ɒlsik]
slaap (in ~ vallen)	**alvás**	[ɒlva:ʃ]
droom (de)	**álom**	[a:lom]
dromen (in de slaap)	**álmodik**	[a:lmodik]
slaperig (bn)	**álmos**	[a:lmoʃ]
bed (het)	**ágy**	[a:ɟ]
matras (de)	**matrac**	[mɒtrɒts]
deken (de)	**takaró**	[tɒkɒro:]
kussen (het)	**párna**	[pa:rnɒ]
laken (het)	**lepedő**	[lɛpɛdø:]
slapeloosheid (de)	**álmatlanság**	[a:lmɒtlɒnʃa:g]
slapeloos (bn)	**álmatlan**	[a:lmɒtlɒn]
slaapmiddel (het)	**altató**	[ɒltɒto:]
slaapmiddel innemen	**altatót bevesz**	[ɒltɒto:t bɛvɛs]
willen slapen	**álmos van**	[a:lmoʃ vɒn]
geeuwen (ww)	**ásít**	[a:ʃi:t]

gaan slapen	**ágyba megy**	[a:ɟbɒ mɛɟ]
het bed opmaken	**megágyaz**	[mɛga:ɟoz]
inslapen (ww)	**elalszik**	[ɛlɒlsik]
nachtmerrie (de)	**rémálom**	[re:ma:lom]
gesnurk (het)	**horkolás**	[horkola:ʃ]
snurken (ww)	**horkol**	[horkol]
wekker (de)	**ébresztőóra**	[e:brɛstø:o:rɒ]
wekken (ww)	**ébreszt**	[e:brɛst]
wakker worden (ww)	**ébred**	[e:brɛd]
opstaan (ww)	**felkel**	[fɛlkɛl]
zich wassen (ww)	**mosakodik**	[moʃɒkodik]

61. Humor. Gelach. Blijdschap

humor (de)	**humor**	[humor]
gevoel (het) voor humor	**humorérzék**	[humore:rze:k]
plezier hebben (ww)	**szórakozik**	[so:rɒkozik]
vrolijk (bn)	**vidám**	[vida:m]
pret (de), plezier (het)	**vidámság**	[vida:mʃa:g]
glimlach (de)	**mosoly**	[moʃoj]
glimlachen (ww)	**mosolyog**	[moʃojog]
beginnen te lachen (ww)	**felnevet**	[fɛlnɛvɛt]
lachen (ww)	**nevet**	[nɛvɛt]
lach (de)	**nevetés**	[nɛvɛte:ʃ]
mop (de)	**anekdota, vicc**	[ɒnɛgdotɒ], [vits:]
grappig (een ~ verhaal)	**nevetséges**	[nɛvɛʧe:gɛʃ]
grappig (~e clown)	**nevetséges**	[nɛvɛʧe:gɛʃ]
grappen maken (ww)	**viccel**	[vitsɛl]
grap (de)	**vicc**	[vits]
blijheid (de)	**öröm**	[ørøm]
blij zijn (ww)	**örül**	[øryl]
blij (bn)	**örömteli**	[ørømtɛli]

62. Discussie, conversatie. Deel 1

communicatie (de)	**kommunikáció**	[kommunika:tsjo:]
communiceren (ww)	**kommunikál**	[kommunika:l]
conversatie (de)	**beszélgetés**	[bɛse:lgɛte:ʃ]
dialoog (de)	**dialógus**	[diɒlo:guʃ]
discussie (de)	**megvitatás**	[mɛgvitɒta:ʃ]
debat (het)	**vita**	[vitɒ]
debatteren, twisten (ww)	**vitatkozik**	[vitɒtkozik]
gesprekspartner (de)	**beszédpartner**	[bɛse:d pɒrtnɛr]
thema (het)	**téma**	[te:mɒ]
standpunt (het)	**szempont**	[sɛmpont]

mening (de)	**vélemény**	[ve:lɛme:ɲ]
toespraak (de)	**beszéd**	[bɛse:d]
bespreking (de)	**megbeszélés**	[mɛgbɛse:le:ʃ]
bespreken (spreken over)	**megbeszél**	[mɛgbɛse:l]
gesprek (het)	**beszélgetés**	[bɛse:lgɛte:ʃ]
spreken (converseren)	**beszélget**	[bɛse:lgɛt]
ontmoeting (de)	**találkozás**	[tɒla:lkoza:ʃ]
ontmoeten (ww)	**találkozik**	[tɒla:lkozik]
spreekwoord (het)	**közmondás**	[køzmonda:ʃ]
gezegde (het)	**szólás**	[so:la:ʃ]
raadsel (het)	**rejtvény**	[rɛjtve:ɲ]
een raadsel opgeven	**rejtvényt felad**	[rɛjtve:ɲt fɛlɒd]
wachtwoord (het)	**jelszó**	[jɛlso:]
geheim (het)	**titok**	[titok]
eed (de)	**esku**	[ɛʃky]
zweren (een eed doen)	**esküszik**	[ɛʃkysik]
belofte (de)	**ígéret**	[i:ge:rɛt]
beloven (ww)	**ígér**	[i:ge:r]
advies (het)	**tanács**	[tɒna:ʧ]
adviseren (ww)	**tanácsol**	[tɒna:ʧol]
luisteren (gehoorzamen)	**engedelmeskedik**	[ɛŋgɛdɛlmɛʃkɛdik]
nieuws (het)	**újság**	[u:jʃa:g]
sensatie (de)	**szenzáció**	[sɛnza:tsio:]
informatie (de)	**tudnivalók**	[tudnivɒlo:k]
conclusie (de)	**következtetés**	[køvɛtkɛztɛte:ʃ]
stem (de)	**hang**	[hɒŋg]
compliment (het)	**bók**	[bo:k]
vriendelijk (bn)	**kedves**	[kɛdvɛʃ]
woord (het)	**szó**	[so:]
zin (de), zinsdeel (het)	**szólam**	[so:lɒm]
antwoord (het)	**válasz**	[va:lɒs]
waarheid (de)	**igazság**	[igɒʃa:g]
leugen (de)	**hazugság**	[hɒzugʃa:g]
gedachte (de)	**gondolat**	[gondolɒt]
idee (de/het)	**ötlet**	[øtlɛt]
fantasie (de)	**ábránd**	[a:bra:nd]

63. Discussie, conversatie. Deel 2

gerespecteerd (bn)	**tisztelt**	[tistɛlt]
respecteren (ww)	**tisztel**	[tistɛl]
respect (het)	**tisztelet**	[tistɛlɛt]
Geachte ... (brief)	**Tisztelt ...**	[tistɛlt]
voorstellen (Mag ik jullie ~)	**megismertet**	[mɛgiʃmɛrtɛt]
intentie (de)	**szándék**	[sa:nde:k]

intentie hebben (ww)	**szándékozik**	[sa:nde:kozik]
wens (de)	**kívánság**	[ki:va:nʃa:g]
wensen (ww)	**kíván**	[ki:va:n]
verbazing (de)	**csodálkozás**	[ʧoda:lkoza:ʃ]
verbazen (verwonderen)	**meglep**	[mɛglɛp]
verbaasd zijn (ww)	**csodálkozik**	[ʧoda:lkozik]
geven (ww)	**ad**	[ɒd]
nemen (ww)	**vesz**	[vɛs]
teruggeven (ww)	**visszaad**	[vissɒɒd]
retourneren (ww)	**visszaad**	[vissɒɒd]
zich verontschuldigen	**bocsánatot kér**	[boʧa:nɒtot ke:r]
verontschuldiging (de)	**bocsánat**	[boʧa:nɒt]
vergeven (ww)	**bocsát**	[boʧa:t]
spreken (ww)	**beszélget**	[bɛse:lgɛt]
luisteren (ww)	**hallgat**	[hɒllgɒt]
aanhoren (ww)	**kihallgat**	[kihɒllgɒt]
begrijpen (ww)	**ért**	[e:rt]
tonen (ww)	**mutat**	[mutɒt]
kijken naar ...	**néz**	[ne:z]
roepen (vragen te komen)	**hív**	[hi:v]
storen (lastigvallen)	**zavar**	[zɒvɒr]
doorgeven (ww)	**átad**	[a:tɒd]
verzoek (het)	**kérés**	[ke:re:ʃ]
verzoeken (ww)	**kér**	[ke:r]
eis (de)	**követelés**	[køvɛtɛle:ʃ]
eisen (met klem vragen)	**követel**	[køvɛtɛl]
beledigen (beledigende namen geven)	**csúfol**	[ʧu:fol]
uitlachen (ww)	**gúnyol**	[gu:nøl]
spot (de)	**gúnyolódás**	[gu:nølo:da:ʃ]
bijnaam (de)	**gúnynév**	[gu:ɲe:v]
zinspeling (de)	**célzás**	[tse:lza:ʃ]
zinspelen (ww)	**céloz**	[tse:loz]
impliceren (duiden op)	**ért**	[e:rt]
beschrijving (de)	**leírás**	[lɛi:ra:ʃ]
beschrijven (ww)	**leír**	[lɛi:r]
lof (de)	**dicséret**	[diʧe:rɛt]
loven (ww)	**dicsér**	[diʧe:r]
teleurstelling (de)	**csalódás**	[ʧɒlo:da:ʃ]
teleurstellen (ww)	**kiábrándít**	[kia:bra:ndi:t]
teleurgesteld zijn (ww)	**csalódik**	[ʧɒlo:dik]
veronderstelling (de)	**feltevés**	[fɛltɛve:ʃ]
veronderstellen (ww)	**feltesz**	[fɛltɛs]
waarschuwing (de)	**figyelmeztetés**	[fiɟɛlmɛztɛte:ʃ]
waarschuwen (ww)	**figyelmeztet**	[fiɟɛlmɛztɛt]

64. Discussie, conversatie. Deel 3

aanpraten (ww)	**rábeszél**	[ra:bɛse:l]
kalmeren (kalm maken)	**nyugtat**	[ɲugtɒt]
stilte (de)	**hallgatás**	[hɒllgɒta:ʃ]
zwijgen (ww)	**hallgat**	[hɒllgɒt]
fluisteren (ww)	**suttog**	[ʃuttog]
gefluister (het)	**suttogás**	[ʃuttoga:ʃ]
open, eerlijk (bw)	**őszinte**	[ø:sintɛ]
volgens mij ...	**a véleményem szerint ...**	[ɒ ve:lɛme:nɛm sɛrint]
detail (het)	**részlet**	[re:slɛt]
gedetailleerd (bn)	**részletes**	[re:slɛtɛʃ]
gedetailleerd (bw)	**részletesen**	[re:slɛtɛʃɛn]
hint (de)	**súgás**	[ʃu:ga:ʃ]
een hint geven	**súg**	[ʃu:g]
blik (de)	**tekintet**	[tɛkintɛt]
een kijkje nemen	**tekint**	[tɛkint]
strak (een ~ke blik)	**merev**	[mɛrɛv]
knipperen (ww)	**pislog**	[piʃlog]
knipogen (ww)	**pislant**	[piʃlɒnt]
knikken (ww)	**int**	[int]
zucht (de)	**sóhaj**	[ʃo:hɒj]
zuchten (ww)	**sóhajt**	[ʃo:hɒjt]
huiveren (ww)	**megrezzen**	[mɛgrɛzzɛn]
gebaar (het)	**gesztus**	[gɛstuʃ]
aanraken (ww)	**érint**	[e:rint]
grijpen (ww)	**megfog**	[mɛgfog]
een schouderklopje geven	**megvereget**	[mɛgvɛrɛgɛt]
Kijk uit!	**Vigyázat!**	[viɟa:zɒt]
Echt?	**Tényleg?**	[te:ɲlɛg]
Bent je er zeker van?	**Biztos vagy?**	[biztoʃ vɒɟ]
Succes!	**Sikert kívánok!**	[ʃikɛrt ki:va:nok]
Juist, ja!	**Világos!**	[vila:goʃ]
Wat jammer!	**Kár!**	[ka:r]

65. Overeenstemming. Weigering

instemming (het)	**beleegyezés**	[bɛlɛɛɟɛze:ʃ]
instemmen (akkoord gaan)	**beleegyezik**	[bɛlɛɛɟɛzik]
goedkeuring (de)	**jóváhagyás**	[jo:va:hɒɟa:ʃ]
goedkeuren (ww)	**jóváhagy**	[jo:va:hɒɟ]
weigering (de)	**megtagadás**	[mɛgtɒgɒda:ʃ]
weigeren (ww)	**lemond**	[lɛmond]
Geweldig!	**Kitűnő!**	[kity:nø:]
Goed!	**Jól van!**	[jo:l vɒn]

Akkoord!	**Jól van!**	[jo:l vɒn]
verboden (bn)	**tilos**	[tiloʃ]
het is verboden	**tilos**	[tiloʃ]
het is onmogelijk	**lehetetlen**	[lɛhɛtɛtlɛn]
onjuist (bn)	**téves**	[te:vɛʃ]
afwijzen (ww)	**visszautasít**	[vissɒutɒʃi:t]
steunen (een goed doel, enz.)	**támogat**	[ta:mogɒt]
aanvaarden (excuses ~)	**fogad**	[fogɒd]
bevestigen (ww)	**elismer**	[ɛliʃmɛr]
bevestiging (de)	**igazolás**	[igɒzola:ʃ]
toestemming (de)	**engedély**	[ɛŋgɛde:j]
toestaan (ww)	**enged**	[ɛŋgɛd]
beslissing (de)	**döntés**	[dønte:ʃ]
z'n mond houden (ww)	**elhallgat**	[ɛlhɒllgɒt]
voorwaarde (de)	**feltétel**	[fɛlte:tɛl]
smoes (de)	**kifogás**	[kifoga:ʃ]
lof (de)	**dicséret**	[diʧe:rɛt]
loven (ww)	**dicsér**	[diʧe:r]

66. Succes. Veel geluk. Mislukking

succes (het)	**siker**	[ʃikɛr]
succesvol (bw)	**sikeresen**	[ʃikɛrɛʃɛn]
succesvol (bn)	**sikeres**	[ʃikɛrɛʃ]
geluk (het)	**szerencse**	[sɛrɛnʧɛ]
Succes!	**Sok szerencsét!**	[ʃok sɛrɛnʧe:t]
geluks- (bn)	**szerencsés**	[sɛrɛnʧe:ʃ]
gelukkig (fortuinlijk)	**szerencsés**	[sɛrɛnʧe:ʃ]
mislukking (de)	**kudarc**	[kudɒrts]
tegenslag (de)	**balsiker**	[bɒlʃikɛr]
pech (de)	**balszerencse**	[bɒlsɛrɛnʧɛ]
zonder succes (bn)	**sikertelen**	[ʃikɛrtɛlɛn]
catastrofe (de)	**katasztrófa**	[kɒtɒstro:fɒ]
fierheid (de)	**büszkeség**	[byskɛʃe:g]
fier (bn)	**büszke**	[byskɛ]
fier zijn (ww)	**büszkélkedik**	[byske:lkɛdik]
winnaar (de)	**győztes**	[ɟø:ztɛʃ]
winnen (ww)	**győz**	[ɟø:z]
verliezen (ww)	**veszít**	[vɛsi:t]
poging (de)	**próba**	[pro:bɒ]
pogen, proberen (ww)	**próbál**	[pro:ba:l]
kans (de)	**esély**	[ɛʃe:j]

67. Ruzies. Negatieve emoties

schreeuw (de) **kiáltás** [kia:lta:ʃ]
schreeuwen (ww) **kiabál** [kiɒba:l]
beginnen te schreeuwen **felkiált** [fɛlkia:lt]

ruzie (de) **veszekedés** [vɛsɛkɛde:ʃ]
ruzie hebben (ww) **veszekedik** [vɛsɛkɛdik]
schandaal (het) **botrány** [botra:ɲ]
schandaal maken (ww) **botrányt csinál** [botra:ɲt ʧina:l]
conflict (het) **konfliktus** [konfliktuʃ]
misverstand (het) **félreértés** [fe:lre:ɛrte:ʃ]

belediging (de) **sértés** [ʃe:rte:ʃ]
beledigen (met scheldwoorden) **megsért** [mɛgʃe:rt]
beledigd (bn) **megsértett** [mɛgʃe:rtɛtt]
krenking (de) **sértés** [ʃe:rte:ʃ]
krenken (beledigen) **megsért** [mɛgʃe:rt]
gekwetst worden (ww) **megsértődik** [mɛgʃe:rtø:dik]

verontwaardiging (de) **felháborodás** [fɛlha:boroda:ʃ]
verontwaardigd zijn (ww) **felháborodik** [fɛlha:borodik]
klacht (de) **panasz** [pɒnɒs]
klagen (ww) **panaszkodik** [pɒnɒskodik]

verontschuldiging (de) **bocsánat** [boʧa:nɒt]
zich verontschuldigen **bocsánatot kér** [boʧa:nɒtot ke:r]
excuus vragen **elnézést kér** [ɛlne:ze:ʃt ke:r]

kritiek (de) **bírálat** [bi:ra:lɒt]
bekritiseren (ww) **bírál** [bi:ra:l]
beschuldiging (de) **vád** [va:d]
beschuldigen (ww) **vádol** [va:dol]

wraak (de) **bosszú** [bossu:]
wreken (ww) **megbosszul** [mɛgbossul]
wraak nemen (ww) **viszonoz** [visonoz]

minachting (de) **lenézés** [lɛne:ze:ʃ]
minachten (ww) **lenéz** [lɛne:z]
haat (de) **gyűlölet** [ɟy:lølɛt]
haten (ww) **gyűlöl** [ɟy:løl]

zenuwachtig (bn) **ideges** [idɛgɛʃ]
zenuwachtig zijn (ww) **izgul** [izgul]
boos (bn) **haragos** [hɒrɒgoʃ]
boos maken (ww) **megharagít** [mɛghɒrɒgi:t]

vernedering (de) **megalázás** [mɛgɒla:za:ʃ]
vernederen (ww) **megaláz** [mɛgɒla:z]
zich vernederen (ww) **megalázkodik** [mɛgɒla:skodik]

schok (de) **sokk** [ʃokk]
schokken (ww) **megbotránkoztat** [mɛgbotra:ŋkoztɒt]

onaangenaamheid (de)	**kellemetlenség**	[kɛllɛmɛtlɛɲʃe:g]
onaangenaam (bn)	**kellemetlen**	[kɛllɛmɛtlɛn]
vrees (de)	**félelem**	[fe:lɛlɛm]
vreselijk (bijv. ~ onweer)	**szörnyű**	[sørɲy:]
eng (bn)	**félelmetes**	[fe:lɛlmɛtɛʃ]
gruwel (de)	**rémület**	[re:mylɛt]
vreselijk (~ nieuws)	**rémes**	[re:mɛʃ]
huilen (wenen)	**sír**	[ʃi:r]
beginnen te huilen (wenen)	**sírva fakad**	[ʃi:rvɒ fɒkɒd]
traan (de)	**könny**	[kønɲ]
schuld (~ geven aan)	**hiba**	[hibɒ]
schuldgevoel (het)	**bűnbánat**	[by:nba:nɒt]
schande (de)	**szégyen**	[se:ɟɛn]
protest (het)	**tiltakozás**	[tiltɒkoza:ʃ]
stress (de)	**stressz**	[strɛss]
storen (lastigvallen)	**zavar**	[zɒvɒr]
kwaad zijn (ww)	**haragszik**	[hɒrɒgsik]
kwaad (bn)	**haragos**	[hɒrɒgoʃ]
beëindigen (een relatie ~)	**abbahagy**	[ɒbbɒhɒɟ]
vloeken (ww)	**szid**	[sid]
schrikken (schrik krijgen)	**megijed**	[mɛgijɛd]
slaan (iemand ~)	**üt**	[yt]
vechten (ww)	**verekedik**	[vɛrɛkɛdik]
regelen (conflict)	**megold**	[mɛgold]
ontevreden (bn)	**elégedetlen**	[ɛle:gɛdɛtlɛn]
woedend (bn)	**dühödt**	[dyhøtt]
Dat is niet goed!	**Ez nem jó!**	[ɛz nɛm jo:]
Dat is slecht!	**Ez rossz!**	[ɛz ross]

Geneeskunde

68. Ziekten

ziekte (de)	**betegség**	[bɛtɛgʃe:g]
ziek zijn (ww)	**beteg van**	[bɛtɛg vɒn]
gezondheid (de)	**egészség**	[ɛge:ʃe:g]
snotneus (de)	**nátha**	[na:thɒ]
angina (de)	**torokgyulladás**	[torokɟyllɒda:ʃ]
verkoudheid (de)	**megfázás**	[mɛgfa:za:ʃ]
verkouden raken (ww)	**megfázik**	[mɛgfa:zik]
bronchitis (de)	**hörghurut**	[hørgfurut]
longontsteking (de)	**tüdőgyulladás**	[tydø:ɟyllɒɟa:ʃ]
griep (de)	**influenza**	[influɛnzɒ]
bijziend (bn)	**rövidlátó**	[røvidla:to:]
verziend (bn)	**távollátó**	[ta:volla:to:]
scheelheid (de)	**kancsalság**	[kɒnʧɒlʃa:g]
scheel (bn)	**kancsal**	[kɒnʧɒl]
grauwe staar (de)	**szürke hályog**	[syrkɛ ha:jog]
glaucoom (het)	**glaukóma**	[glɒuko:mɒ]
beroerte (de)	**inzultus**	[inzultuʃ]
hartinfarct (het)	**infarktus**	[infɒrktuʃ]
verlamming (de)	**bénaság**	[be:nɒʃa:g]
verlammen (ww)	**megbénít**	[mɛgbe:ni:t]
allergie (de)	**allergia**	[ɒllɛrgiɒ]
astma (de/het)	**asztma**	[ɒstmɒ]
diabetes (de)	**cukorbaj**	[tsukorbɒj]
tandpijn (de)	**fogfájás**	[fogfa:ja:ʃ]
tandbederf (het)	**fogszuvasodás**	[fogsuvɒʃoda:ʃ]
diarree (de)	**hasmenés**	[hɒʃmɛne:ʃ]
constipatie (de)	**szorulás**	[sorula:ʃ]
maagstoornis (de)	**gyomorrontás**	[ɟømorronta:ʃ]
voedselvergiftiging (de)	**mérgezés**	[me:rgɛze:ʃ]
voedselvergiftiging oplopen	**mérgezést kap**	[me:rgɛze:ʃt kɒp]
artritis (de)	**ízületi gyulladás**	[i:zylɛti ɟyllɒda:ʃ]
rachitis (de)	**angolkór**	[ɒŋgolko:r]
reuma (het)	**reuma**	[rɛumɒ]
arteriosclerose (de)	**érelmeszesedés**	[e:rɛlmɛsɛʃɛde:ʃ]
gastritis (de)	**gyomorhurut**	[ɟømorhurut]
blindedarmontsteking (de)	**vakbélgyulladás**	[vɒkbe:lɟyllɒda:ʃ]
galblaasontsteking (de)	**epehólyaggyulladás**	[ɛpɛho:jɒgɟyllɒda:ʃ]

zweer (de)	**fekély**	[fɛke:j]
mazelen (mv.)	**kanyaró**	[kɒɲɒro:]
rodehond (de)	**rózsahimlő**	[ro:ʒɒhimlø:]
geelzucht (de)	**sárgaság**	[ʃa:rgɒʃa:g]
leverontsteking (de)	**hepatitisz**	[hɛpɒtitis]
schizofrenie (de)	**szkizofrénia**	[skizofre:niɒ]
dolheid (de)	**veszettség**	[vɛsɛttʃe:g]
neurose (de)	**neurózis**	[nɛuro:ziʃ]
hersenschudding (de)	**agyrázkódás**	[ɒɟra:skoda:ʃ]
kanker (de)	**rák**	[ra:k]
sclerose (de)	**szklerózis**	[sklɛro:ziʃ]
multiple sclerose (de)	**szklerózis multiplex**	[sklɛro:ziʃ multiplɛks]
alcoholisme (het)	**alkoholizmus**	[ɒlkoholizmuʃ]
alcoholicus (de)	**alkoholista**	[ɒlkoholiʃtɒ]
syfilis (de)	**szifilisz**	[sifilis]
AIDS (de)	**AIDS**	[ɛjds]
tumor (de)	**daganat**	[dɒgɒnɒt]
koorts (de)	**láz**	[la:z]
malaria (de)	**malária**	[mɒla:riɒ]
gangreen (het)	**üszkösödés**	[yskøʃøde:ʃ]
zeeziekte (de)	**tengeribetegség**	[tɛŋgɛribɛtɛgʃe:g]
epilepsie (de)	**epilepszia**	[ɛpilɛpsiɒ]
epidemie (de)	**járvány**	[ja:rva:ɲ]
tyfus (de)	**tífusz**	[ti:fus]
tuberculose (de)	**tuberkulózis**	[tubɛrkulo:ziʃ]
cholera (de)	**kolera**	[kolɛrɒ]
pest (de)	**pestis**	[pɛʃtiʃ]

69. Symptomen. Behandelingen. Deel 1

symptoom (het)	**tünet**	[tynɛt]
temperatuur (de)	**láz**	[la:z]
verhoogde temperatuur (de)	**magas láz**	[mɒgɒʃ la:z]
polsslag (de)	**pulzus**	[pulzuʃ]
duizeling (de)	**szédülés**	[se:dyle:ʃ]
heet (erg warm)	**forró**	[forro:]
koude rillingen (mv.)	**hidegrázás**	[hidɛgra:za:ʃ]
bleek (bn)	**sápadt**	[ʃa:pɒtt]
hoest (de)	**köhögés**	[køhøge:ʃ]
hoesten (ww)	**köhög**	[køhøg]
niezen (ww)	**tüsszent**	[tyssɛnt]
flauwte (de)	**ájulás**	[a:jula:ʃ]
flauwvallen (ww)	**elájul**	[ɛla:jul]
blauwe plek (de)	**kék folt**	[ke:k folt]
buil (de)	**dudor**	[dudor]
zich stoten (ww)	**nekiütődik**	[nɛkiytø:dik]

kneuzing (de)	**ütés**	[yte:ʃ]
kneuzen (gekneusd zijn)	**megüti magát**	[mɛgyti mɒga:t]
hinken (ww)	**sántít**	[ʃa:nti:t]
verstuiking (de)	**ficam**	[fitsɒm]
verstuiken (enkel, enz.)	**kificamít**	[kifitsɒmi:t]
breuk (de)	**törés**	[tøre:ʃ]
een breuk oplopen	**eltör**	[ɛltør]
snijwond (de)	**vágás**	[va:ga:ʃ]
zich snijden (ww)	**megvágja magát**	[mɛgva:gjɒ mɒga:t]
bloeding (de)	**vérzés**	[ve:rze:ʃ]
brandwond (de)	**égési seb**	[e:ge:ʃi ʃɛb]
zich branden (ww)	**megégeti magát**	[mɛge:gɛti mɒga:t]
prikken (ww)	**megszúr**	[mɛgsu:r]
zich prikken (ww)	**megszúrja magát**	[mɛgsu:rjɒ mɒga:t]
blesseren (ww)	**megsért**	[mɛgʃe:rt]
blessure (letsel)	**sérülés**	[ʃe:ryle:ʃ]
wond (de)	**seb**	[ʃɛb]
trauma (het)	**sérülés**	[ʃe:ryle:ʃ]
ijlen (ww)	**félrebeszél**	[fe:lrɛbɛse:l]
stotteren (ww)	**dadog**	[dɒdog]
zonnesteek (de)	**napszúrás**	[nɒpsu:ra:ʃ]

70. Symptomen. Behandelingen. Deel 2

pijn (de)	**fájdalom**	[fa:jdɒlom]
splinter (de)	**szálka**	[sa:lkɒ]
zweet (het)	**veríték**	[vɛri:te:k]
zweten (ww)	**izzad**	[izzɒd]
braking (de)	**hányás**	[ha:ɲa:ʃ]
stuiptrekkingen (mv.)	**görcs**	[gørʧ]
zwanger (bn)	**terhes**	[tɛrhɛʃ]
geboren worden (ww)	**születik**	[sylɛtik]
geboorte (de)	**szülés**	[syle:ʃ]
baren (ww)	**szül**	[syl]
abortus (de)	**magzatelhajtás**	[mɒgzɒtɛlhɒjta:ʃ]
ademhaling (de)	**lélegzés**	[le:lɛgze:ʃ]
inademing (de)	**belégzés**	[bɛle:gze:ʃ]
uitademing (de)	**kilégzés**	[kile:gze:ʃ]
uitademen (ww)	**kilélegzik**	[kile:lɛgzik]
inademen (ww)	**belélegzik**	[bɛle:lɛgzik]
invalide (de)	**rokkant**	[rokkɒnt]
gehandicapte (de)	**nyomorék**	[ɲomore:k]
drugsverslaafde (de)	**narkós**	[nɒrko:ʃ]
doof (bn)	**süket**	[ʃykɛt]
stom (bn)	**néma**	[ne:mɒ]

doofstom (bn)	**süketnéma**	[ʃykɛtne:mɒ]
krankzinnig (bn)	**őrült**	[ø:rylt]
krankzinnig worden	**megőrül**	[mɛgø:ryl]
gen (het)	**gén**	[ge:n]
immuniteit (de)	**immunitás**	[immunita:ʃ]
erfelijk (bn)	**örökölt**	[ørøkølt]
aangeboren (bn)	**veleszületett**	[vɛlɛʃylɛtɛtt]
virus (het)	**vírus**	[vi:ruʃ]
microbe (de)	**mikroba**	[mikrobɒ]
bacterie (de)	**baktérium**	[bɒkte:rium]
infectie (de)	**fertőzés**	[fɛrtø:ze:ʃ]

71. Symptomen. Behandelingen. Deel 3

ziekenhuis (het)	**kórház**	[ko:rha:z]
patiënt (de)	**beteg**	[bɛtɛg]
diagnose (de)	**diagnózis**	[diɒgno:ziʃ]
genezing (de)	**gyógyítás**	[ɟø:ɟi:ta:ʃ]
medische behandeling (de)	**kezelés**	[kɛzɛle:ʃ]
onder behandeling zijn	**gyógyul**	[ɟø:ɟyl]
zorgen (zieken ~)	**ápol**	[a:pol]
ziekenzorg (de)	**ápolás**	[a:pola:ʃ]
operatie (de)	**műtét**	[my:te:t]
verbinden (een arm ~)	**beköt**	[bɛkøt]
verband (het)	**bekötés**	[bɛkøte:ʃ]
vaccin (het)	**oltás**	[olta:ʃ]
inenten (vaccineren)	**beolt**	[bɛolt]
injectie (de)	**injekció**	[iɲɛktsio:]
een injectie geven	**injekciót ad**	[iɲɛktsio:t ɒd]
aanval (de)	**roham**	[rohɒm]
amputatie (de)	**amputálás**	[ɒmputa:la:ʃ]
amputeren (ww)	**csonkol**	[ʧoŋkol]
coma (het)	**kóma**	[ko:mɒ]
in coma liggen	**kómában van**	[ko:ma:bɒn vɒn]
intensieve zorg, ICU (de)	**reanimáció**	[rɛɒnima:tsio:]
zich herstellen (ww)	**felgyógyul**	[fɛlɟø:ɟyl]
toestand (de)	**állapot**	[a:llɒpot]
bewustzijn (het)	**eszmélet**	[ɛsme:lɛt]
geheugen (het)	**emlékezet**	[ɛmle:kɛzɛt]
trekken (een kies ~)	**húz**	[hu:z]
vulling (de)	**fogtömés**	[fogtøme:ʃ]
vullen (ww)	**fogat betöm**	[fogɒt bɛtøm]
hypnose (de)	**hipnózis**	[hipno:ziʃ]
hypnotiseren (ww)	**hipnotizál**	[hipnotiza:l]

72. Artsen

dokter, arts (de)	**orvos**	[orvoʃ]
ziekenzuster (de)	**nővér**	[nø:ve:r]
lijfarts (de)	**személyes orvos**	[sɛme:jɛʃ orvoʃ]
tandarts (de)	**fogász**	[foga:s]
oogarts (de)	**szemész**	[sɛme:s]
therapeut (de)	**belgyógyász**	[bɛɟø:ɟa:s]
chirurg (de)	**sebész**	[ʃɛbe:s]
psychiater (de)	**elmeorvos**	[ɛlmɛorvoʃ]
pediater (de)	**gyermekorvos**	[ɟɛrmɛk orvoʃ]
psycholoog (de)	**pszichológus**	[psiholo:guʃ]
gynaecoloog (de)	**nőgyógyász**	[nø:ɟø:ɟa:s]
cardioloog (de)	**kardiológus**	[kɒrdjolo:guʃ]

73. Geneeskunde. Medicijnen. Accessoires

geneesmiddel (het)	**gyógyszer**	[ɟø:ɟsɛr]
middel (het)	**orvosság**	[orvoʃa:g]
voorschrijven (ww)	**felír**	[fɛli:r]
recept (het)	**recept**	[rɛtsɛpt]
tablet (de/het)	**tabletta**	[tɒblɛttɒ]
zalf (de)	**kenőcs**	[kɛnø:tʃ]
ampul (de)	**ampulla**	[ɒmpullɒ]
drank (de)	**gyógyszerkeverék**	[ɟø:ɟsɛr kɛvɛre:k]
siroop (de)	**szirup**	[sirup]
pil (de)	**pirula**	[pirulɒ]
poeder (de/het)	**por**	[por]
verband (het)	**kötés**	[køte:ʃ]
watten (mv.)	**vatta**	[vɒttɒ]
jodium (het)	**jódtinktúra**	[jo:ttiŋktu:rɒ]
pleister (de)	**ragtapasz**	[rɒgtɒpɒs]
pipet (de)	**pipetta**	[pipɛttɒ]
thermometer (de)	**hőmérő**	[hø:me:rø:]
spuit (de)	**fecskendő**	[fɛtʃkɛndø:]
rolstoel (de)	**tolószék**	[tolo:se:k]
krukken (mv.)	**mankók**	[mɒŋko:k]
pijnstiller (de)	**fájdalomcsillapító**	[fa:jdɒlomtʃillɒpi:to:]
laxeermiddel (het)	**hashajtó**	[hɒʃhɒjto:]
spiritus (de)	**szesz**	[sɛs]
medicinale kruiden (mv.)	**fű**	[fy:]
kruiden- (abn)	**fű**	[fy:]

74. Roken. Tabaksproducten

tabak (de)	**dohány**	[doha:ɲ]
sigaret (de)	**cigaretta**	[tsigɒrɛttɒ]
sigaar (de)	**szivar**	[sivɒr]
pijp (de)	**pipa**	[pipɒ]
pakje (~ sigaretten)	**doboz**	[doboz]
lucifers (mv.)	**gyufa**	[ɟyfɒ]
luciferdoosje (het)	**gyufadoboz**	[ɟyfɒ ɟoboz]
aansteker (de)	**gyújtó**	[ɟu:jto:]
asbak (de)	**hamutartó**	[hɒmutɒrto:]
sigarettendoosje (het)	**szivartárca**	[sivɒr ta:rtsɒ]
sigarettenpijpje (het)	**szopóka**	[sopo:kɒ]
filter (de/het)	**filter**	[filtɛr]
roken (ww)	**dohányzik**	[doha:ɲzik]
een sigaret opsteken	**rágyújt**	[ra:ɟu:jt]
roken (het)	**dohányzás**	[doha:ɲza:ʃ]
roker (de)	**dohányos**	[doha:nøʃ]
peuk (de)	**csikk**	[ʧikk]
rook (de)	**füst**	[fyʃt]
as (de)	**hamu**	[hɒmu]

HET MENSELIJKE LEEFGEBIED

Stad

75. Stad. Het leven in de stad

stad (de)	**város**	[va:roʃ]
hoofdstad (de)	**főváros**	[fø:va:roʃ]
dorp (het)	**falu**	[fɒlu]
plattegrond (de)	**város térképe**	[va:roʃ te:rke:pɛ]
centrum (ov. een stad)	**városközpont**	[va:roʃkøspont]
voorstad (de)	**külváros**	[kylva:roʃ]
voorstads- (abn)	**külvárosi**	[kylva:roʃi]
randgemeente (de)	**külváros**	[kylva:roʃ]
omgeving (de)	**környék**	[kørne:k]
blok (huizenblok)	**városnegyed**	[va:roʃnɛɟɛd]
woonwijk (de)	**lakótelep**	[lɒko:tɛlɛp]
verkeer (het)	**közlekedés**	[køzlɛkɛde:ʃ]
verkeerslicht (het)	**lámpa**	[la:mpɒ]
openbaar vervoer (het)	**városi közlekedés**	[va:roʃi køzlɛkɛde:ʃ]
kruispunt (het)	**útkereszteződés**	[u:tkɛrɛstɛzø:de:s]
zebrapad (oversteekplaats)	**átkelőhely**	[a:tkɛlø:hɛj]
onderdoorgang (de)	**aluljáró**	[ɒlulja:ro:]
oversteken (de straat ~)	**átmegy**	[a:tmɛɟ]
voetganger (de)	**gyalogos**	[ɟologoʃ]
trottoir (het)	**járda**	[ja:rdɒ]
brug (de)	**híd**	[hi:d]
dijk (de)	**rakpart**	[rɒkpɒrt]
fontein (de)	**szökőkút**	[søkø:ku:t]
allee (de)	**fasor**	[fɒʃor]
park (het)	**park**	[pɒrk]
boulevard (de)	**sétány**	[ʃe:ta:ɲ]
plein (het)	**tér**	[te:r]
laan (de)	**sugárút**	[ʃuga:ru:t]
straat (de)	**utca**	[uttsɒ]
zijstraat (de)	**mellékutca**	[mɛlle:kutsɒ]
doodlopende straat (de)	**zsákutca**	[ʒa:kuttsɒ]
huis (het)	**ház**	[ha:z]
gebouw (het)	**épület**	[e:pylɛt]
wolkenkrabber (de)	**felhőkarcoló**	[fɛlhø:kɒrtsolo:]
gevel (de)	**homlokzat**	[homlogzɒt]
dak (het)	**tető**	[tɛtø:]

venster (het)	**ablak**	[ɒblɒk]
boog (de)	**boltív**	[bolti:v]
pilaar (de)	**oszlop**	[oslop]
hoek (ov. een gebouw)	**sarok**	[ʃɒrok]
vitrine (de)	**kirakat**	[kirɒkɒt]
gevelreclame (de)	**cégtábla**	[tse:gta:blɒ]
affiche (de/het)	**poszter**	[postɛr]
reclameposter (de)	**reklámplakát**	[rɛkla:m plɒka:t]
aanplakbord (het)	**hirdetőtábla**	[hirdɛtø:ta:blɒ]
vuilnis (de/het)	**szemét**	[sɛme:t]
vuilnisbak (de)	**kuka**	[kukɒ]
afval weggooien (ww)	**szemetel**	[sɛmɛtɛl]
stortplaats (de)	**szemétlerakó hely**	[sɛme:tlɛrɒko: hɛj]
telefooncel (de)	**telefonfülke**	[tɛlɛfonfylkɛ]
straatlicht (het)	**lámpaoszlop**	[la:mpɒoslop]
bank (de)	**pad**	[pɒd]
politieagent (de)	**rendőr**	[rɛndø:r]
politie (de)	**rendőrség**	[rɛndø:rʃe:g]
zwerver (de)	**koldus**	[kolduʃ]
dakloze (de)	**hajléktalan**	[hɒjle:ktɒlɒn]

76. Stedelijke instellingen

winkel (de)	**bolt**	[bolt]
apotheek (de)	**gyógyszertár**	[ɟø:ɟsɛrta:r]
optiek (de)	**optika**	[optikɒ]
winkelcentrum (het)	**vásárlóközpont**	[va:ʃa:rlo: køspont]
supermarkt (de)	**szupermarket**	[supɛrmɒrkɛt]
bakkerij (de)	**péküzlet**	[pe:kyzlɛt]
bakker (de)	**pék**	[pe:k]
banketbakkerij (de)	**cukrászda**	[tsukra:sdɒ]
kruidenier (de)	**élelmiszerbolt**	[e:lɛlmisɛrbolt]
slagerij (de)	**húsbolt**	[hu:ʃbolt]
groentewinkel (de)	**zöldségbolt**	[zøldʃe:gbolt]
markt (de)	**piac**	[piɒts]
koffiehuis (het)	**kávézó**	[ka:ve:zo:]
restaurant (het)	**étterem**	[e:ttɛrɛm]
bar (de)	**söröző**	[ʃørøzø:]
pizzeria (de)	**pizzéria**	[pitse:riɒ]
kapperssalon (de/het)	**fodrászat**	[fodra:sɒt]
postkantoor (het)	**posta**	[poʃtɒ]
stomerij (de)	**vegytisztítás**	[vɛɟtisti:ta:ʃ]
fotostudio (de)	**fényképészet**	[fe:ɲke:pe:sɛt]
schoenwinkel (de)	**cipőbolt**	[tsipø:bolt]
boekhandel (de)	**könyvesbolt**	[køɲvɛʃbolt]

sportwinkel (de)	**sportbolt**	[ʃportbolt]
kledingreparatie (de)	**ruhajavítás**	[ruhɒ jɒvi:ta:ʃ]
kledingverhuur (de)	**ruhakölcsönzés**	[ruhɒ kølʧønze:ʃ]
videotheek (de)	**filmkölcsönzés**	[film kølʧønze:ʃ]
circus (de/het)	**cirkusz**	[tsirkus]
dierentuin (de)	**állatkert**	[a:llɒt kɛrt]
bioscoop (de)	**mozi**	[mozi]
museum (het)	**múzeum**	[mu:zɛum]
bibliotheek (de)	**könyvtár**	[køɲvta:r]
theater (het)	**színház**	[si:nha:z]
opera (de)	**opera**	[opɛrɒ]
nachtclub (de)	**éjjeli klub**	[e:jjɛli klub]
casino (het)	**kaszinó**	[kɒsino:]
moskee (de)	**mecset**	[mɛʧɛt]
synagoge (de)	**zsinagóga**	[ʒinɒgo:gɒ]
kathedraal (de)	**székesegyház**	[se:kɛʃɛɟha:z]
tempel (de)	**templom**	[tɛmplom]
kerk (de)	**templom**	[tɛmplom]
instituut (het)	**intézet**	[inte:zɛt]
universiteit (de)	**egyetem**	[ɛɟɛtɛm]
school (de)	**iskola**	[iʃkolɒ]
gemeentehuis (het)	**polgármesteri hivatal**	[polga:rmɛʃtɛri hivɒtɒl]
stadhuis (het)	**városháza**	[va:roʃha:zɒ]
hotel (het)	**szálloda**	[sa:llodɒ]
bank (de)	**bank**	[bɒŋk]
ambassade (de)	**nagykövetség**	[nɒckøvɛʧ:e:g]
reisbureau (het)	**utazási iroda**	[utɒza:ʃi irodɒ]
informatieloket (het)	**tudakozóiroda**	[tudɒkozo: irodɒ]
wisselkantoor (het)	**pénzváltó**	[pe:nzva:lto:]
metro (de)	**metró**	[mɛtro:]
ziekenhuis (het)	**kórház**	[ko:rha:z]
benzinestation (het)	**benzinkút**	[bɛnziŋku:t]
parking (de)	**parkolóhely**	[pɒrkolo:hɛj]

77. Stedelijk vervoer

bus, autobus (de)	**busz**	[bus]
tram (de)	**villamos**	[villɒmoʃ]
trolleybus (de)	**trolibusz**	[trolibus]
route (de)	**járat**	[ja:rɒt]
nummer (busnummer, enz.)	**szám**	[sa:m]
rijden met ...	**megy ...vel**	[mɛɟ ...vɛl]
stappen (in de bus ~)	**felszáll**	[fɛlsa:ll]
afstappen (ww)	**leszáll**	[lɛsa:ll]
halte (de)	**állomás**	[a:lloma:ʃ]

volgende halte (de)	**következő állomás**	[køvɛtkɛzø: a:lloma:ʃ]
eindpunt (het)	**végállomás**	[ve:ga:lloma:ʃ]
dienstregeling (de)	**menetrend**	[mɛnɛtrɛnd]
wachten (ww)	**vár**	[va:r]
kaartje (het)	**jegy**	[jɛɟ]
reiskosten (de)	**jegyár**	[jɛɟa:r]
kassier (de)	**pénztáros**	[pe:nsta:roʃ]
kaartcontrole (de)	**ellenőrzés**	[ɛllɛnø:rze:ʃ]
controleur (de)	**ellenőr**	[ɛllɛnø:r]
te laat zijn (ww)	**késik**	[ke:ʃik]
missen (de bus ~)	**elkésik ...re**	[ɛlke:ʃik ...rɛ]
zich haasten (ww)	**siet**	[ʃiɛt]
taxi (de)	**taxi**	[tɒksi]
taxichauffeur (de)	**taxis**	[tɒksiʃ]
met de taxi (bw)	**taxival**	[tɒksivɒl]
taxistandplaats (de)	**taxiállomás**	[tɒksia:lloma:ʃ]
een taxi bestellen	**taxit hív**	[tɒksit hi:v]
een taxi nemen	**taxival megy**	[tɒksival mɛɟ]
verkeer (het)	**közlekedés**	[køzlɛkɛde:ʃ]
file (de)	**dugó**	[dugo:]
spitsuur (het)	**csúcsforgalom**	[ʧu:ʧforgɒlom]
parkeren (on.ww.)	**parkol**	[pɒrkol]
parkeren (ov.ww.)	**parkol**	[pɒrkol]
parking (de)	**parkolóhely**	[pɒrkolo:hɛj]
metro (de)	**metró**	[mɛtro:]
halte (bijv. kleine treinhalte)	**állomás**	[a:lloma:ʃ]
de metro nemen	**metróval megy**	[mɛtro:vɒl mɛɟ]
trein (de)	**vonat**	[vonɒt]
station (treinstation)	**pályaudvar**	[pa:jɒudvɒr]

78. Bezienswaardigheden

monument (het)	**műemlék**	[my:ɛmle:k]
vesting (de)	**erőd**	[ɛrø:d]
paleis (het)	**palota**	[pɒlotɒ]
kasteel (het)	**kastély**	[kɒʃte:j]
toren (de)	**torony**	[toroɲ]
mausoleum (het)	**mauzóleum**	[mɒuzo:lɛum]
architectuur (de)	**építészet**	[e:pi:te:sɛt]
middeleeuws (bn)	**középkori**	[køze:pkori]
oud (bn)	**ősi**	[ø:ʃi]
nationaal (bn)	**nemzeti**	[nɛmzɛti]
bekend (bn)	**híres**	[hi:rɛʃ]
toerist (de)	**turista**	[turiʃtɒ]
gids (de)	**idegenvezető**	[idɛgɛn vɛzɛtø:]
rondleiding (de)	**kirándulás**	[kira:ndula:ʃ]

tonen (ww)	**mutat**	[mutɒt]
vertellen (ww)	**mesél**	[mɛʃe:l]
vinden (ww)	**talál**	[tɒla:l]
verdwalen (de weg kwijt zijn)	**elvész**	[ɛlve:s]
plattegrond (~ van de metro)	**térkép**	[te:rke:p]
plattegrond (~ van de stad)	**térkép**	[te:rke:p]
souvenir (het)	**emléktárgy**	[ɛmle:kta:rɟ]
souvenirwinkel (de)	**ajándékbolt**	[ɒja:nde:kbolt]
foto's maken	**fényképez**	[fe:ɲke:pɛz]
zich laten fotograferen	**lefényképezteti magát**	[lɛfe:ɲke:pɛztɛti mɒga:t]

79. Winkelen

kopen (ww)	**vásárol**	[va:ʃa:rol]
aankoop (de)	**vásárolt holmi**	[va:ʃa:rolt holmi]
winkelen (ww)	**vásárol**	[va:ʃa:rol]
winkelen (het)	**vásárlás**	[va:ʃa:rla:ʃ]
open zijn (ov. een winkel, enz.)	**dolgozik**	[dolgozik]
gesloten zijn (ww)	**bezáródik**	[bɛza:ro:dik]
schoeisel (het)	**cipő**	[tsipø:]
kleren (mv.)	**ruha**	[ruhɒ]
cosmetica (mv.)	**kozmetika**	[kozmɛtikɒ]
voedingswaren (mv.)	**élelmiszer**	[e:lɛlmisɛr]
geschenk (het)	**ajándék**	[ɒja:nde:k]
verkoper (de)	**eladó**	[ɛlɒdo:]
verkoopster (de)	**eladónő**	[ɛlɒdo:nø:]
kassa (de)	**pénztár**	[pe:nsta:r]
spiegel (de)	**tükör**	[tykør]
toonbank (de)	**pult**	[pult]
paskamer (de)	**próbafülke**	[pro:bɒfylkɛ]
aanpassen (ww)	**felpróbál**	[fɛlpro:ba:l]
passen (ov. kleren)	**megfelel**	[mɛgfɛlɛl]
bevallen (prettig vinden)	**tetszik**	[tɛtsik]
prijs (de)	**ár**	[a:r]
prijskaartje (het)	**árcédula**	[a:rtse:dulɒ]
kosten (ww)	**kerül**	[kɛryl]
Hoeveel?	**Mennyibe kerül?**	[mɛɲɲibɛ kɛryl]
korting (de)	**kedvezmény**	[kɛdvɛzme:ɲ]
niet duur (bn)	**olcsó**	[oltʃo:]
goedkoop (bn)	**olcsó**	[oltʃo:]
duur (bn)	**drága**	[dra:gɒ]
Dat is duur.	**Ez drága.**	[ɛz dra:gɒ]
verhuur (de)	**kölcsönzés**	[køltʃønze:ʃ]
huren (smoking, enz.)	**kölcsönöz**	[køltʃønøz]

krediet (het)	**hitel**	[hitɛl]
op krediet (bw)	**hitelbe**	[hitɛlbɛ]

80. Geld

geld (het)	**pénz**	[pe:nz]
ruil (de)	**váltás**	[va:lta:ʃ]
koers (de)	**árfolyam**	[a:rfojɒm]
geldautomaat (de)	**bankautomata**	[bɒŋk ɒutomɒtɒ]
muntstuk (de)	**érme**	[e:rmɛ]
dollar (de)	**dollár**	[dolla:r]
euro (de)	**euró**	[ɛuro:]
lire (de)	**líra**	[li:rɒ]
Duitse mark (de)	**márka**	[ma:rkɒ]
frank (de)	**frank**	[frɒŋk]
pond sterling (het)	**font sterling**	[font stɛrliŋg]
yen (de)	**jen**	[jɛn]
schuld (geldbedrag)	**adósság**	[ɒdo:ʃa:g]
schuldenaar (de)	**adós**	[ɒdo:ʃ]
uitlenen (ww)	**kölcsönad**	[kølʧønɒd]
lenen (geld ~)	**kölcsönvesz**	[kølʧønvɛs]
bank (de)	**bank**	[bɒŋk]
bankrekening (de)	**számla**	[sa:mlɒ]
op rekening storten	**számlára tesz**	[sa:mla:rɒ tɛs]
opnemen (ww)	**számláról lehív**	[sa:mla:ro:l lɛhi:v]
kredietkaart (de)	**hitelkártya**	[hitɛlka:rcɒ]
baar geld (het)	**készpénz**	[ke:spe:nz]
cheque (de)	**csekk**	[ʧɛkk]
een cheque uitschrijven	**kiállít egy csekket**	[kia:lli:t ɛɟ: ʧɛkkɛt]
chequeboekje (het)	**csekkkönyv**	[ʧɛkkkøɲv]
portefeuille (de)	**pénztárca**	[pe:nsta:rtsɒ]
geldbeugel (de)	**pénztárca**	[pe:nsta:rtsɒ]
safe (de)	**páncélszekrény**	[pa:ntse:lsɛkre:ɲ]
erfgenaam (de)	**örökös**	[ørøkøʃ]
erfenis (de)	**örökség**	[ørøkʃe:g]
fortuin (het)	**vagyon**	[vɒɟøn]
huur (de)	**bérlet**	[be:rlɛt]
huurprijs (de)	**lakbér**	[lɒkbe:r]
huren (huis, kamer)	**bérel**	[be:rɛl]
prijs (de)	**ár**	[a:r]
kostprijs (de)	**költség**	[kølʧe:g]
som (de)	**összeg**	[øssɛg]
uitgeven (geld besteden)	**költ**	[kølt]
kosten (mv.)	**kiadások**	[kiɒda:ʃok]

bezuinigen (ww)	**takarékoskodik**	[tɒkɒre:koʃkodik]
zuinig (bn)	**takarékos**	[tɒkɒre:koʃ]
betalen (ww)	**fizet**	[fizɛt]
betaling (de)	**fizetés**	[fizɛte:ʃ]
wisselgeld (het)	**visszajáró pénz**	[vissɒja:ro: pe:nz]
belasting (de)	**adó**	[ɒdo:]
boete (de)	**büntetés**	[byntɛte:ʃ]
beboeten (bekeuren)	**büntet**	[byntɛt]

81. Post. Postkantoor

postkantoor (het)	**posta**	[poʃtɒ]
post (de)	**posta**	[poʃtɒ]
postbode (de)	**postás**	[poʃta:ʃ]
openingsuren (mv.)	**nyitvatartási idő**	[ɲitvɒtɒrta:ʃi idø:]
brief (de)	**levél**	[lɛve:l]
aangetekende brief (de)	**ajánlott levél**	[ɒja:nlott lɛve:l]
briefkaart (de)	**képeslap**	[ke:pɛʃlɒp]
telegram (het)	**távirat**	[ta:virɒt]
postpakket (het)	**csomag**	[ʧomɒg]
overschrijving (de)	**pénzátutalás**	[pe:nza:tutɒla:ʃ]
ontvangen (ww)	**kap**	[kɒp]
sturen (zenden)	**felad**	[fɛlɒd]
verzending (de)	**feladás**	[fɛlɒda:ʃ]
adres (het)	**cím**	[tsi:m]
postcode (de)	**irányítószám**	[ira:ɲi:to:sa:m]
verzender (de)	**feladó**	[fɛlɒdo:]
ontvanger (de)	**címzett**	[tsi:mzɛtt]
naam (de)	**név**	[ne:v]
achternaam (de)	**vezetéknév**	[vɛzɛte:k ne:v]
tarief (het)	**tarifa**	[tarifa]
standaard (bn)	**normál**	[norma:l]
zuinig (bn)	**kedvezményes**	[kɛdvɛzme:ɲɛʃ]
gewicht (het)	**súly**	[ʃu:j]
afwegen (op de weegschaal)	**megmér**	[mɛgme:r]
envelop (de)	**boríték**	[bori:te:k]
postzegel (de)	**márka**	[ma:rkɒ]

Woning. Huis. Thuis

82. Huis. Woning

huis (het)	**ház**	[ha:z]
thuis (bw)	**itthon**	[itthon]
cour (de)	**udvar**	[udvɒr]
omheining (de)	**kerítés**	[kɛri:te:ʃ]
baksteen (de)	**tégla**	[te:glɒ]
van bakstenen	**tégla**	[te:glɒ]
steen (de)	**kő**	[kø:]
stenen (bn)	**kő**	[kø:]
beton (het)	**beton**	[bɛton]
van beton	**beton**	[bɛton]
nieuw (bn)	**új**	[u:j]
oud (bn)	**régi**	[re:gi]
vervallen (bn)	**omladozó**	[omladozo:]
modern (bn)	**modern**	[modɛrn]
met veel verdiepingen	**többemeletes**	[tøbbɛmɛlɛtɛʃ]
hoog (bn)	**magas**	[mɒgɒʃ]
verdieping (de)	**emelet**	[ɛmɛlɛt]
met een verdieping	**földszintes**	[føldsintɛʃ]
laagste verdieping (de)	**földszint**	[føldsint]
bovenverdieping (de)	**felső emelet**	[fɛlʃø: ɛmɛlɛt]
dak (het)	**tető**	[tɛtø:]
schoorsteen (de)	**kémény**	[ke:me:ɲ]
dakpan (de)	**cserép**	[ʧɛre:p]
pannen- (abn)	**cserép**	[ʧɛre:p]
zolder (de)	**padlás**	[pɒdla:ʃ]
venster (het)	**ablak**	[ɒblɒk]
glas (het)	**üveg**	[yvɛg]
vensterbank (de)	**ablakdeszka**	[ɒblɒg dɛskɒ]
luiken (mv.)	**zsalugáter**	[ʒɒluga:tɛr]
muur (de)	**fal**	[fɒl]
balkon (het)	**erkély**	[ɛrke:j]
regenpijp (de)	**vízlevezető cső**	[vi:zlɛvɛzɛtø: ʧø:]
boven (bw)	**fent**	[fɛnt]
naar boven gaan (ww)	**felmegy**	[fɛlmɛɟ]
afdalen (on.ww.)	**lemegy**	[lɛmɛɟ]
verhuizen (ww)	**átköltözik**	[a:tkøltøzik]

83. Huis. Ingang. Lift

ingang (de)	**bejárat**	[bɛja:rɒt]
trap (de)	**lépcső**	[le:ptʃø:]
treden (mv.)	**lépcsőfok**	[le:ptʃø:fok]
trapleuning (de)	**korlát**	[korla:t]
hal (de)	**előcsarnok**	[ɛlø:tʃɒrnok]
postbus (de)	**postaláda**	[poʃtɒla:dɒ]
vuilnisbak (de)	**kuka**	[kukɒ]
vuilniskoker (de)	**szemétledobó**	[sɛme:t lɛdobo:]
lift (de)	**lift**	[lift]
goederenlift (de)	**teherfelvonó**	[tɛhɛr fɛlvono:]
liftcabine (de)	**fülke**	[fylkɛ]
de lift nemen	**lifttel megy**	[lifttɛl mɛɟ]
appartement (het)	**lakás**	[lɒka:ʃ]
bewoners (mv.)	**lakók**	[lɒko:k]
buurman (de)	**szomszéd**	[somse:d]
buurvrouw (de)	**szomszéd**	[somse:d]
buren (mv.)	**szomszédok**	[somse:dok]

84. Huis. Deuren. Sloten

deur (de)	**ajtó**	[ɒjto:]
toegangspoort (de)	**kapu**	[kɒpu]
deurkruk (de)	**kilincs**	[kilintʃ]
ontsluiten (ontgrendelen)	**kinyit**	[kiɲit]
openen (ww)	**kinyit**	[kiɲit]
sluiten (ww)	**bezár**	[bɛza:r]
sleutel (de)	**kulcs**	[kultʃ]
sleutelbos (de)	**kulcscsomó**	[kultʃ tʃomo:]
knarsen (bijv. scharnier)	**nyikorog**	[ɲikorog]
knarsgeluid (het)	**nyikorgás**	[ɲikorga:ʃ]
scharnier (het)	**zsanér**	[ʒane:r]
deurmat (de)	**lábtörlő**	[la:ptørlø:]
slot (het)	**zár**	[za:r]
sleutelgat (het)	**zárlyuk**	[za:rjuk]
grendel (de)	**retesz**	[rɛtɛs]
schuif (de)	**tolózár**	[tolo:za:r]
hangslot (het)	**lakat**	[lɒkɒt]
aanbellen (ww)	**csenget**	[tʃɛŋgɛt]
bel (geluid)	**csengetés**	[tʃɛŋgɛte:ʃ]
deurbel (de)	**csengő**	[tʃɛŋgø:]
belknop (de)	**gomb**	[gomb]
geklop (het)	**kopogás**	[kopoga:ʃ]
kloppen (ww)	**kopog**	[kopog]

code (de)	**kód**	[ko:d]
cijferslot (het)	**kódzár**	[ko:ʤa:r]
parlofoon (de)	**kaputelefon**	[kɒputɛlɛfon]
nummer (het)	**szám**	[sa:m]
naambordje (het)	**felirat**	[fɛlirɒt]
deurspion (de)	**kukucskáló**	[kukuʧka:lo:]

85. Huis op het platteland

dorp (het)	**falu**	[fɒlu]
moestuin (de)	**konyhakert**	[koɲhɒkɛrt]
hek (het)	**kerítés**	[kɛri:te:ʃ]
houten hekwerk (het)	**kerítés**	[kɛri:te:ʃ]
tuinpoortje (het)	**kiskapu**	[kiʃkɒpu]
graanschuur (de)	**magtár**	[mɒgta:r]
wortelkelder (de)	**pince**	[pintsɛ]
schuur (de)	**pajta**	[pɒjtɒ]
waterput (de)	**kút**	[ku:t]
kachel (de)	**kemence**	[kɛmɛntsɛ]
de kachel stoken	**begyújt**	[bɛɟu:jt]
brandhout (het)	**tűzifa**	[ty:zifɒ]
houtblok (het)	**fahasáb**	[fɒhɒʃa:b]
veranda (de)	**veranda**	[vɛrɒndɒ]
terras (het)	**terasz**	[tɛrɒs]
bordes (het)	**feljárat**	[fɛlja:rɒt]
schommel (de)	**hinta**	[hintɒ]

86. Kasteel. Paleis

kasteel (het)	**kastély**	[kɒʃte:j]
paleis (het)	**palota**	[pɒlotɒ]
vesting (de)	**erőd**	[ɛrø:d]
ringmuur (de)	**fal**	[fɒl]
toren (de)	**torony**	[toroɲ]
donjon (de)	**főtorony**	[fø:toroɲ]
valhek (het)	**felvonókapu**	[fɛlvono: kɒpu]
onderaardse gang (de)	**föld alatti járat**	[føld ɒlɒtti ja:rɒt]
slotgracht (de)	**árok**	[a:rok]
ketting (de)	**lánc**	[la:nts]
schietgat (het)	**lőrés**	[lø:re:ʃ]
prachtig (bn)	**nagyszerű**	[nɒɟsɛry:]
majestueus (bn)	**magasztos**	[mɒgɒstoʃ]
onneembaar (bn)	**bevehetetlen**	[bɛvɛhɛtɛtlɛn]
middeleeuws (bn)	**középkori**	[køze:pkori]

87. Appartement

appartement (het)	**lakás**	[lɒka:ʃ]
kamer (de)	**szoba**	[sobɒ]
slaapkamer (de)	**hálószoba**	[ha:lo:sobɒ]
eetkamer (de)	**ebédlő**	[ɛbe:dlø:]
salon (de)	**nappali**	[nɒppɒli]
studeerkamer (de)	**dolgozószoba**	[dolgozo:sobɒ]
gang (de)	**előszoba**	[ɛlø:sobɒ]
badkamer (de)	**fürdőszoba**	[fyrdø:sobɒ]
toilet (het)	**vécé**	[ve:tse:]
plafond (het)	**mennyezet**	[mɛɲɲɛzɛt]
vloer (de)	**padló**	[pɒdlo:]
hoek (de)	**sarok**	[ʃɒrok]

88. Appartement. Schoonmaken

schoonmaken (ww)	**takarít**	[tɒkɒri:t]
opbergen (in de kast, enz.)	**eltesz**	[ɛltɛs]
stof (het)	**por**	[por]
stoffig (bn)	**poros**	[poroʃ]
stoffen (ww)	**port töröl**	[port tørøl]
stofzuiger (de)	**porszívó**	[porsi:vo:]
stofzuigen (ww)	**porszívózik**	[porsi:vo:zik]
vegen (de vloer ~)	**söpör**	[ʃøpør]
veegsel (het)	**szemét**	[sɛme:t]
orde (de)	**rend**	[rɛnd]
wanorde (de)	**rendetlenség**	[rɛndɛtlɛnʃe:g]
zwabber (de)	**seprő**	[ʃɛprø:]
poetsdoek (de)	**rongy**	[roɲɟ]
veger (de)	**söprű**	[ʃɛpry:]
stofblik (het)	**lapát**	[lɒpa:t]

89. Meubels. Interieur

meubels (mv.)	**bútor**	[bu:tor]
tafel (de)	**asztal**	[ɒstɒl]
stoel (de)	**szék**	[se:k]
bed (het)	**ágy**	[a:ɟ]
bankstel (het)	**dívány**	[di:va:ɲ]
fauteuil (de)	**fotel**	[fotɛl]
boekenkast (de)	**könyvszekrény**	[køɲvsɛkre:ɲ]
boekenrek (het)	**könyvpolc**	[køɲvpolts]
kledingkast (de)	**ruhaszekrény**	[ruhɒ sɛkre:ɲ]
kapstok (de)	**ruhatartó**	[ruhɒtɒrto:]

staande kapstok (de)	**fogas**	[fogɒʃ]
commode (de)	**komód**	[komo:d]
salontafeltje (het)	**dohányzóasztal**	[doha:ɲzo:ɒstɒl]
spiegel (de)	**tükör**	[tykør]
tapijt (het)	**szőnyeg**	[sø:nɛg]
tapijtje (het)	**kis szőnyeg**	[kiʃ sø:nɛg]
haard (de)	**kandalló**	[kɒndɒllo:]
kaars (de)	**gyertya**	[ɟɛrcɒ]
kandelaar (de)	**gyertyatartó**	[ɟɛrcɒtɒrto:]
gordijnen (mv.)	**függöny**	[fyggøɲ]
behang (het)	**tapéta**	[tɒpe:tɒ]
jaloezie (de)	**redőny**	[rɛdø:ɲ]
bureaulamp (de)	**asztali lámpa**	[ɒstɒli la:mpɒ]
wandlamp (de)	**lámpa**	[la:mpɒ]
staande lamp (de)	**állólámpa**	[a:llo:la:mpɒ]
luchter (de)	**csillár**	[ʧilla:r]
poot (ov. een tafel, enz.)	**láb**	[la:b]
armleuning (de)	**kartámla**	[kɒrta:mlɒ]
rugleuning (de)	**támla**	[ta:mlɒ]
la (de)	**fiók**	[fio:k]

90. Beddengoed

beddengoed (het)	**ágynemű**	[a:ɟnɛmy:]
kussen (het)	**párna**	[pa:rnɒ]
kussenovertrek (de)	**párnahuzat**	[pa:rnɒhuzɒt]
deken (de)	**takaró**	[tɒkɒro:]
laken (het)	**lepedő**	[lɛpɛdø:]
sprei (de)	**takaró**	[tɒkɒro:]

91. Keuken

keuken (de)	**konyha**	[koɲhɒ]
gas (het)	**gáz**	[ga:z]
gasfornuis (het)	**gáztűzhely**	[ga:zty:zhɛj]
elektrisch fornuis (het)	**elektromos tűzhely**	[ɛlɛktromoʃ ty:shɛj]
oven (de)	**sütő**	[ʃytø:]
magnetronoven (de)	**mikrohullámú sütő**	[mikrohulla:mu: ʃytø:]
koelkast (de)	**hűtőszekrény**	[hy:tø:sɛkre:ɲ]
diepvriezer (de)	**fagyasztóláda**	[fɒɟɒsto:la:dɒ]
vaatwasmachine (de)	**mosogatógép**	[moʃogɒto:ge:p]
vleesmolen (de)	**húsdaráló**	[hu:ʃdɒra:lo:]
vruchtenpers (de)	**gyümölcscentrifuga**	[ɟymølʧ tsɛntrifugɒ]
toaster (de)	**kenyérpirító**	[kɛne:rpiri:to:]
mixer (de)	**turmixgép**	[turmiksge:p]

koffiemachine (de)	**kávéfőző**	[ka:ve:fø:zø:]
koffiepot (de)	**kávéskanna**	[ka:ve:ʃkɒnnɒ]
koffiemolen (de)	**kávéőrlő**	[ka:ve:ø:rlø:]
fluitketel (de)	**kanna**	[kɒnnɒ]
theepot (de)	**teáskanna**	[tɛa:ʃkɒnnɒ]
deksel (de/het)	**fedél**	[fɛde:l]
theezeefje (het)	**szűrő**	[sy:rø:]
lepel (de)	**kanál**	[kɒna:l]
theelepeltje (het)	**teáskanál**	[tɛa:ʃkɒna:l]
eetlepel (de)	**evőkanál**	[ɛvø:kɒna:l]
vork (de)	**villa**	[villɒ]
mes (het)	**kés**	[ke:ʃ]
vaatwerk (het)	**edény**	[ɛde:ɲ]
bord (het)	**tányér**	[ta:ne:r]
schoteltje (het)	**csészealj**	[ʧe:sɛɒj]
likeurglas (het)	**kupica**	[kupitsɒ]
glas (het)	**pohár**	[poha:r]
kopje (het)	**csésze**	[ʧe:sɛ]
suikerpot (de)	**cukortartó**	[tsukortɒrto:]
zoutvat (het)	**sótartó**	[ʃo:tɒrto:]
pepervat (het)	**borstartó**	[borʃtɒrto:]
boterschaaltje (het)	**vajtartó**	[vɒj tɒrto:]
pan (de)	**lábas**	[la:bɒʃ]
bakpan (de)	**serpenyő**	[ʃɛrpɛɲø:]
pollepel (de)	**merőkanál**	[mɛrø:kɒna:l]
vergiet (de/het)	**tésztaszűrő**	[te:stɒsy:rø:]
dienblad (het)	**tálca**	[ta:ltsɒ]
fles (de)	**palack, üveg**	[pɒlɒsk], [yvɛg]
glazen pot (de)	**befőttes üveg**	[bɛfø:tɛs yvɛg]
blik (conserven~)	**bádogdoboz**	[ba:dogdoboz]
flesopener (de)	**üvegnyitó**	[yvɛg ɲito:]
blikopener (de)	**konzervnyitó**	[konzɛrv ɲito:]
kurkentrekker (de)	**dugóhúzó**	[dugo:hu:zo:]
filter (de/het)	**filter**	[filtɛr]
filteren (ww)	**szűr**	[sy:r]
huisvuil (het)	**szemét**	[sɛme:t]
vuilnisemmer (de)	**kuka**	[kukɒ]

92. Badkamer

badkamer (de)	**fürdőszoba**	[fyrdø:sobɒ]
water (het)	**víz**	[vi:z]
kraan (de)	**csap**	[ʧɒp]
warm water (het)	**meleg víz**	[mɛlɛg vi:z]
koud water (het)	**hideg víz**	[hidɛg vi:z]

tandpasta (de)	**fogkrém**	[fogkre:m]
tanden poetsen (ww)	**fogat mos**	[fogɒt moʃ]
zich scheren (ww)	**borotválkozik**	[borotva:lkozik]
scheercrème (de)	**borotvahab**	[borotvɒhɒb]
scheermes (het)	**borotva**	[borotvɒ]
wassen (ww)	**mos**	[moʃ]
een bad nemen	**mosakodik**	[moʃɒkodik]
douche (de)	**zuhany**	[zuhɒɲ]
een douche nemen	**zuhanyozik**	[zuhɒɲozik]
bad (het)	**fürdőkád**	[fyrdø:ka:d]
toiletpot (de)	**vécékagyló**	[ve:tse: kɒɟlo:]
wastafel (de)	**mosdókagyló**	[moʒdo:kɒɟlo:]
zeep (de)	**szappan**	[sɒppɒn]
zeepbakje (het)	**szappantartó**	[sɒppɒntɒrto:]
spons (de)	**szivacs**	[sivɒʧ]
shampoo (de)	**sampon**	[ʃɒmpon]
handdoek (de)	**törülköző**	[tørylkøzø:]
badjas (de)	**köntös**	[køntøʃ]
was (bijv. handwas)	**mosás**	[moʃa:ʃ]
wasmachine (de)	**mosógép**	[moʃo:ge:p]
de was doen	**ruhát mos**	[ruha:t moʃ]
waspoeder (de)	**mosópor**	[moʃo:por]

93. Huishoudelijke apparaten

televisie (de)	**televízió**	[tɛlɛvi:zio:]
cassettespeler (de)	**magnó**	[mɒgno:]
videorecorder (de)	**videomagnó**	[vidɛomɒgno:]
radio (de)	**vevőkészülék**	[vɛvø:ke:syle:k]
speler (de)	**sétálómagnó**	[ʃe:ta:lo: mɒgno:]
videoprojector (de)	**videovetítő**	[vidɛovɛti:tø:]
home theater systeem (het)	**házimozi**	[ha:zimozi]
DVD-speler (de)	**DVDlejátszó**	[dɛvɛdɛlɛja:tso:]
versterker (de)	**erősítő**	[ɛrø:ʃi:tø:]
spelconsole (de)	**videojáték**	[vidɛoja:te:k]
videocamera (de)	**videokamera**	[vidɛokɒmɛrɒ]
fotocamera (de)	**fényképezőgép**	[fe:ɲke:pɛzø:ge:p]
digitale camera (de)	**digitális fényképezőgép**	[digita:liʃ fe:ɲke:pɛzø:ge:p]
stofzuiger (de)	**porszívó**	[porsi:vo:]
strijkijzer (het)	**vasaló**	[vɒʃɒlo:]
strijkplank (de)	**vasalódeszka**	[vɒʃɒlo:dɛskɒ]
telefoon (de)	**telefon**	[tɛlɛfon]
mobieltje (het)	**mobiltelefon**	[mobiltɛlɛfon]

schrijfmachine (de)	**írógép**	[i:ro:ge:p]
naaimachine (de)	**varrógép**	[vɒrro:ge:p]
microfoon (de)	**mikrofon**	[mikrofon]
koptelefoon (de)	**fejhallgató**	[fɛlhɒllgɒto:]
afstandsbediening (de)	**távkapcsoló**	[ta:v kɒpʧolo:]
CD (de)	**CDlemez**	[tsɛdɛlɛmɛz]
cassette (de)	**kazetta**	[kɒzɛttɒ]
vinylplaat (de)	**lemez**	[lɛmɛz]

94. Reparaties. Renovatie

renovatie (de)	**felújítás**	[fɛlu:ji:ta:ʃ]
renoveren (ww)	**renovál**	[rɛnova:l]
repareren (ww)	**javít**	[jɒvi:t]
op orde brengen	**rendbe hoz**	[rɛndbɛ hoz]
overdoen (ww)	**újra csinál**	[u:jrɒ ʧina:l]
verf (de)	**festék**	[fɛʃte:k]
verven (muur ~)	**fest**	[fɛʃt]
schilder (de)	**festő**	[fɛʃtø:]
kwast (de)	**ecset**	[ɛʧɛt]
kalk (de)	**mészfesték**	[me:sfɛʃte:k]
kalken (ww)	**meszel**	[mɛsɛl]
behang (het)	**tapéta**	[tɒpe:tɒ]
behangen (ww)	**tapétáz**	[tɒpe:ta:z]
lak (de/het)	**lakk**	[lɒkk]
lakken (ww)	**lakkoz**	[lɒkkoz]

95. Loodgieterswerk

water (het)	**víz**	[vi:z]
warm water (het)	**meleg víz**	[mɛlɛg vi:z]
koud water (het)	**hideg víz**	[hidɛg vi:z]
kraan (de)	**csap**	[ʧɒp]
druppel (de)	**csepp**	[ʧɛpp]
druppelen (ww)	**csepeg**	[ʧɛpɛg]
lekken (een lek hebben)	**szivárog**	[siva:rog]
lekkage (de)	**szivárgás**	[siva:rga:s]
plasje (het)	**tócsa**	[to:ʧɒ]
buis, leiding (de)	**cső**	[ʧø:]
stopkraan (de)	**szelep**	[sɛlɛp]
verstopt raken (ww)	**eldugul**	[ɛldugul]
gereedschap (het)	**szerszámok**	[sɛrsa:mok]
Engelse sleutel (de)	**állítható csavarkulcs**	[a:lli:thɒto: ʧɒvɒrkulʧ]
losschroeven (ww)	**kicsavar**	[kiʧɒvɒr]

aanschroeven (ww)	**becsavar**	[bɛʧɒvɒr]
ontstoppen (riool, enz.)	**kitisztít**	[kitisti:t]
loodgieter (de)	**vízvezetékszerelő**	[vi:zvɛzɛte:ksɛrɛlø:]
kelder (de)	**pince**	[pintsɛ]
riolering (de)	**csatornázás**	[ʧɒtorna:za:ʃ]

96. Brand. Vuurzee

brand (de)	**tűz**	[ty:z]
vlam (de)	**láng**	[la:ŋg]
vonk (de)	**szikra**	[sikrɒ]
rook (de)	**füst**	[fyʃt]
fakkel (de)	**fáklya**	[fa:kjɒ]
kampvuur (het)	**tábortűz**	[ta:borty:z]
benzine (de)	**benzin**	[bɛnzin]
kerosine (de)	**kerozin**	[kɛrozin]
brandbaar (bn)	**gyúlékony**	[ɟu:le:koɲ]
ontplofbaar (bn)	**robbanásveszélyes**	[robbɒna:ʃ vɛse:jɛʃ]
VERBODEN TE ROKEN!	**DOHÁNYOZNI TILOS!**	[doha:nøzni tiloʃ]
veiligheid (de)	**biztonság**	[bistonʃa:g]
gevaar (het)	**veszély**	[vɛse:j]
gevaarlijk (bn)	**veszélyes**	[vɛse:jɛʃ]
in brand vliegen (ww)	**meggyullad**	[mɛgɟyllɒd]
explosie (de)	**robbanás**	[robbɒna:ʃ]
in brand steken (ww)	**felgyújt**	[fɛlɟu:jt]
brandstichter (de)	**gyújtogató**	[ɟu:jtogɒto:]
brandstichting (de)	**gyújtogatás**	[ɟu:jtogɒta:ʃ]
vlammen (ww)	**lángol**	[la:ŋgol]
branden (ww)	**ég**	[e:g]
afbranden (ww)	**leég**	[le:ɛg]
brandweerman (de)	**tűzoltó**	[ty:zolto:]
brandweerwagen (de)	**tűzoltóautó**	[ty:zolto:ɒuto:]
brandweer (de)	**tűzoltócsapat**	[ty:zolto: ʧɒpɒt]
brandslang (de)	**tűzoltótömlő**	[ty:zolto:tømlø:]
brandblusser (de)	**tűzoltó készülék**	[ty:zolto: ke:syle:k]
helm (de)	**sisak**	[ʃiʃɒk]
sirene (de)	**riadó**	[riɒdo:]
roepen (ww)	**kiabál**	[kiɒba:l]
hulp roepen	**segítségre hív**	[ʃɛgi:ʧe:grɛ hi:v]
redder (de)	**mentő**	[mɛntø:]
redden (ww)	**megment**	[mɛgmɛnt]
aankomen (per auto, enz.)	**érkezik**	[e:rkɛzik]
blussen (ww)	**olt**	[olt]
water (het)	**víz**	[vi:z]
zand (het)	**homok**	[homok]
ruïnes (mv.)	**romok**	[romok]

instorten (gebouw, enz.)	**beomlik**	[bɛomlik]
ineenstorten (ww)	**leomlik**	[lɛomlik]
inzakken (ww)	**összedől**	[øssɛdø:l]
brokstuk (het)	**töredék**	[tørɛde:k]
as (de)	**hamu**	[hɒmu]
verstikken (ww)	**megfullad**	[mɛgfullɒd]
omkomen (ww)	**elpusztul**	[ɛlpustul]

MENSELIJKE ACTIVITEITEN

Baan. Business. Deel 1

97. Bankieren

bank (de)	**bank**	[bɒŋk]
bankfiliaal (het)	**fiók**	[fio:k]
bankbediende (de)	**tanácsadó**	[tɒna:ʧɒdo:]
manager (de)	**vezető**	[vɛzɛtø:]
bankrekening (de)	**számla**	[sa:mlɒ]
rekeningnummer (het)	**számlaszám**	[sa:mlɒsa:m]
lopende rekening (de)	**folyószámla**	[fojo:sa:mlɒ]
spaarrekening (de)	**megtakarítási számla**	[mɛgtɒkɒrita:ʃi sa:mlɒ]
een rekening openen	**számlát nyit**	[sa:mla:t nit]
de rekening sluiten	**zárolja a számlát**	[za:rojɒ ɒ sa:mla:t]
op rekening storten	**számlára tesz**	[sa:mla:rɒ tɛs]
opnemen (ww)	**számláról lehív**	[sa:mla:ro:l lɛhi:v]
storting (de)	**betét**	[bɛte:t]
een storting maken	**pénzt betesz**	[pe:nst bɛtɛs]
overschrijving (de)	**átutalás**	[a:tutɒla:ʃ]
een overschrijving maken	**pénzt átutal**	[pe:nst a:tutɒl]
som (de)	**összeg**	[øssɛg]
Hoeveel?	**Mennyi?**	[mɛɲɲi]
handtekening (de)	**aláírás**	[ɒla:i:ra:ʃ]
ondertekenen (ww)	**aláír**	[ɒla:i:r]
kredietkaart (de)	**hitelkártya**	[hitɛlka:rcɒ]
code (de)	**kód**	[ko:d]
kredietkaartnummer (het)	**hitelkártya száma**	[hitɛlka:rcɒ sa:mɒ]
geldautomaat (de)	**bankautomata**	[bɒŋk ɒutomɒtɒ]
cheque (de)	**csekk**	[ʧɛkk]
een cheque uitschrijven	**kiállítja a csekket**	[kia:lli:cɒ ɒ ʧɛkkɛt]
chequeboekje (het)	**csekkkönyv**	[ʧɛkkkøɲv]
lening, krediet (de)	**hitel**	[hitɛl]
een lening aanvragen	**hitelért fordul**	[hitɛle:rt fordul]
een lening nemen	**hitelt felvesz**	[hitɛlt fɛlvɛs]
een lening verlenen	**hitelt nyújt**	[hitɛlt nju:jt]
garantie (de)	**biztosíték**	[bistoʃi:te:k]

98. Telefoon. Telefoongesprek

telefoon (de)	**telefon**	[tɛlɛfon]
mobieltje (het)	**mobiltelefon**	[mobiltɛlɛfon]
antwoordapparaat (het)	**üzenetrögzítő**	[yzɛnɛt røgzi:tø:]
bellen (ww)	**felhív**	[fɛlhi:v]
belletje (telefoontje)	**felhívás**	[fɛlhi:va:ʃ]
een nummer draaien	**telefonszámot tárcsáz**	[tɛlɛfonsa:mot ta:rʧa:z]
Hallo!	**Halló!**	[hɒllo:]
vragen (ww)	**kérdez**	[ke:rdɛz]
antwoorden (ww)	**válaszol**	[va:lɒsol]
horen (ww)	**hall**	[hɒll]
goed (bw)	**jól**	[jo:l]
slecht (bw)	**rosszul**	[rossul]
storingen (mv.)	**zavar**	[zɒvɒr]
hoorn (de)	**kagyló**	[kɒɟlo:]
opnemen (ww)	**kagylót felvesz**	[kɒɟlo:t fɛlvɛs]
ophangen (ww)	**kagylót letesz**	[kɒɟlo:t lɛtɛs]
bezet (bn)	**foglalt**	[foglɒlt]
overgaan (ww)	**csörög**	[ʧørøg]
telefoonboek (het)	**telefonkönyv**	[tɛlɛfoŋkøɲv]
lokaal (bn)	**helyi**	[hɛji]
interlokaal (bn)	**interurbán**	[intɛrurba:n]
buitenlands (bn)	**nemzetközi**	[nɛmzɛtkøzi]

99. Mobiele telefoon

mobieltje (het)	**mobiltelefon**	[mobiltɛlɛfon]
scherm (het)	**kijelző**	[kijɛlzø:]
toets, knop (de)	**gomb**	[gomb]
simkaart (de)	**SIM kártya**	[sim ka:rcɒ]
batterij (de)	**akkumulátor**	[ɒkkumula:tor]
leeg zijn (ww)	**kisül**	[kiʃyl]
acculader (de)	**telefontöltő**	[tɛlɛfon tøltø:]
menu (het)	**menü**	[mɛny]
instellingen (mv.)	**beállítások**	[bɛa:lli:ta:ʃok]
melodie (beltoon)	**dallam**	[dɒllɒm]
selecteren (ww)	**választ**	[va:lɒst]
rekenmachine (de)	**kalkulátor**	[kɒlkula:tor]
voicemail (de)	**üzenetrögzítő**	[yzɛnɛt røgzi:tø:]
wekker (de)	**ébresztőóra**	[e:brɛstø:o:rɒ]
contacten (mv.)	**telefonkönyv**	[tɛlɛfoŋkøɲv]
SMS-bericht (het)	**SMS**	[ɛʃɛmɛʃ]
abonnee (de)	**előfizető**	[ɛlø:fizɛtø:]

100. Schrijfbehoeften

balpen (de)	**golyóstoll**	[gojo:ʃtoll]
vulpen (de)	**töltőtoll**	[tøltø:toll]
potlood (het)	**ceruza**	[tsɛruzɒ]
marker (de)	**filctoll**	[filtstoll]
viltstift (de)	**filctoll**	[filtstoll]
notitieboekje (het)	**notesz**	[notɛs]
agenda (boekje)	**határidőnapló**	[hɒta:ridø:nɒplo:]
liniaal (de/het)	**vonalzó**	[vonɒlzo:]
rekenmachine (de)	**kalkulátor**	[kɒlkula:tor]
gom (de)	**radír**	[rɒdi:r]
punaise (de)	**rajzszeg**	[rɒjzsɛg]
paperclip (de)	**gémkapocs**	[ge:mkɒpotʃ]
lijm (de)	**ragasztó**	[rɒgɒsto:]
nietmachine (de)	**tűzőgép**	[ty:zø:ge:p]
perforator (de)	**lyukasztó**	[jukɒsto:]
potloodslijper (de)	**ceruzahegyező**	[tsɛruzɒhɛɟɛzø:]

Baan. Business. Deel 2

101. Massamedia

krant (de)	**újság**	[u:ʃa:g]
tijdschrift (het)	**folyóirat**	[fojo:jrɒt]
pers (gedrukte media)	**sajtó**	[ʃɒjto:]
radio (de)	**rádió**	[ra:dio:]
radiostation (het)	**rádióállomás**	[ra:dio:a:lloma:ʃ]
televisie (de)	**televízió**	[tɛlɛvi:zio:]
presentator (de)	**műsorvezető**	[my:ʃor vɛzɛtø:]
nieuwslezer (de)	**műsorközlő**	[my:ʃorkøzlø:]
commentator (de)	**kommentátor**	[kommɛnta:tor]
journalist (de)	**újságíró**	[u:ʃa:gi:ro:]
correspondent (de)	**tudósító**	[tudo:ʃi:to:]
fotocorrespondent (de)	**fotóriporter**	[foto:riportɛr]
reporter (de)	**riporter**	[riportɛr]
redacteur (de)	**szerkesztő**	[sɛrkɛstø:]
chef-redacteur (de)	**főszerkesztő**	[fø:sɛrkɛstø:]
zich abonneren op	**előfizet**	[ɛlø:fizɛt]
abonnement (het)	**előfizetés**	[ɛlø:fizɛte:ʃ]
abonnee (de)	**előfizető**	[ɛlø:fizɛtø:]
lezen (ww)	**olvas**	[olvɒʃ]
lezer (de)	**olvasó**	[olvɒʃo:]
oplage (de)	**példányszám**	[pe:lda:ɲsa:m]
maand-, maandelijks (bn)	**havi**	[hɒvi]
wekelijks (bn)	**heti**	[hɛti]
nummer (het)	**szám**	[sa:m]
vers (~ van de pers)	**új**	[u:j]
kop (de)	**cím**	[tsi:m]
korte artikel (het)	**jegyzet**	[jɛɟɛzɛt]
rubriek (de)	**állandó rovat**	[a:llɒndo: rovɒt]
artikel (het)	**cikk**	[tsikk]
pagina (de)	**oldal**	[oldɒl]
reportage (de)	**riport**	[riport]
gebeurtenis (de)	**esemény**	[ɛʃɛme:ɲ]
sensatie (de)	**szenzáció**	[sɛnza:tsio:]
schandaal (het)	**botrány**	[botra:ɲ]
schandalig (bn)	**botrányos**	[botra:nøʃ]
groot (~ schandaal, enz.)	**hírhedt**	[hi:rhɛtt]
programma (het)	**tévéadás**	[te:ve:ɒda:ʃ]
interview (het)	**interjú**	[intɛrju:]

live uitzending (de)	**élő közvetítés**	[e:lø: køzvɛti:te:ʃ]
kanaal (het)	**csatorna**	[ʧɒtornɒ]

102. Landbouw

landbouw (de)	**mezőgazdaság**	[mɛzø:gɒzdɒʃa:g]
boer (de)	**paraszt**	[pɒrɒst]
boerin (de)	**parasztnő**	[pɒrɒstnø:]
landbouwer (de)	**gazda**	[gɒzdɒ]
tractor (de)	**traktor**	[trɒktor]
maaidorser (de)	**kombájn**	[komba:jn]
ploeg (de)	**eke**	[ɛkɛ]
ploegen (ww)	**szánt**	[sa:nt]
akkerland (het)	**szántóföld**	[sa:nto:føld]
voor (de)	**barázda**	[bɒra:zdɒ]
zaaien (ww)	**elvet**	[ɛlvɛt]
zaaimachine (de)	**vetőgép**	[vɛtø:ge:p]
zaaien (het)	**vetés**	[vɛte:ʃ]
zeis (de)	**kasza**	[kɒsɒ]
maaien (ww)	**kaszál**	[kɒsa:l]
schop (de)	**lapát**	[lɒpa:t]
spitten (ww)	**ás**	[a:ʃ]
schoffel (de)	**kapa**	[kɒpɒ]
wieden (ww)	**gyomlál**	[ɟømla:l]
onkruid (het)	**gyom**	[ɟøm]
gieter (de)	**öntözőkanna**	[øntøzø:kɒnnɒ]
begieten (water geven)	**öntöz**	[øntøz]
bewatering (de)	**öntözés**	[øntøze:ʃ]
riek, hooivork (de)	**vasvilla**	[vɒʃvillɒ]
hark (de)	**gereblye**	[gɛrɛbjɛ]
kunstmest (de)	**trágya**	[tra:ɟo]
bemesten (ww)	**trágyáz**	[tra:ɟa:z]
mest (de)	**trágya**	[tra:ɟo]
veld (het)	**mező**	[mɛzø:]
wei (de)	**rét**	[re:t]
moestuin (de)	**konyhakert**	[koɲhɒkɛrt]
boomgaard (de)	**gyümölcsöskert**	[ɟymølʧøʃkɛrt]
weiden (ww)	**legeltet**	[lɛgɛltɛt]
herder (de)	**pásztor**	[pa:stor]
weiland (de)	**legelő**	[lɛgɛlø:]
veehouderij (de)	**állattenyésztés**	[a:llɒt tɛne:ste:ʃ]
schapenteelt (de)	**juhtenyésztés**	[juhtɛne:ste:ʃ]

plantage (de)	**ültetvény**	[yltɛtve:ɲ]
rijtje (het)	**veteményes ágy**	[vɛtɛme:nɛʃ a:ɟ]
broeikas (de)	**melegház**	[mɛlɛkha:z]
droogte (de)	**aszály**	[ɒsa:j]
droog (bn)	**aszályos**	[ɒsa:joʃ]
graangewassen (mv.)	**gabonafélék**	[gɒbonɒfe:le:k]
oogsten (ww)	**betakarít**	[bɛtɒkɒri:t]
molenaar (de)	**molnár**	[molna:r]
molen (de)	**malom**	[mɒlom]
malen (graan ~)	**őröl**	[ø:røl]
bloem (bijv. tarwebloem)	**liszt**	[list]
stro (het)	**szalma**	[sɒlmɒ]

103. Gebouw. Bouwproces

bouwplaats (de)	**építkezés**	[e:pi:tkɛze:ʃ]
bouwen (ww)	**épít**	[e:pi:t]
bouwvakker (de)	**építő**	[e:pi:tø:]
project (het)	**terv**	[tɛrv]
architect (de)	**építész**	[e:pi:te:s]
arbeider (de)	**munkás**	[muŋka:ʃ]
fundering (de)	**alapzat**	[ɒlɒpzɒt]
dak (het)	**tető**	[tɛtø:]
heipaal (de)	**cölöp**	[tsøløp]
muur (de)	**fal**	[fɒl]
betonstaal (het)	**betétvas**	[bɛte:tvɒʃ]
steigers (mv.)	**állványzat**	[a:llva:ɲzɒt]
beton (het)	**beton**	[bɛton]
graniet (het)	**gránit**	[gra:nit]
steen (de)	**kő**	[kø:]
baksteen (de)	**tégla**	[te:glɒ]
zand (het)	**homok**	[homok]
cement (de/het)	**cement**	[tsɛmɛnt]
pleister (het)	**vakolat**	[vɒkolɒt]
pleisteren (ww)	**vakol**	[vɒkol]
verf (de)	**festék**	[fɛʃte:k]
verven (muur ~)	**fest**	[fɛʃt]
ton (de)	**hordó**	[hordo:]
kraan (de)	**daru**	[dɒru]
heffen, hijsen (ww)	**felemel**	[fɛlɛmɛl]
neerlaten (ww)	**leenged**	[lɛɛŋgɛd]
bulldozer (de)	**buldózer**	[buldo:zɛr]
graafmachine (de)	**kotrógép**	[kotro:ge:p]

graafbak (de)	**kotróserleg**	[kotro:ʃɛrlɛg]
graven (tunnel, enz.)	**ás**	[a:ʃ]
helm (de)	**sisak**	[ʃiʃɒk]

Beroepen en ambachten

104. Zoeken naar werk. Ontslag

baan (de)	**munkahely**	[muŋkɒhɛj]
personeel (het)	**személyzet**	[sɛme:jzɛt]
carrière (de)	**karrier**	[kɒrriɛr]
vooruitzichten (mv.)	**távlat**	[ta:vlɒt]
meesterschap (het)	**képesség**	[ke:pɛʃe:g]
keuze (de)	**kiválasztás**	[kiva:lɒsta:ʃ]
uitzendbureau (het)	**munkaközvetítő**	[muŋkɒkøzvɛti:tø:]
CV, curriculum vitae (het)	**rezümé**	[rɛzyme:]
sollicitatiegesprek (het)	**felvételi interjú**	[fɛlve:tɛli intɛrju:]
vacature (de)	**betöltetlen állás**	[bɛtøltɛtlɛn a:lla:ʃ]
salaris (het)	**fizetés**	[fizɛte:ʃ]
vaste salaris (het)	**bér**	[be:r]
loon (het)	**fizetés**	[fizɛte:ʃ]
betrekking (de)	**állás**	[a:lla:ʃ]
taak, plicht (de)	**kötelezettség**	[køtɛlɛzɛttʃe:g]
takenpakket (het)	**munkakör**	[muŋkɒkør]
bezig (~ zijn)	**foglalt**	[foglɒlt]
ontslagen (ww)	**elbocsát**	[ɛlbotʃa:t]
ontslag (het)	**elbocsátás**	[ɛlbotʃa:ta:ʃ]
werkloosheid (de)	**munkanélküliség**	[muŋkɒne:lkyliʃe:g]
werkloze (de)	**munkanélküli**	[muŋkɒne:lkyli]
pensioen (het)	**nyugdíj**	[ɲugdi:j]
met pensioen gaan	**nyugdíjba megy**	[ɲugdi:jbɒ mɛɟ]

105. Zakenmensen

directeur (de)	**igazgató**	[igɒzgɒto:]
beheerder (de)	**vezető**	[vɛzɛtø:]
hoofd (het)	**főnök**	[fø:nøk]
baas (de)	**főnök**	[fø:nøk]
superieuren (mv.)	**vezetőség**	[vɛzɛtø:ʃe:g]
president (de)	**elnök**	[ɛlnøk]
voorzitter (de)	**elnök**	[ɛlnøk]
adjunct (de)	**helyettes**	[hɛjɛttɛʃ]
assistent (de)	**segéd**	[ʃɛge:d]
secretaris (de)	**titkár**	[titka:r]

persoonlijke assistent (de)	**személyes titkár**	[sɛme:jɛʃ titka:r]
zakenman (de)	**üzletember**	[yzlɛtɛmbɛr]
ondernemer (de)	**vállakozó**	[va:llɒlkozo:]
oprichter (de)	**alapító**	[ɒlɒpi:to:]
oprichten (een nieuw bedrijf ~)	**alapít**	[ɒlɒpi:t]
stichter (de)	**alapító**	[ɒlɒpi:to:]
partner (de)	**partner**	[pɒrtnɛr]
aandeelhouder (de)	**részvényes**	[re:sve:nɛʃ]
miljonair (de)	**milliomos**	[milliomoʃ]
miljardair (de)	**milliárdos**	[millia:rdoʃ]
eigenaar (de)	**tulajdonos**	[tulɒjdonoʃ]
landeigenaar (de)	**földbirtokos**	[føldbirtokoʃ]
klant (de)	**ügyfél**	[yɟfe:l]
vaste klant (de)	**törzsügyfél**	[tørʒ yɟfe:l]
koper (de)	**vevő**	[vɛvø:]
bezoeker (de)	**látogató**	[la:togɒto:]
professioneel (de)	**szakember**	[sɒkɛmbɛr]
expert (de)	**szakértő**	[sɒke:rtø:]
specialist (de)	**specialista**	[spɛtsialista]
bankier (de)	**bankár**	[bɒŋka:r]
makelaar (de)	**ügynök**	[yɲøk]
kassier (de)	**pénztáros**	[pe:nsta:roʃ]
boekhouder (de)	**könyvelő**	[køɲvɛlø:]
bewaker (de)	**biztonsági őr**	[bistonʃa:gi ø:r]
investeerder (de)	**befektető**	[bɛfɛktɛtø:]
schuldenaar (de)	**adós**	[ɒdo:ʃ]
crediteur (de)	**hitelező**	[hitɛlɛzø:]
lener (de)	**kölcsönvevő**	[køltʃønvɛvø:]
importeur (de)	**importőr**	[importø:r]
exporteur (de)	**exportőr**	[ɛskportø:r]
producent (de)	**gyártó**	[ɟa:rto:]
distributeur (de)	**terjesztő**	[tɛrjɛstø:]
bemiddelaar (de)	**közvetítő**	[køzvɛti:tø:]
adviseur, consulent (de)	**tanácsadó**	[tɒna:tʃɒdo:]
vertegenwoordiger (de)	**képviselő**	[ke:pviʃɛlø:]
agent (de)	**ügynök**	[yɲøk]
verzekeringsagent (de)	**biztosítási ügynök**	[bistoʃi:ta:ʃi yɲøk]

106. Dienstverlenende beroepen

kok (de)	**szakács**	[sɒka:tʃ]
chef-kok (de)	**főszakács**	[fø:sɒka:tʃ]
bakker (de)	**pék**	[pe:k]

barman (de)	**bármixer**	[ba:rmiksɛr]
kelner, ober (de)	**pincér**	[pintse:r]
serveerster (de)	**pincérnő**	[pintse:rnø:]
advocaat (de)	**ügyvéd**	[yɟve:d]
jurist (de)	**jogász**	[joga:s]
notaris (de)	**közjegyző**	[køzjɛɟzø:]
elektricien (de)	**villanyszerelő**	[villɒɲsɛrɛlø:]
loodgieter (de)	**vízvezetékszerelő**	[vi:zvɛzɛte:ksɛrɛlø:]
timmerman (de)	**ács**	[a:ʧ]
masseur (de)	**masszírozó**	[mɒssi:rozo:]
masseuse (de)	**masszírozónő**	[mɒssi:rozo:nø:]
dokter, arts (de)	**orvos**	[orvoʃ]
taxichauffeur (de)	**taxis**	[tɒksiʃ]
chauffeur (de)	**sofőr**	[ʃofø:r]
koerier (de)	**küldönc**	[kyldønts]
kamermeisje (het)	**szobalány**	[sobɒla:ɲ]
bewaker (de)	**biztonsági őr**	[bistonʃa:gi ø:r]
stewardess (de)	**légikisasszony**	[le:gikiʃɒssoɲ]
meester (de)	**tanár**	[tɒna:r]
bibliothecaris (de)	**könyvtáros**	[køɲvta:roʃ]
vertaler (de)	**fordító**	[fordi:to:]
tolk (de)	**tolmács**	[tolma:ʧ]
gids (de)	**idegenvezető**	[idɛgɛn vɛzɛtø:]
kapper (de)	**fodrász**	[fodra:s]
postbode (de)	**postás**	[poʃta:ʃ]
verkoper (de)	**eladó**	[ɛlɒdo:]
tuinman (de)	**kertész**	[kɛrte:s]
huisbediende (de)	**szolga**	[solgɒ]
dienstmeisje (het)	**szolgálóleány**	[solga:lo: lɛa:ɲ]
schoonmaakster (de)	**takarítónő**	[tɒkɒri:to:nø:]

107. Militaire beroepen en rangen

soldaat (rang)	**közlegény**	[køzlɛge:ɲ]
sergeant (de)	**szakaszvezető**	[sɒkɒsvɛzɛtø:]
luitenant (de)	**hadnagy**	[hɒdnɒɟ]
kapitein (de)	**százados**	[sa:zɒdoʃ]
majoor (de)	**őrnagy**	[ø:rnɒɟ]
kolonel (de)	**ezredes**	[ɛzrɛdɛʃ]
generaal (de)	**tábornok**	[ta:bornok]
maarschalk (de)	**tábornagy**	[ta:bornɒɟ]
admiraal (de)	**tengernagy**	[tɛŋgɛrnɒɟ]
militair (de)	**katona**	[kɒtonɒ]
soldaat (de)	**katona**	[kɒtonɒ]

officier (de)	**tiszt**	[tist]
commandant (de)	**parancsnok**	[pɒrɒntʃnok]
grenswachter (de)	**határőr**	[hɒta:rø:r]
marconist (de)	**rádiós**	[ra:dio:ʃ]
verkenner (de)	**felderítő**	[fɛldɛri:tø:]
sappeur (de)	**árkász**	[a:rka:s]
schutter (de)	**lövész**	[løve:s]
stuurman (de)	**kormányos**	[korma:nøʃ]

108. Ambtenaren. Priesters

koning (de)	**király**	[kira:j]
koningin (de)	**királynő**	[kira:jnø:]
prins (de)	**herceg**	[hɛrtsɛg]
prinses (de)	**hercegnő**	[hɛrtsɛgnø:]
tsaar (de)	**cár**	[tsa:r]
tsarina (de)	**cárné**	[tsa:rne:]
president (de)	**elnök**	[ɛlnøk]
minister (de)	**miniszter**	[ministɛr]
eerste minister (de)	**miniszterelnök**	[ministɛrɛlnøk]
senator (de)	**szenátor**	[sɛna:tor]
diplomaat (de)	**diplomata**	[diplomɒtɒ]
consul (de)	**konzul**	[konzul]
ambassadeur (de)	**nagykövet**	[nɒckøvɛt]
adviseur (de)	**tanácsadó**	[tɒna:tʃɒdo:]
ambtenaar (de)	**hivatalnok**	[hivɒtɒlnok]
prefect (de)	**polgármester**	[polga:rmɛʃtɛr]
burgemeester (de)	**polgármester**	[polga:rmɛʃtɛr]
rechter (de)	**bíró**	[bi:ro:]
aanklager (de)	**államügyész**	[a:llɒmyɟe:s]
missionaris (de)	**hittérítő**	[hitte:ri:tø:]
monnik (de)	**barát**	[bɒra:t]
abt (de)	**apát**	[ɒpa:t]
rabbi, rabbijn (de)	**rabbi**	[rɒbbi]
vizier (de)	**vezír**	[vɛzi:r]
sjah (de)	**sah**	[ʃɒh]
sjeik (de)	**sejk**	[ʃɛjk]

109. Agrarische beroepen

imker (de)	**méhész**	[me:he:s]
herder (de)	**pásztor**	[pa:stor]
landbouwkundige (de)	**agronómus**	[ɒgrono:muʃ]

veehouder (de)	**állattenyésztő**	[a:llɒt tɛne:stø:]
dierenarts (de)	**állatorvos**	[a:llɒt orvoʃ]
landbouwer (de)	**gazda**	[gɒzdɒ]
wijnmaker (de)	**bortermelő**	[bortɛrmɛlø:]
zoöloog (de)	**zoológus**	[zoolo:guʃ]
cowboy (de)	**cowboy**	[kovboj]

110. Kunst beroepen

acteur (de)	**színész**	[si:ne:s]
actrice (de)	**színésznő**	[si:ne:snø:]
zanger (de)	**énekes**	[e:nɛkɛʃ]
zangeres (de)	**énekesnő**	[e:nɛkɛʃnø:]
danser (de)	**táncos**	[ta:ntsoʃ]
danseres (de)	**táncos nő**	[ta:ntsoʃ nø:]
artiest (mann.)	**művész**	[my:ve:s]
artiest (vrouw.)	**művésznő**	[my:ve:snø:]
muzikant (de)	**zenész**	[zɛne:s]
pianist (de)	**zongoraművész**	[zoŋgorɒmy:ve:s]
gitarist (de)	**gitáros**	[gita:roʃ]
orkestdirigent (de)	**karmester**	[kɒrmɛʃtɛr]
componist (de)	**zeneszerző**	[zɛnɛsɛrzø:]
impresario (de)	**impresszárió**	[imprɛssa:rio:]
filmregisseur (de)	**rendező**	[rɛndɛzø:]
filmproducent (de)	**producer**	[produsɛr]
scenarioschrijver (de)	**forgatókönyvíró**	[forgɒto:køɲvi:ro:]
criticus (de)	**kritikus**	[kritikuʃ]
schrijver (de)	**író**	[i:ro:]
dichter (de)	**költő**	[køltø:]
beeldhouwer (de)	**szobrász**	[sobra:s]
kunstenaar (de)	**festő**	[fɛʃtø:]
jongleur (de)	**zsonglőr**	[ʒoŋglø:r]
clown (de)	**bohóc**	[boho:ts]
acrobaat (de)	**akrobata**	[ɒkrobɒtɒ]
goochelaar (de)	**bűvész**	[by:ve:s]

111. Verschillende beroepen

dokter, arts (de)	**orvos**	[orvoʃ]
ziekenzuster (de)	**nővér**	[nø:ve:r]
psychiater (de)	**elmeorvos**	[ɛlmɛorvoʃ]
tandarts (de)	**fogorvos**	[fogorvoʃ]
chirurg (de)	**sebész**	[ʃɛbe:s]

astronaut (de)	**űrhajós**	[y:rhɒjo:ʃ]
astronoom (de)	**csillagász**	[ʧillɒga:s]
piloot (de)	**pilóta**	[pilo:tɒ]
chauffeur (de)	**sofőr**	[ʃofø:r]
machinist (de)	**vezető**	[vɛzɛtø:]
mecanicien (de)	**gépész**	[ge:pe:s]
mijnwerker (de)	**bányász**	[ba:nja:s]
arbeider (de)	**munkás**	[muŋka:ʃ]
bankwerker (de)	**lakatos**	[lɒkɒtoʃ]
houtbewerker (de)	**asztalos**	[ɒstɒloʃ]
draaier (de)	**esztergályos**	[ɛstɛrga:joʃ]
bouwvakker (de)	**építő**	[e:pi:tø:]
lasser (de)	**hegesztő**	[hɛgɛstø:]
professor (de)	**professzor**	[profɛssor]
architect (de)	**építész**	[e:pi:te:s]
historicus (de)	**történész**	[tørte:ne:s]
wetenschapper (de)	**tudós**	[tudo:ʃ]
fysicus (de)	**fizikus**	[fizikuʃ]
scheikundige (de)	**vegyész**	[vɛɟe:s]
archeoloog (de)	**régész**	[re:ge:s]
geoloog (de)	**geológus**	[gɛolo:guʃ]
onderzoeker (de)	**kutató**	[kutɒto:]
babysitter (de)	**dajka**	[dɒjkɒ]
leraar, pedagoog (de)	**tanár**	[tɒna:r]
redacteur (de)	**szerkesztő**	[sɛrkɛstø:]
chef-redacteur (de)	**főszerkesztő**	[fø:sɛrkɛstø:]
correspondent (de)	**tudósító**	[tudo:ʃi:to:]
typiste (de)	**gépírónő**	[ge:pi:ro:nø:]
designer (de)	**formatervező**	[formɒtɛrvɛzø:]
computerexpert (de)	**számítógép speciálista**	[sa:mi:to:ge:p ʃpɛtsia:liʃtɒ]
programmeur (de)	**programozó**	[progrɒmozo:]
ingenieur (de)	**mérnök**	[me:rnøk]
matroos (de)	**tengerész**	[tɛŋgɛre:s]
zeeman (de)	**tengerész**	[tɛŋgɛre:s]
redder (de)	**mentő**	[mɛntø:]
brandweerman (de)	**tűzoltó**	[ty:zolto:]
politieagent (de)	**rendőr**	[rɛndø:r]
nachtwaker (de)	**éjjeliőr**	[e:jjɛliø:r]
detective (de)	**nyomozó**	[ɲomozo:]
douanier (de)	**vámos**	[va:moʃ]
lijfwacht (de)	**testőr**	[tɛʃtø:r]
gevangenisbewaker (de)	**börtönőr**	[børtønø:r]
inspecteur (de)	**felügyelő**	[fɛlyɟɛlø:]
sportman (de)	**sportoló**	[ʃportolo:]
trainer (de)	**edző**	[ɛʣø:]

slager, beenhouwer (de)	**hentes**	[hɛntɛʃ]
schoenlapper (de)	**cipész**	[tsipe:s]
handelaar (de)	**kereskedő**	[kɛrɛʃkɛdø:]
lader (de)	**rakodómunkás**	[rɒkodo:muŋka:ʃ]
kledingstilist (de)	**divattervező**	[divɒt tɛrvɛzø:]
model (het)	**modell**	[modɛll]

112. Beroepen. Sociale status

scholier (de)	**diák**	[dia:k]
student (de)	**hallgató**	[hɒllgɒto:]
filosoof (de)	**filozófus**	[filozo:fuʃ]
econoom (de)	**közgazdász**	[køzgɒzda:ʃ]
uitvinder (de)	**feltaláló**	[fɛltɒla:lo:]
werkloze (de)	**munkanélküli**	[muŋkɒne:lkyli]
gepensioneerde (de)	**nyugdíjas**	[ɲugdi:jɒʃ]
spion (de)	**kém**	[ke:m]
gedetineerde (de)	**fogoly**	[fogoj]
staker (de)	**sztrájkoló**	[stra:jkolo:]
bureaucraat (de)	**bürokrata**	[byrokrɒtɒ]
reiziger (de)	**utazó**	[utɒzo:]
homoseksueel (de)	**homoszexuális**	[homosɛksua:liʃ]
hacker (computerkraker)	**hacker**	[hɒkɛr]
bandiet (de)	**bandita**	[bɒnditɒ]
huurmoordenaar (de)	**bérgyilkos**	[be:rɟilkoʃ]
drugsverslaafde (de)	**narkós**	[nɒrko:ʃ]
drugshandelaar (de)	**kábítószerkereskedő**	[ka:bi:to:sɛrkɛrɛʃkɛdø]
prostituee (de)	**prostituált**	[proʃtitua:lt]
pooier (de)	**strici**	[ʃtritsi]
tovenaar (de)	**varázsló**	[vɒra:ʒlo:]
tovenares (de)	**boszorkány**	[bosorka:ɲ]
piraat (de)	**kalóz**	[kɒlo:z]
slaaf (de)	**rab**	[rɒb]
samoerai (de)	**szamuráj**	[sɒmura:j]
wilde (de)	**vadember**	[vɒdɛmbɛr]

Sport

113. Soorten sporten. Sporters

sportman (de)	**sportoló**	[ʃportolo:]
soort sport (de/het)	**sportág**	[sporta:g]
basketbal (het)	**kosárlabda**	[koʃa:rlɒbdɒ]
basketbalspeler (de)	**kosárlabdázó**	[koʃa:rlɒbda:zo:]
baseball (het)	**baseball**	[bɛjsbɒll]
baseballspeler (de)	**baseballjátékos**	[bɛjsbɒll ja:te:koʃ]
voetbal (het)	**futball, foci**	[futbɒll], [fotsi]
voetballer (de)	**futballista**	[futbɒlliʃtɒ]
doelman (de)	**kapus**	[kɒpuʃ]
hockey (het)	**jégkorong**	[je:gkoroŋg]
hockeyspeler (de)	**jégkorongjátékos**	[je:gkoroŋg ja:te:koʃ]
volleybal (het)	**röplabda**	[røplɒbdɒ]
volleybalspeler (de)	**röplabdázó**	[røplɒbda:zo:]
boksen (het)	**boksz**	[boks]
bokser (de)	**bokszoló**	[boksolo:]
worstelen (het)	**birkózás**	[birko:za:ʃ]
worstelaar (de)	**birkózó**	[birko:zo:]
karate (de)	**karate**	[kɒrɒtɛ]
karateka (de)	**karatés**	[kɒrɒte:ʃ]
judo (de)	**cselgáncs**	[ʧɛlga:nʧ]
judoka (de)	**cselgáncsozó**	[ʧɛlga:nʧozo:]
tennis (het)	**tenisz**	[tɛnis]
tennisspeler (de)	**teniszjátékos**	[tɛnis ja:te:koʃ]
zwemmen (het)	**úszás**	[u:sa:ʃ]
zwemmer (de)	**úszó**	[u:so:]
schermen (het)	**vívás**	[vi:va:ʃ]
schermer (de)	**vívó**	[vi:vo:]
schaak (het)	**sakk**	[ʃɒkk]
schaker (de)	**sakkozó**	[ʃɒkkozo:]
alpinisme (het)	**alpinizmus**	[ɒlpinizmuʃ]
alpinist (de)	**alpinista**	[ɒlpiniʃtɒ]
hardlopen (het)	**futás**	[futa:ʃ]

renner (de)	**futó**	[futo:]
atletiek (de)	**atlétika**	[ɒtle:tikɒ]
atleet (de)	**atléta**	[ɒtle:tɒ]
paardensport (de)	**lovassport**	[lovɒʃport]
ruiter (de)	**lovas**	[lovɒʃ]
kunstschaatsen (het)	**műkorcsolyázás**	[my:kortʃoja:za:ʃ]
kunstschaatser (de)	**műkorcsolyázó**	[my:kortʃoja:zo:]
kunstschaatsster (de)	**műkorcsolyázó nő**	[my:kortʃoja:zo: nø:]
gewichtheffen (het)	**súlyemelés**	[ʃu:jɛmɛle:ʃ]
autoraces (mv.)	**autóverseny**	[ɒuto:vɛrʃɛɲ]
coureur (de)	**autóversenyző**	[ɒuto:vɛrʃɛɲzø:]
wielersport (de)	**kerékpározás**	[kɛre:kpa:roza:ʃ]
wielrenner (de)	**kerékpáros**	[kɛre:kpa:roʃ]
verspringen (het)	**távolugrás**	[ta:volugra:ʃ]
polsstokspringen (het)	**rúdugrás**	[ru:dugra:ʃ]
verspringer (de)	**ugró**	[ugro:]

114. Soorten sporten. Diversen

Amerikaans voetbal (het)	**amerikai futball**	[ɒmɛrikɒi futbɒll]
badminton (het)	**tollaslabda**	[tollɒʃlɒbdɒ]
biatlon (de)	**biatlon**	[biɒtlon]
biljart (het)	**biliárd**	[bilia:rd]
bobsleeën (het)	**bob**	[bob]
bodybuilding (de)	**testépítés**	[tɛʃte:pi:te:ʃ]
waterpolo (het)	**vízilabda**	[vi:zilɒbdɒ]
handbal (de)	**kézilabda**	[ke:zilɒbdɒ]
golf (het)	**golf**	[golf]
roeisport (de)	**evezés**	[ɛvɛze:ʃ]
duiken (het)	**búvárkodás**	[bu:va:rkoda:ʃ]
langlaufen (het)	**síverseny**	[ʃi:vɛrʃɛɲ]
tafeltennis (het)	**asztali tenisz**	[ɒstɒli tɛnis]
zeilen (het)	**vitorlázás**	[vitorla:za:ʃ]
rally (de)	**rali**	[rɒli]
rugby (het)	**rögbi**	[røgbi]
snowboarden (het)	**hódeszka**	[ho:dɛskɒ]
boogschieten (het)	**íjászat**	[i:ja:sɒt]

115. Fitnessruimte

lange halter (de)	**súlyzó**	[ʃu:jzo:]
halters (mv.)	**súlyozók**	[ʃu:jozo:k]
training machine (de)	**gyakorló berendezés**	[ɟokorlo: bɛrɛnɛze:ʃ]
hometrainer (de)	**szobakerékpár**	[sobɒkɛre:kpa:r]

loopband (de)	**futószalag**	[futo:sɒlɒg]
rekstok (de)	**nyújtó**	[ɲu:jto:]
brug (de) gelijke leggers	**korlát**	[korla:t]
paardsprong (de)	**ló**	[lo:]
mat (de)	**ugrószőnyeg**	[ugro: sø:nɛg]
aerobics (de)	**aerobik**	[ɒɛrobik]
yoga (de)	**jóga**	[jo:gɒ]

116. Sporten. Diversen

Olympische Spelen (mv.)	**Olimpiai játékok**	[olimpiɒi ja:te:kok]
winnaar (de)	**győztes**	[ɟø:ztɛʃ]
overwinnen (ww)	**győz**	[ɟø:z]
winnen (ww)	**legyőz**	[lɛɟø:z]
leider (de)	**vezető**	[vɛzɛtø:]
leiden (ww)	**vezet**	[vɛzɛt]
eerste plaats (de)	**első helyezés**	[ɛlʃø: hɛjɛze:ʃ]
tweede plaats (de)	**második helyezés**	[ma:ʃodik hɛjɛze:ʃ]
derde plaats (de)	**harmadik helyezés**	[hɒrmɒdik hɛjɛze:ʃ]
medaille (de)	**érem**	[e:rɛm]
trofee (de)	**trófea**	[tro:fɛɒ]
beker (de)	**kupa**	[kupɒ]
prijs (de)	**díj**	[di:j]
hoofdprijs (de)	**első díj**	[ɛlʃø: di:j]
record (het)	**csúcseredmény**	[ʧu:ʧɛrɛdme:ɲ]
een record breken	**csúcsot állít fel**	[ʧu:ʧot a:lli:t fɛl]
finale (de)	**döntő**	[døntø:]
finale (bn)	**döntő**	[døntø:]
kampioen (de)	**bajnok**	[bɒjnok]
kampioenschap (het)	**bajnokság**	[bɒjnokʃa:g]
stadion (het)	**stadion**	[ʃtɒdion]
tribune (de)	**lelátó**	[lɛla:to:]
fan, supporter (de)	**szurkoló**	[surkolo:]
tegenstander (de)	**ellenség**	[ɛllɛnʃe:g]
start (de)	**rajt**	[rɒjt]
finish (de)	**finis**	[finiʃ]
nederlaag (de)	**vereség**	[vɛrɛʃe:g]
verliezen (ww)	**elveszít**	[ɛlvɛsi:t]
rechter (de)	**bíró**	[bi:ro:]
jury (de)	**zsűri**	[ʒy:ri]
stand (~ is 3-1)	**eredmény**	[ɛrɛdme:ɲ]
gelijkspel (het)	**döntetlen**	[døntɛtlɛn]
in gelijk spel eindigen	**döntetlenre játszik**	[døntɛtlɛnrɛ ja:tsik]

punt (het)	**pont**	[pont]
uitslag (de)	**eredmény**	[ɛrɛdme:ɲ]
pauze (de)	**szünet**	[synɛt]
doping (de)	**dopping**	[dopiŋg]
straffen (ww)	**megbüntet**	[mɛgbyntɛt]
diskwalificeren (ww)	**diszkvalifikál**	[diskvɒlifika:l]
toestel (het)	**tornaszer**	[tornɒsɛr]
speer (de)	**gerely**	[gɛrɛj]
kogel (de)	**súly**	[ʃu:j]
bal (de)	**golyó**	[gojo:]
doel (het)	**cél**	[tse:l]
schietkaart (de)	**célpont**	[tse:lpont]
schieten (ww)	**lő**	[lø:]
precies (bijv. precieze schot)	**pontos**	[pontoʃ]
trainer, coach (de)	**edző**	[ɛʤø:]
trainen (ww)	**edz**	[ɛʤ]
zich trainen (ww)	**edzeni magát**	[ɛʤi mɒga:t]
training (de)	**edzés**	[ɛʤe:ʃ]
gymnastiekzaal (de)	**tornaterem**	[tornɒtɛrɛm]
oefening (de)	**gyakorlat**	[ɟokorlɒt]
opwarming (de)	**bemelegítés**	[bɛmɛlɛgi:te:ʃ]

Onderwijs

117. School

school (de)	**iskola**	[iʃkolɒ]
schooldirecteur (de)	**iskolaigazgató**	[iʃkolɒ igɒzgɒto:]
leerling (de)	**diák**	[dia:k]
leerlinge (de)	**diáklány**	[dia:kla:ɲ]
scholier (de)	**diák**	[dia:k]
scholiere (de)	**diáklány**	[dia:kla:ɲ]
leren (lesgeven)	**tanít**	[tɒni:t]
studeren (bijv. een taal ~)	**tanul**	[tɒnul]
van buiten leren	**kívülről tanul**	[ki:vylrø:l tɒnul]
leren (bijv. ~ tellen)	**tanul**	[tɒnul]
in school zijn (schooljongen zijn)	**tanul**	[tɒnul]
naar school gaan	**iskolába jár**	[iʃkola:bɒ ja:r]
alfabet (het)	**ábécé**	[a:be:tse:]
vak (schoolvak)	**tantárgy**	[tɒnta:rɟ]
klaslokaal (het)	**tanterem**	[tɒntɛrɛm]
les (de)	**tanóra**	[tɒno:rɒ]
pauze (de)	**szünet**	[synɛt]
bel (de)	**csengő**	[ʧɛŋgø:]
schooltafel (de)	**pad**	[pɒd]
schoolbord (het)	**tábla**	[ta:blɒ]
cijfer (het)	**jegy**	[jɛɟ]
goed cijfer (het)	**jó jegy**	[jo: jɛɟ]
slecht cijfer (het)	**rossz jegy**	[ross jɛɟ]
een cijfer geven	**jegyet ad**	[jɛɟɛt ɒd]
fout (de)	**hiba**	[hibɒ]
fouten maken	**hibázik**	[hiba:zik]
corrigeren (fouten ~)	**javít**	[jɒvi:t]
spiekbriefje (het)	**puska**	[puʃkɒ]
huiswerk (het)	**házi feladat**	[ha:zi fɛlɒdɒt]
oefening (de)	**gyakorlat**	[ɟokorlɒt]
aanwezig zijn (ww)	**jelen van**	[jɛlɛn vɒn]
absent zijn (ww)	**hiányzik**	[hia:ɲzik]
bestraffen (een stout kind ~)	**büntet**	[byntɛt]
bestraffing (de)	**büntetés**	[byntɛte:ʃ]
gedrag (het)	**magatartás**	[mɒgɒtɒrta:ʃ]

cijferlijst (de)	**iskolai bizonyítvány**	[iʃkolɒi+U3738 bizoɲi:tva:ɲ]
potlood (het)	**ceruza**	[tsɛruzɒ]
gom (de)	**radír**	[rɒdi:r]
krijt (het)	**kréta**	[kre:tɒ]
pennendoos (de)	**tolltartó**	[tolltɒrto:]
boekentas (de)	**iskolatáska**	[iʃkolɒta:ʃkɒ]
pen (de)	**toll**	[toll]
schrift (de)	**füzet**	[fyzɛt]
leerboek (het)	**tankönyv**	[tɒŋkøɲv]
passer (de)	**körző**	[kørzø:]
technisch tekenen (ww)	**rajzol**	[rɒjzol]
technische tekening (de)	**tervrajz**	[tɛrvrɒjz]
gedicht (het)	**vers**	[vɛrʃ]
van buiten (bw)	**kívülről**	[ki:vylrø:l]
van buiten leren	**kívülről tanul**	[ki:vylrø:l tɒnul]
vakantie (de)	**szünet**	[synɛt]
met vakantie zijn	**szünidőt tölti**	[synidø:t tølti]
toets (schriftelijke ~)	**dolgozat**	[dolgozɒt]
opstel (het)	**fogalmazás**	[fogɒlmɒza:ʃ]
dictee (het)	**diktandó**	[diktɒndo:]
examen (het)	**vizsga**	[viʒgɒ]
examen afleggen	**vizsgázik**	[viʒga:zik]
experiment (het)	**kísérlet**	[ki:ʃe:rlɛt]

118. Hogeschool. Universiteit

academie (de)	**akadémia**	[ɒkɒde:miɒ]
universiteit (de)	**egyetem**	[ɛɟɛtɛm]
faculteit (de)	**kar**	[kɒr]
student (de)	**diák**	[dia:k]
studente (de)	**diáklány**	[dia:kla:ɲ]
leraar (de)	**tanár**	[tɒna:r]
collegezaal (de)	**tanterem**	[tɒntɛrɛm]
afgestudeerde (de)	**végzős**	[ve:gzø:ʃ]
diploma (het)	**szakdolgozat**	[sɒgdolgozɒt]
dissertatie (de)	**disszertáció**	[dissɛrta:tsio:]
onderzoek (het)	**kutatás**	[kutɒta:ʃ]
laboratorium (het)	**laboratórium**	[lɒborɒto:rium]
college (het)	**előadás**	[ɛlø:ɒda:ʃ]
medestudent (de)	**évfolyamtárs**	[e:vfojɒm ta:rʃ]
studiebeurs (de)	**ösztöndíj**	[østøndi:j]
academische graad (de)	**tudományos fokozat**	[tudoma:nøʃ fokozɒt]

119. Wetenschappen. Disciplines

wiskunde (de)	**matematika**	[mɒtɛmɒtikɒ]
algebra (de)	**algebra**	[ɒlgɛbrɒ]
meetkunde (de)	**mértan**	[me:rtɒn]
astronomie (de)	**csillagászat**	[ʧillɒga:sɒt]
biologie (de)	**biológia**	[biolo:giɒ]
geografie (de)	**földrajz**	[føldrɒjz]
geologie (de)	**földtan**	[føltton]
geschiedenis (de)	**történelem**	[tørte:nɛlɛm]
geneeskunde (de)	**orvostudomány**	[orvoʃtudoma:ɲ]
pedagogiek (de)	**pedagógia**	[pɛdɒgo:giɒ]
rechten (mv.)	**jog**	[jog]
fysica, natuurkunde (de)	**fizika**	[fizikɒ]
scheikunde (de)	**kémia**	[ke:miɒ]
filosofie (de)	**filozófia**	[filozo:fiɒ]
psychologie (de)	**lélektan**	[le:lɛktɒn]

120. Schrift. Spelling

grammatica (de)	**nyelvtan**	[ɲɛlvtɒn]
vocabulaire (het)	**szókincs**	[so:kinʧ]
fonetiek (de)	**hangtan**	[hɒŋgtɒn]
zelfstandig naamwoord (het)	**főnév**	[fø:ne:v]
bijvoeglijk naamwoord (het)	**melléknév**	[mɛlle:kne:v]
werkwoord (het)	**ige**	[igɛ]
bijwoord (het)	**határozószó**	[hɒta:rozo:so:]
voornaamwoord (het)	**névmás**	[ne:vma:ʃ]
tussenwerpsel (het)	**indulatszó**	[indulɒtso:]
voorzetsel (het)	**elöljárószó**	[ɛlølja:ro:so:]
stam (de)	**szógyök**	[so:ɟøk]
achtervoegsel (het)	**végződés**	[ve:gzø:de:ʃ]
voorvoegsel (het)	**prefixum**	[prɛfiksum]
lettergreep (de)	**szótag**	[so:tɒg]
achtervoegsel (het)	**rag**	[rɒg]
nadruk (de)	**hangsúly**	[hɒŋgʃu:j]
afkappingsteken (het)	**aposztróf**	[ɒpostro:f]
punt (de)	**pont**	[pont]
komma (de/het)	**vessző**	[vɛssø:]
puntkomma (de)	**pontosvessző**	[pontoʃvɛssø:]
dubbelpunt (de)	**kettőspont**	[kɛttø:ʃpont]
beletselteken (het)	**három pont**	[ha:rom pont]
vraagteken (het)	**kérdőjel**	[ke:rdø:jɛl]
uitroepteken (het)	**felkiáltójel**	[fɛlkia:lto:jɛl]

aanhalingstekens (mv.)	**idézőjel**	[ide:zø:jɛl]
tussen aanhalingstekens (bw)	**idézőjelben**	[ide:zø:jɛlbɛn]
haakjes (mv.)	**zárójel**	[za:ro:jɛl]
tussen haakjes (bw)	**zárójelben**	[za:ro:jɛlbɛn]
streepje (het)	**kötőjel**	[køtø:jɛl]
gedachtestreepje (het)	**gondolatjel**	[gondolɒtjɛl]
spatie (~ tussen twee woorden)	**szóköz**	[so:køz]
letter (de)	**betű**	[bɛty:]
hoofdletter (de)	**nagybetű**	[nɒɟbɛty:]
klinker (de)	**magánhangzó**	[mɒga:nhɒŋgzo:]
medeklinker (de)	**mássalhangzó**	[ma:ʃɒlhɒŋgzo:]
zin (de)	**mondat**	[mondɒt]
onderwerp (het)	**alany**	[ɒlɒɲ]
gezegde (het)	**állítmány**	[a:lli:tma:ɲ]
regel (in een tekst)	**sor**	[ʃor]
op een nieuwe regel (bw)	**egy új sorban**	[ɛɟ: u:j ʃorbɒn]
alinea (de)	**bekezdés**	[bɛkɛzde:ʃ]
woord (het)	**szó**	[so:]
woordgroep (de)	**összetett szavak**	[øs:ɛtɛtt sɒvɒk]
uitdrukking (de)	**kifejezés**	[kifɛjɛze:ʃ]
synoniem (het)	**szinonima**	[sinonimɒ]
antoniem (het)	**antoníma**	[ɒntoni:mɒ]
regel (de)	**szabály**	[sɒba:j]
uitzondering (de)	**kivétel**	[kive:tɛl]
correct (bijv. ~e spelling)	**helyes**	[hɛjɛʃ]
vervoeging, conjugatie (de)	**igeragozás**	[igɛrɒgoza:ʃ]
verbuiging, declinatie (de)	**névszóragozás**	[ne:vso:rɒgoza:ʃ]
naamval (de)	**eset**	[ɛʃɛt]
vraag (de)	**kérdés**	[ke:rde:ʃ]
onderstrepen (ww)	**aláhúz**	[ɒla:hu:z]
stippellijn (de)	**kipontozott vonal**	[kipontozott vonɒl]

121. Vreemde talen

taal (de)	**nyelv**	[ɲɛlv]
vreemde taal (de)	**idegen nyelv**	[idɛgɛn ɲɛlv]
leren (bijv. van buiten ~)	**tanul**	[tɒnul]
studeren (Nederlands ~)	**tanul**	[tɒnul]
lezen (ww)	**olvas**	[olvɒʃ]
spreken (ww)	**beszél**	[bɛse:l]
begrijpen (ww)	**ért**	[e:rt]
schrijven (ww)	**ír**	[i:r]
snel (bw)	**gyorsan**	[ɟørʃɒn]
langzaam (bw)	**lassan**	[lɒʃɒn]

vloeiend (bw)	**folyékonyan**	[foje:koɲɒn]
regels (mv.)	**szabályok**	[sɒba:jok]
grammatica (de)	**nyelvtan**	[ɲɛlvtɒn]
vocabulaire (het)	**szókincs**	[so:kintʃ]
fonetiek (de)	**hangtan**	[hɒŋgtɒn]
leerboek (het)	**tankönyv**	[tɒŋkøɲv]
woordenboek (het)	**szótár**	[so:ta:r]
leerboek (het) voor zelfstudie	**önálló tanulásra szolgáló könyv**	[øna:llo: tɒnula:ʃrɒ solga:lo: køɲv]
taalgids (de)	**társalgási nyelvkönyv**	[ta:rʃɒlga:ʃi nɛlvkøɲv]
cassette (de)	**kazetta**	[kɒzɛttɒ]
videocassette (de)	**videokazetta**	[fidɛokɒzɛttɒ]
CD (de)	**CDlemez**	[tsɛdɛlɛmɛz]
DVD (de)	**DVDlemez**	[dɛvɛdɛlɛmɛz]
alfabet (het)	**ábécé**	[a:be:tse:]
spellen (ww)	**betűz**	[bɛty:z]
uitspraak (de)	**kiejtés**	[kiɛjte:ʃ]
accent (het)	**akcentus**	[ɒktsɛntuʃ]
met een accent (bw)	**akcentussal**	[ɒktsɛntuʃɒl]
zonder accent (bw)	**akcentus nélkül**	[ɒktsɛntuʃ ne:lkyl]
woord (het)	**szó**	[so:]
betekenis (de)	**értelem**	[e:rtɛlɛm]
cursus (de)	**tanfolyam**	[tɒnfojɒm]
zich inschrijven (ww)	**jelentkezik**	[jɛlɛntkɛzik]
leraar (de)	**tanár**	[tɒna:r]
vertaling (een ~ maken)	**fordítás**	[fordi:ta:ʃ]
vertaling (tekst)	**fordítás**	[fordi:ta:ʃ]
vertaler (de)	**fordító**	[fordi:to:]
tolk (de)	**tolmács**	[tolma:tʃ]
polyglot (de)	**poliglott**	[poliglott]
geheugen (het)	**emlékezet**	[ɛmle:kɛzɛt]

122. Sprookjesfiguren

Sinterklaas (de)	**Mikulás**	[mikula:ʃ]
zeemeermin (de)	**sellő**	[ʃɛllø:]
magiër, tovenaar (de)	**varázsló**	[vɒra:ʒlo:]
goede heks (de)	**varázslónő**	[vɒra:ʒlo:nø:]
magisch (bn)	**varázslatos**	[vɒra:ʒlɒtoʃ]
toverstokje (het)	**varázsvessző**	[vɒra:ʒvɛssø:]
sprookje (het)	**mese**	[mɛʃɛ]
wonder (het)	**csoda**	[tʃodɒ]
dwerg (de)	**törpe**	[tørpɛ]
veranderen in ... (anders worden)	**átváltozik ... vé**	[a:tva:ltozik ... ve:]

geest (de)	**szellem**	[sɛllɛm]
spook (het)	**kísértet**	[ki:ʃe:rtɛt]
monster (het)	**szörny**	[sørɲ]
draak (de)	**sárkány**	[ʃa:rka:ɲ]
reus (de)	**óriás**	[o:ria:ʃ]

123. Dierenriem

Ram (de)	**Kos**	[koʃ]
Stier (de)	**Bika**	[bikɒ]
Tweelingen (mv.)	**Ikrek**	[ikrɛk]
Kreeft (de)	**Rák**	[ra:k]
Leeuw (de)	**Oroszlán**	[orosla:n]
Maagd (de)	**Szűz**	[sy:z]
Weegschaal (de)	**Mérleg**	[me:rlɛg]
Schorpioen (de)	**skorpió**	[ʃkorpio:]
Boogschutter (de)	**Nyilas**	[ɲilɒʃ]
Steenbok (de)	**Bak**	[bɒk]
Waterman (de)	**Vízöntő**	[vi:zøntø:]
Vissen (mv.)	**Halak**	[hɒlɒk]
karakter (het)	**jellem**	[jɛllɛm]
karaktertrekken (mv.)	**jellemvonás**	[jɛllɛmvona:ʃ]
gedrag (het)	**magatartás**	[mɒgɒtɒrta:ʃ]
waarzeggen (ww)	**jósol**	[jo:ʃol]
waarzegster (de)	**jósnő**	[jo:ʃnø:]
horoscoop (de)	**horoszkóp**	[horosko:p]

Kunst

124. Theater

theater (het)	**színház**	[si:nha:z]
opera (de)	**opera**	[opɛrɒ]
operette (de)	**operett**	[opɛrɛtt]
ballet (het)	**balett**	[bɒlɛtt]
affiche (de/het)	**plakát**	[plɒka:t]
theatergezelschap (het)	**társulat**	[ta:rʃulɒt]
tournee (de)	**vendégszereplés**	[vɛnde:gsɛrɛple:ʃ]
op tournee zijn	**vendégszerepel**	[vɛnde:gsɛrɛpɛl]
repeteren (ww)	**próbál**	[pro:ba:l]
repetitie (de)	**próba**	[pro:bɒ]
repertoire (het)	**műsorterv**	[my:ʃortɛrv]
voorstelling (de)	**előadás**	[ɛlø:ɒda:ʃ]
spektakel (het)	**színházi előadás**	[si:nha:zi ɛlø:ɒda:ʃ]
toneelstuk (het)	**színdarab**	[si:ndɒrɒb]
biljet (het)	**jegy**	[jɛɟ]
kassa (de)	**jegypénztár**	[jɛɟpe:nzta:r]
foyer (de)	**előcsarnok**	[ɛlø:ʧɒrnok]
garderobe (de)	**ruhatár**	[ruhɒta:r]
garderobe nummer (het)	**szám**	[sa:m]
verrekijker (de)	**látcső**	[la:ʧø:]
plaatsaanwijzer (de)	**jegyszedő**	[jɛɟsɛdø:]
parterre (de)	**földszint**	[føldsint]
balkon (het)	**erkély**	[ɛrke:j]
gouden rang (de)	**első emelet**	[ɛlʃø: ɛmɛlɛt]
loge (de)	**páholy**	[pa:hoj]
rij (de)	**sor**	[ʃor]
plaats (de)	**hely**	[hɛj]
publiek (het)	**közönség**	[køzønʃe:g]
kijker (de)	**néző**	[ne:zø:]
klappen (ww)	**tapsol**	[tɒpʃol]
applaus (het)	**taps**	[tɒpʃ]
ovatie (de)	**ováció**	[ova:tsio:]
toneel (op het ~ staan)	**színpad**	[si:npɒd]
gordijn, doek (het)	**függöny**	[fyggøɲ]
toneeldecor (het)	**díszlet**	[di:slɛt]
backstage (de)	**kulisszák**	[kulissa:k]
scène (de)	**jelenet**	[jɛlɛnɛt]
bedrijf (het)	**felvonás**	[fɛlvona:ʃ]
pauze (de)	**szünet**	[synɛt]

125. Bioscoop

acteur (de)	**színész**	[si:ne:s]
actrice (de)	**színésznő**	[si:ne:snø:]
bioscoop (de)	**mozi**	[mozi]
speelfilm (de)	**film**	[film]
aflevering (de)	**sorozat**	[ʃorozɒt]
detectivefilm (de)	**krimi**	[krimi]
actiefilm (de)	**akciófilm**	[ɒktsi:ofilm]
avonturenfilm (de)	**kalandfilm**	[kɒlɒndfilm]
sciencefictionfilm (de)	**fantasztikus film**	[fɒntɒstikuʃ film]
griezelfilm (de)	**horrorfilm**	[horrorfilm]
komedie (de)	**filmvígjáték**	[filmvi:g ja:te:k]
melodrama (het)	**zenés dráma**	[zɛne:ʃ dra:mɒ]
drama (het)	**dráma**	[dra:mɒ]
speelfilm (de)	**játékfilm**	[ja:te:kfilm]
documentaire (de)	**dokumentumfilm**	[dokumɛntumfilm]
tekenfilm (de)	**rajzfilm**	[rɒjzfilm]
stomme film (de)	**némafilm**	[ne:mɒfilm]
rol (de)	**szerep**	[sɛrɛp]
hoofdrol (de)	**főszerep**	[fø:sɛrɛp]
spelen (ww)	**szerepel**	[sɛrɛpɛl]
filmster (de)	**filmcsillag**	[filmʧillɒg]
bekend (bn)	**ismert**	[iʃmɛrt]
beroemd (bn)	**híres**	[hi:rɛʃ]
populair (bn)	**népszerű**	[ne:psɛry:]
scenario (het)	**forgatókönyv**	[forgɒto:køɲv]
scenarioschrijver (de)	**forgatókönyvíró**	[forgɒto:køɲvi:ro:]
regisseur (de)	**rendező**	[rɛndɛzø:]
filmproducent (de)	**producer**	[produsɛr]
assistent (de)	**asszisztens**	[ɒssistɛnʃ]
cameraman (de)	**operatőr**	[opɛrɒtø:r]
stuntman (de)	**kaszkadőr**	[kɒskɒdø:r]
een film maken	**filmet forgat**	[filmɛt forgɒt]
auditie (de)	**próba**	[pro:bɒ]
opnamen (mv.)	**felvétel**	[fɛlve:tɛl]
filmploeg (de)	**forgatócsoport**	[forgɒto:ʧoport]
filmset (de)	**forgatási helyszín**	[forgɒta:ʃi hɛjsi:n]
filmcamera (de)	**kamera**	[kɒmɛrɒ]
bioscoop (de)	**mozi**	[mozi]
scherm (het)	**vászon**	[va:son]
een film vertonen	**filmet mutat**	[filmɛt mutɒt]
geluidsspoor (de)	**hangsáv**	[hɒŋgʃa:v]
speciale effecten (mv.)	**speciális effektusok**	[ʃpɛtsja:liʃ ɛf:ɛktuʃok]
ondertiteling (de)	**feliratok**	[fɛlirɒtok]

voortiteling, aftiteling (de)	**közreműködők felsorolása**	[køzrɛmy:kødø:k fɛlʃorola:sa]
vertaling (de)	**fordítás**	[fordi:ta:ʃ]

126. Schilderij

kunst (de)	**művészet**	[my:ve:sɛt]
schone kunsten (mv.)	**képzőművészet**	[ke:pzø:my:ve:sɛt]
kunstgalerie (de)	**galéria**	[gɒle:riɒ]
kunsttentoonstelling (de)	**tárlat**	[ta:rlɒt]
schilderkunst (de)	**festészet**	[fɛʃte:sɛt]
grafiek (de)	**grafika**	[grɒfikɒ]
abstracte kunst (de)	**absztrakt művészet**	[ɒbstrɒkt my:ve:sɛt]
impressionisme (het)	**impresszionizmus**	[imprɛssionizmuʃ]
schilderij (het)	**kép**	[ke:p]
tekening (de)	**rajz**	[rɒjz]
poster (de)	**poszter**	[postɛr]
illustratie (de)	**illusztráció**	[illustra:tsio:]
miniatuur (de)	**miniatűr**	[miniɒty:r]
kopie (de)	**másolat**	[ma:ʃolɒt]
reproductie (de)	**reprodukció**	[rɛproduktsio:]
mozaïek (het)	**mozaik**	[mozɒik]
gebrandschilderd glas (het)	**színes üvegablak**	[si:nɛʃ yvɛgɒblɒk]
fresco (het)	**freskó**	[frɛʃko:]
gravure (de)	**metszet**	[mɛtsɛt]
buste (de)	**mellszobor**	[mɛllsobor]
beeldhouwwerk (het)	**szobor**	[sobor]
beeld (bronzen ~)	**szobor**	[sobor]
gips (het)	**gipsz**	[gips]
gipsen (bn)	**gipsz**	[gips]
portret (het)	**arckép**	[ɒrtske:p]
zelfportret (het)	**önarckép**	[ønɒrtske:p]
landschap (het)	**tájkép**	[ta:jke:p]
stilleven (het)	**csendélet**	[ʧɛnde:lɛt]
karikatuur (de)	**karikatúra**	[kɒrikɒtu:rɒ]
verf (de)	**festék**	[fɛʃte:k]
aquarel (de)	**vízfesték**	[vi:zfɛʃte:k]
olieverf (de)	**olaj**	[olɒj]
potlood (het)	**ceruza**	[tsɛruzɒ]
Oost-Indische inkt (de)	**tus**	[tuʃ]
houtskool (de)	**szén**	[se:n]
tekenen (met krijt)	**rajzol**	[rɒjzol]
schilderen (ww)	**fest**	[fɛʃt]
poseren (ww)	**pózol**	[po:zol]
naaktmodel (man)	**modell**	[modɛll]
naaktmodel (vrouw)	**modell**	[modɛll]

kunstenaar (de)	**festő**	[fɛʃtø:]
kunstwerk (het)	**műalkotás**	[my:ɒlkota:ʃ]
meesterwerk (het)	**remekmű**	[rɛmɛkmy:]
studio, werkruimte (de)	**műhely**	[my:hɛj]
schildersdoek (het)	**vászon**	[va:son]
schildersezel (de)	**festőállvány**	[fɛʃtø:a:llva:ɲ]
palet (het)	**paletta**	[pɒlɛttɒ]
lijst (een vergulde ~)	**keret**	[kɛrɛt]
restauratie (de)	**helyreállítás**	[hɛjrɛa:lli:ta:ʃ]
restaureren (ww)	**helyreállít**	[hɛjrɛa:lli:t]

127. Literatuur & Poëzie

literatuur (de)	**irodalom**	[irodɒlom]
auteur (de)	**szerző**	[sɛrzø:]
pseudoniem (het)	**álnév**	[a:lne:v]
boek (het)	**könyv**	[køɲv]
boekdeel (het)	**kötet**	[køtɛt]
inhoudsopgave (de)	**tartalomjegyzék**	[tɒrtɒlomjɛɟze:k]
pagina (de)	**oldal**	[oldɒl]
hoofdpersoon (de)	**főszereplő**	[fø:sɛrɛplø:]
handtekening (de)	**autogram**	[autogram]
verhaal (het)	**rövid történet**	[røvid tørte:nɛt]
novelle (de)	**elbeszélés**	[ɛlbɛse:le:ʃ]
roman (de)	**regény**	[rɛge:ɲ]
werk (literatuur)	**alkotás**	[ɒlkota:ʃ]
fabel (de)	**állatmese**	[a:llɒtmɛʃɛ]
detectiveroman (de)	**krimi**	[krimi]
gedicht (het)	**vers**	[vɛrʃ]
poëzie (de)	**költészet**	[kølte:sɛt]
epos (het)	**költemény, vers**	[køltɛme:ɲ], [vɛrʃ]
dichter (de)	**költő**	[køltø:]
fictie (de)	**szépirodalom**	[se:pirodɒlom]
sciencefiction (de)	**scifi**	[stsifi], [skifi]
avonturenroman (de)	**kalandok**	[kɒlɒndok]
opvoedkundige literatuur (de)	**tanító irodalom**	[tɒni:to: irodɒlom]
kinderliteratuur (de)	**gyermekirodalom**	[ɟɛrmɛk irodɒlom]

128. Circus

circus (de/het)	**cirkusz**	[tsirkus]
chapiteau circus (de/het)	**vándorcirkusz**	[va:ndortsirkus]
programma (het)	**műsor**	[my:ʃor]
voorstelling (de)	**előadás**	[ɛlø:ɒda:ʃ]
nummer (circus ~)	**műsorszám**	[my:ʃorsa:m]
arena (de)	**aréna**	[ɒre:nɒ]

pantomime (de)	**némajáték**	[ne:mɒja:te:k]
clown (de)	**bohóc**	[boho:ts]
acrobaat (de)	**akrobata**	[ɒkrobɒtɒ]
acrobatiek (de)	**akrobatika**	[ɒkrobɒtikɒ]
gymnast (de)	**tornász**	[torna:s]
gymnastiek (de)	**torna**	[tornɒ]
salto (de)	**szaltó**	[sɒlto:]
sterke man (de)	**atléta**	[ɒtle:tɒ]
temmer (de)	**állatszelídítő**	[a:llɒt sɛli:di:to:]
ruiter (de)	**lovas**	[lovɒʃ]
assistent (de)	**asszisztens**	[ɒssistɛnʃ]
stunt (de)	**mutatvány**	[mutɒtva:ɲ]
goocheltruc (de)	**bűvészmutatvány**	[by:ve:smutɒtva:ɲ]
goochelaar (de)	**bűvész**	[by:ve:s]
jongleur (de)	**zsonglőr**	[ʒoŋglø:r]
jongleren (ww)	**zsonglőrködik**	[ʒoŋglø:rkødik]
dierentrainer (de)	**idomár**	[idoma:r]
dressuur (de)	**idomítás**	[idomi:ta:ʃ]
dresseren (ww)	**idomít**	[idomi:t]

129. Muziek. Popmuziek

muziek (de)	**zene**	[zɛnɛ]
muzikant (de)	**zenész**	[zɛne:s]
muziekinstrument (het)	**hangszer**	[hɒŋgsɛr]
spelen (bijv. gitaar ~)	**játszani**	[ja:tzɒni]
gitaar (de)	**gitár**	[gita:r]
viool (de)	**hegedű**	[hɛgɛdy:]
cello (de)	**cselló**	[ʧɛllo:]
contrabas (de)	**nagybőgő**	[nɒɟbø:gø:]
harp (de)	**hárfa**	[ha:rfɒ]
piano (de)	**zongora**	[zoŋgorɒ]
vleugel (de)	**zongora**	[zoŋgorɒ]
orgel (het)	**orgona**	[orgonɒ]
blaasinstrumenten (mv.)	**fúvós hangszer**	[fu:vo:ʃ hɒŋgsɛr]
hobo (de)	**oboa**	[obоɒ]
saxofoon (de)	**szakszofon**	[sɒksofon]
klarinet (de)	**klarinét**	[klɒrine:t]
fluit (de)	**fuvola**	[fuvolɒ]
trompet (de)	**trombita**	[trombitɒ]
accordeon (de/het)	**harmonika**	[hɒrmonikɒ]
trommel (de)	**dob**	[dob]
duet (het)	**duett**	[duɛtt]
trio (het)	**trió**	[trio:]
kwartet (het)	**kvartett**	[kvɒrtɛtt]

koor (het)	**énekkar**	[e:nɛkkɒr]
orkest (het)	**zenekar**	[zɛnɛkɒr]
popmuziek (de)	**popzene**	[popzɛnɛ]
rockmuziek (de)	**rockzene**	[rokzɛnɛ]
rockgroep (de)	**rockegyüttes**	[rokɛɟyttɛʃ]
jazz (de)	**dzsessz**	[ʤɛs:]
idool (het)	**bálvány**	[ba:lva:ɲ]
bewonderaar (de)	**rajongó**	[rɒjoŋgo:]
concert (het)	**hangverseny**	[hɒŋgvɛrʃɛɲ]
symfonie (de)	**szimfónia**	[simfo:niɒ]
compositie (de)	**szerzemény**	[sɛrzɛme:ɲ]
zang (de)	**éneklés**	[e:nɛkle:ʃ]
lied (het)	**dal**	[dɒl]
melodie (de)	**dallam**	[dɒllɒm]
ritme (het)	**ritmus**	[ritmuʃ]
blues (de)	**blues**	[blyz]
bladmuziek (de)	**kották**	[kotta:k]
dirigeerstok (baton)	**karmesteri pálca**	[kɒrmɛʃtɛri pa:ltsɒ]
strijkstok (de)	**vonó**	[vono:]
snaar (de)	**húr**	[hu:r]
koffer (de)	**tartó**	[tɒrto:]

Rusten. Entertainment. Reizen

130. Trip. Reizen

toerisme (het)	**turizmus**	[turizmuʃ]
toerist (de)	**turista**	[turiʃtɒ]
reis (de)	**utazás**	[utɒza:ʃ]
avontuur (het)	**kaland**	[kɒlɒnd]
tocht (de)	**utazás**	[utɒza:ʃ]
vakantie (de)	**szabadság**	[sɒbɒdʃa:g]
met vakantie zijn	**szabadságon van**	[sɒbɒdʃa:gon vɒn]
rust (de)	**pihenés**	[pihɛne:ʃ]
trein (de)	**vonat**	[vonɒt]
met de trein	**vonattal**	[vonɒttɒl]
vliegtuig (het)	**repülőgép**	[rɛpylø:ge:p]
met het vliegtuig	**repülőgéppel**	[rɛpylø:ge:ppɛl]
met de auto	**autóval**	[ɒuto:vɒl]
per schip (bw)	**hajóval**	[hɒjo:vɒl]
bagage (de)	**csomag**	[ʧomɒg]
valies (de)	**bőrönd**	[bø:rønd]
bagagekarretje (het)	**kocsi**	[koʧi]
paspoort (het)	**útlevél**	[u:tlɛve:l]
visum (het)	**vízum**	[vi:zum]
kaartje (het)	**jegy**	[jɛɟ]
vliegticket (het)	**repülőjegy**	[rɛpylø:jɛɟ]
reisgids (de)	**útikalauz**	[u:tikɒlɒuz]
kaart (de)	**térkép**	[te:rke:p]
gebied (landelijk ~)	**vidék**	[vide:k]
plaats (de)	**hely**	[hɛj]
exotische bestemming (de)	**egzotikum**	[ɛgzotikum]
exotisch (bn)	**egzotikus**	[ɛgzotikuʃ]
verwonderlijk (bn)	**csodálatos**	[ʧoda:lɒtoʃ]
groep (de)	**csoport**	[ʧoport]
rondleiding (de)	**kirándulás**	[kira:ndula:ʃ]
gids (de)	**idegenvezető**	[idɛgɛn vɛzɛtø:]

131. Hotel

hotel (het)	**szálloda**	[sa:llodɒ]
motel (het)	**motel**	[motɛl]
3-sterren	**három csillagos**	[ha:rom ʧillɒgoʃ]

5-sterren	**öt csillagos**	[øt ʧillɒgoʃ]
overnachten (ww)	**megszáll**	[mɛgsa:ll]
kamer (de)	**szoba**	[sobɒ]
eenpersoonskamer (de)	**egyágyas szoba**	[ɛɟa:ɟɒʃ sobɒ]
tweepersoonskamer (de)	**kétágyas szoba**	[ke:ta:ɟoʃ sobɒ]
een kamer reserveren	**lefoglal egy szobát**	[lɛfoglɒl ɛɟ soba:t]
halfpension (het)	**félpanzió**	[fe:lpɒnzio:]
volpension (het)	**teljes panzió**	[tɛjɛʃ pɒnzio:]
met badkamer	**fürdőszobával**	[fyrdø:soba:vɒl]
met douche	**zuhannyal**	[zuhɒnnɒl]
satelliet-tv (de)	**műholdas televízió**	[my:holdɒʃ tɛlɛvizio:]
airconditioner (de)	**légkondicionáló**	[le:gkonditsiona:lo:]
handdoek (de)	**törülköző**	[tørylkøzø:]
sleutel (de)	**kulcs**	[kulʧ]
administrateur (de)	**adminisztrátor**	[ɒdministra:tor]
kamermeisje (het)	**szobalány**	[sobɒla:ɲ]
piccolo (de)	**hordár**	[horda:r]
portier (de)	**portás**	[porta:ʃ]
restaurant (het)	**étterem**	[e:ttɛrɛm]
bar (de)	**bár**	[ba:r]
ontbijt (het)	**reggeli**	[rɛggɛli]
avondeten (het)	**vacsora**	[vɒʧorɒ]
buffet (het)	**svédasztal**	[ʃve:dɒstɒl]
lift (de)	**lift**	[lift]
NIET STOREN	**KÉRJÜK, NE ZAVARJANAK!**	[ke:rjyk nɛ zɒvɒrjɒnɒk]
VERBODEN TE ROKEN!	**DOHÁNYOZNI TILOS!**	[doha:nøzni tiloʃ]

132. Boeken. Lezen

boek (het)	**könyv**	[køɲv]
auteur (de)	**szerző**	[sɛrzø:]
schrijver (de)	**író**	[i:ro:]
schrijven (een boek)	**megír**	[mɛgi:r]
lezer (de)	**olvasó**	[olvɒʃo:]
lezen (ww)	**olvas**	[olvɒʃ]
lezen (het)	**olvasás**	[olvɒʃa:ʃ]
stil (~ lezen)	**magában**	[mɒga:bɒn]
hardop (~ lezen)	**hangosan**	[hɒŋgoʃɒn]
uitgeven (boek ~)	**kiad**	[kiɒd]
uitgeven (het)	**kiadás**	[kiɒda:ʃ]
uitgever (de)	**kiadó**	[kiɒdo:]
uitgeverij (de)	**kiadóvállalat**	[kiɒdo: va:llɒlɒt]
verschijnen (bijv. boek)	**megjelenik**	[mɛgjɛlɛnik]
verschijnen (het)	**megjelenés**	[mɛgjɛlɛne:ʃ]

oplage (de)	**példányszám**	[pe:lda:ɲsa:m]
boekhandel (de)	**könyvesbolt**	[køɲvɛʃbolt]
bibliotheek (de)	**könyvtár**	[køɲvta:r]
novelle (de)	**elbeszélés**	[ɛlbɛse:le:ʃ]
verhaal (het)	**rövid történet**	[røvid tørte:nɛt]
roman (de)	**regény**	[rɛge:ɲ]
detectiveroman (de)	**krimi**	[krimi]
memoires (mv.)	**emlékiratok**	[ɛmle:kirɒtok]
legende (de)	**legenda**	[lɛgɛndɒ]
mythe (de)	**mítosz**	[mi:tos]
gedichten (mv.)	**versek**	[vɛrʃɛk]
autobiografie (de)	**önéletrajz**	[øne:lɛtrɒjz]
bloemlezing (de)	**válogatott**	[va:logɒtott]
sciencefiction (de)	**scifi**	[stsifi], [skifi]
naam (de)	**cím**	[tsi:m]
inleiding (de)	**bevezetés**	[bɛvɛzɛte:ʃ]
voorblad (het)	**címlap**	[tsi:mlɒp]
hoofdstuk (het)	**fejezet**	[fɛjɛzɛt]
fragment (het)	**részlet**	[re:slɛt]
episode (de)	**epizód**	[ɛpizo:d]
intrige (de)	**szüzsé**	[syʒe:]
inhoud (de)	**tartalom**	[tɒrtɒlom]
inhoudsopgave (de)	**tartalomjegyzék**	[tɒrtɒlomjɛɟze:k]
hoofdpersonage (het)	**főszereplő**	[fø:sɛrɛplø:]
boekdeel (het)	**kötet**	[køtɛt]
omslag (de/het)	**borítólap**	[bori:to:lɒp]
boekband (de)	**bekötés**	[bɛkøte:ʃ]
bladwijzer (de)	**könyvjelző**	[køɲvjɛlzø:]
pagina (de)	**oldal**	[oldɒl]
bladeren (ww)	**lapoz**	[lɒpoz]
marges (mv.)	**lapszél**	[lɒpse:l]
annotatie (de)	**jegyzet**	[jɛɟzɛt]
opmerking (de)	**megjegyzés**	[mɛgjɛɟze:ʃ]
tekst (de)	**szöveg**	[søvɛg]
lettertype (het)	**betűtípus**	[bɛty:ti:puʃ]
drukfout (de)	**sajtóhiba**	[ʃɒjto:hibɒ]
vertaling (de)	**fordítás**	[fordi:ta:ʃ]
vertalen (ww)	**fordít**	[fordi:t]
origineel (het)	**az eredeti**	[ɒz ɛrɛdɛti]
beroemd (bn)	**híres**	[hi:rɛʃ]
onbekend (bn)	**ismeretlen**	[iʃmɛrɛtlɛn]
interessant (bn)	**érdekes**	[e:rdɛkɛʃ]
bestseller (de)	**bestseller**	[bɛstsɛllɛr]
woordenboek (het)	**szótár**	[so:ta:r]
leerboek (het)	**tankönyv**	[tɒŋkøɲv]
encyclopedie (de)	**enciklopédia**	[ɛntsiklope:diɒ]

133. Jacht. Vissen

jacht (de)	**vadászat**	[vɒda:sɒt]
jagen (ww)	**vadászik**	[vɒda:sik]
jager (de)	**vadász**	[vɒda:s]
schieten (ww)	**lő**	[lø:]
geweer (het)	**puska**	[puʃkɒ]
patroon (de)	**töltény**	[tølte:ɲ]
hagel (de)	**sörét**	[ʃøre:t]
val (de)	**csapda**	[ʧɒbdɒ]
valstrik (de)	**kelepce**	[kɛlɛptsɛ]
een val zetten	**csapdát állít**	[ʧɒpda:t a:lli:t]
stroper (de)	**vadorzó**	[vɒdorzo:]
wild (hot)	**vad**	[vɒd]
jachthond (de)	**vadászkutya**	[vɒda:skucɒ]
safari (de)	**szafári**	[sɒfa:ri]
opgezet dier (het)	**kitömött test**	[kitømøtt tɛʃt]
visser (de)	**halász**	[hɒla:s]
visvangst (de)	**halászat**	[hɒla:sɒt]
vissen (ww)	**halászik**	[hɒla:sik]
hengel (de)	**horgászbot**	[horga:sbot]
vislijn (de)	**horgászzsinór**	[horga:sʒino:r]
haak (de)	**horog**	[horog]
dobber (de)	**úszó**	[u:so:]
aas (het)	**csalétek**	[ʧɒle:tɛk]
de hengel uitwerpen	**bedobja a horgot**	[bɛdobiɒ ɒ horgot]
bijten (ov. de vissen)	**harap**	[hɒrɒp]
vangst (de)	**halászzsákmány**	[hɒla:s ʒa:kma:ɲ]
wak (het)	**lék**	[le:k]
net (het)	**háló**	[ha:lo:]
boot (de)	**csónak**	[ʧo:nɒk]
vissen met netten	**halászik**	[hɒla:sik]
het net uitwerpen	**beveti a hálót**	[bɛvɛti ɒ ha:lo:t]
het net binnenhalen	**kihúzza a hálót**	[kihu:zzɒ ɒ ha:lo:t]
walvisvangst (de)	**bálnavadász**	[ba:lnɒvɒda:s]
walvisvaarder (de)	**bálnavadászhajó**	[ba:lnɒvɒda:shɒjo:]
harpoen (de)	**szigony**	[sigoɲ]

134. Spellen. Biljart

biljart (het)	**biliárd**	[bilia:rd]
biljartzaal (de)	**biliárdszoba**	[bilia:rd sobɒ]
biljartbal (de)	**biliárdgolyó**	[bilia:rdgojo:]
een bal in het gat jagen	**elgurítja a golyót**	[ɛlguri:cɒ ɒ gojo:t]
keu (de)	**dákó**	[da:ko:]
gat (het)	**lyuk**	[juk]

135. Spellen. Speelkaarten

ruiten (mv.)	**káró**	[ka:ro:]
schoppen (mv.)	**pikk**	[pikk]
klaveren (mv.)	**kőr**	[kø:r]
harten (mv.)	**treff**	[trɛff]
aas (de)	**ász**	[a:s]
koning (de)	**király**	[kira:j]
dame (de)	**dáma**	[da:mɒ]
boer (de)	**alsó**	[ɒlʃo:]
speelkaart (de)	**kártya**	[ka:rcɒ]
kaarten (mv.)	**kártyák**	[ka:rca:k]
troef (de)	**adu**	[ɒdu]
pak (het) kaarten	**egy csomag kártya**	[ɛɟ ʧomɒg ka:rcɒ]
uitdelen (kaarten ~)	**kioszt**	[kiost]
schudden (de kaarten ~)	**kever**	[kɛvɛr]
beurt (de)	**lépés**	[le:pe:ʃ]
valsspeler (de)	**csaló**	[ʧɒlo:]

136. Rusten. Spellen. Diversen

wandelen (on.ww.)	**sétál**	[ʃe:ta:l]
wandeling (de)	**séta**	[ʃe:tɒ]
trip (per auto)	**kirándulás**	[kira:ndula:ʃ]
avontuur (het)	**kaland**	[kɒlɒnd]
picknick (de)	**piknik**	[piknik]
spel (het)	**játék**	[ja:te:k]
speler (de)	**játékos**	[ja:te:koʃ]
partij (de)	**játszma**	[ja:tsmɒ]
collectioneur (de)	**gyűjtő**	[ɟy:jtø:]
collectioneren (ww)	**gyűjt**	[ɟy:jt]
collectie (de)	**gyűjtemény**	[ɟy:jtɛme:ɲ]
kruiswoordraadsel (het)	**keresztrejtvény**	[kɛrɛstrɛjtve:ɲ]
hippodroom (de)	**lóversenytér**	[lo:vɛrʃɛɲte:r]
discotheek (de)	**diszkó**	[disko:]
sauna (de)	**szauna**	[sɒunɒ]
loterij (de)	**sorsjáték**	[ʃorʃja:te:k]
trektocht (kampeertocht)	**túra**	[tu:rɒ]
kamp (het)	**tábor**	[ta:bor]
tent (de)	**sátor**	[ʃa:tor]
kompas (het)	**iránytű**	[ira:ɲty:]
rugzaktoerist (de)	**turista**	[turiʃtɒ]
bekijken (een film ~)	**néz**	[ne:z]
kijker (televisie~)	**tévénéző**	[te:ve:ne:zø:]
televisie-uitzending (de)	**tévéprogram**	[te:ve: progrɒm]

137. Fotografie

fotocamera (de)	**fényképezőgép**	[fe:ɲke:pɛzø:ge:p]
foto (de)	**fénykép**	[fe:ɲke:p]
fotograaf (de)	**fényképész**	[fe:ɲke:pe:s]
fotostudio (de)	**fotószalon**	[foto:sɒlon]
fotoalbum (het)	**fényképalbum**	[fe:ɲke:p ɒlbum]
lens (de), objectief (het)	**objektív**	[objɛkti:v]
telelens (de)	**teleobjektív**	[tɛlɛobjɛkti:v]
filter (de/het)	**filter**	[filtɛr]
lens (de)	**lencse**	[lɛnʧɛ]
optiek (de)	**optika**	[optikɒ]
diafragma (het)	**fényrekesz**	[fe:ɲrɛkɛs]
belichtingstijd (de)	**exponálás**	[ɛkspona:la:ʃ]
zoeker (de)	**képkereső**	[ke:pkɛrɛʃø:]
digitale camera (de)	**digitális fényképezőgép**	[digita:liʃ fe:ɲke:pɛzø:ge:p]
statief (het)	**statív**	[ʃtɒtiv]
flits (de)	**vaku**	[vɒku]
fotograferen (ww)	**fényképez**	[fe:ɲke:pɛz]
foto's maken	**fényképez**	[fe:ɲke:pɛz]
zich laten fotograferen	**lefényképezteti magát**	[lɛfe:ɲke:pɛztɛti mɒga:t]
focus (de)	**fókusz**	[fo:kus]
scherpstellen (ww)	**élessé tesz**	[e:lɛʃe: tɛs]
scherp (bn)	**éles**	[e:lɛʃ]
scherpte (de)	**élesség**	[e:lɛʃe:g]
contrast (het)	**kontraszt**	[kontrɒst]
contrastrijk (bn)	**kontrasztos**	[kontrɒstoʃ]
kiekje (het)	**felvétel**	[fɛlve:tɛl]
negatief (het)	**negatív**	[nɛgɒti:v]
filmpje (het)	**film**	[film]
beeld (frame)	**filmkocka**	[filmkotskɒ]
afdrukken (foto's ~)	**nyomtat**	[ɲomtɒt]

138. Strand. Zwemmen

strand (het)	**strand**	[ʃtrɒnd]
zand (het)	**homok**	[homok]
leeg (~ strand)	**puszta**	[pustɒ]
bruine kleur (de)	**lesülés**	[lɛʃyle:ʃ]
zonnebaden (ww)	**lesül**	[lɛʃyl]
gebruind (bn)	**lesült**	[lɛʃylt]
zonnecrème (de)	**napolaj**	[nɒpolɒj]
bikini (de)	**bikini**	[bikini]

badpak (het)	**fürdőruha**	[fyrdø:ruhɒ]
zwembroek (de)	**fürdőnadrág**	[fyrdø:nɒdra:g]
zwembad (het)	**uszoda**	[usodɒ]
zwemmen (ww)	**úszik**	[u:sik]
douche (de)	**zuhany**	[zuhɒɲ]
zich omkleden (ww)	**átöltözik**	[a:tøltøzik]
handdoek (de)	**törülköző**	[tøryIkøzø:]
boot (de)	**csónak**	[ʧo:nɒk]
motorboot (de)	**motorcsónak**	[motor ʧo:nɒk]
waterski's (mv.)	**vízisí**	[vi:ziʃi:]
waterfiets (de)	**vízibicikli**	[vi:zi bitsikli]
surfen (het)	**szörfözés**	[sørføze:ʃ]
surfer (de)	**szörföző**	[sørføzø:]
scuba, aqualong (de)	**könnyűbúvárfelszerelés**	[køɲɲy:bu:va:rfɛlsɛrɛle:ʃ]
zwemvliezen (mv.)	**uszony**	[usoɲ]
duikmasker (het)	**maszk**	[mɒsk]
duiker (de)	**búvár**	[bu:va:r]
duiken (ww)	**búvárkodik**	[bu:va:rkodik]
onder water (bw)	**víz alatt**	[vi:z ɒlɒtt]
parasol (de)	**esernyő**	[ɛʃɛrɲø:]
ligstoel (de)	**napozóágy**	[nɒpozo:a:ɟ]
zonnebril (de)	**szemüveg**	[sɛmyvɛg]
luchtmatras (de/het)	**gumimatrac**	[gumimɒtrɒts]
spelen (ww)	**játszik**	[ja:tsik]
gaan zwemmen (ww)	**fürdik**	[fyrdik]
bal (de)	**labda**	[lɒbdɒ]
opblazen (oppompen)	**felfúj**	[fɛlfu:j]
lucht-, opblaasbare (bn)	**felfújható**	[fɛlfu:jhɒto:]
golf (hoge ~)	**hullám**	[hulla:m]
boei (de)	**bója**	[bo:jɒ]
verdrinken (ww)	**vízbe fullad**	[vi:zbɛ fullɒd]
redden (ww)	**megment**	[mɛgmɛnt]
reddingsvest (de)	**mentőmellény**	[mɛntø:mɛlle:ɲ]
waarnemen (ww)	**figyel**	[fiɟɛl]
redder (de)	**mentő**	[mɛntø:]

TECHNISCHE APPARATUUR. VERVOER

Technische apparatuur

139. Computer

computer (de) **számítógép** [sa:mi:to:ge:p]
laptop (de) **laptop** [lɒptop]

aanzetten (ww) **bekapcsol** [bɛkɒpʧol]
uitzetten (ww) **kikapcsol** [kikɒpʧol]

toetsenbord (het) **billentyűzet** [billɛɲcy:zɛt]
toets (enter~) **billentyű** [billɛɲcy:]
muis (de) **egér** [ɛge:r]
muismat (de) **egérpad** [ɛge:rpɒd]

knopje (het) **gomb** [gomb]
cursor (de) **kurzor** [kurzor]

monitor (de) **monitor** [monitor]
scherm (het) **képernyő** [ke:pɛɲø:]

harde schijf (de) **merevlemez** [mɛrɛvlɛmɛz]
geheugen (het) **memória** [mɛmo:riɒ]
RAM-geheugen (het) **RAM** [rɒm]

bestand (het) **fájl** [fa:jl]
folder (de) **mappa** [mɒppɒ]
openen (ww) **nyit** [ɲit]
sluiten (ww) **zár** [za:r]

opslaan (ww) **ment** [mɛnt]
verwijderen (wissen) **töröl** [tørøl]
kopiëren (ww) **másol** [ma:ʃol]
sorteren (ww) **osztályoz** [osta:joz]
overplaatsen (ww) **átír** [a:ti:r]

programma (het) **program** [progrɒm]
software (de) **szoftver** [softvɛr]
programmeur (de) **programozó** [progrɒmozo:]
programmeren (ww) **programoz** [progrɒmoz]

hacker (computerkraker) **hacker** [hɒkɛr]
wachtwoord (het) **jelszó** [jɛlso:]
virus (het) **vírus** [vi:ruʃ]
ontdekken (virus ~) **megtalál** [mɛgtɒla:l]
byte (de) **byte** [bɒjt]
megabyte (de) **megabyte** [mɛgɒbɒjt]

data (de)	**adatok**	[ɒdɒtok]
databank (de)	**adatbázis**	[ɒdɒtba:ziʃ]
kabel (USB-~, enz.)	**kábel**	[ka:bɛl]
afsluiten (ww)	**szétkapcsol**	[se:tkɒpʧol]
aansluiten op (ww)	**hozzákapcsol**	[hozza:kɒpʧol]

140. Internet. E-mail

internet (het)	**internet**	[intɛrnɛt]
browser (de)	**böngésző**	[bøŋge:sø:]
zoekmachine (de)	**kereső program**	[kɛrɛʃø: progrɒm]
internetprovider (de)	**szolgáltató**	[solga:ltɒto:]
webmaster (de)	**webgazda**	[vɛbgɒzdɒ]
website (de)	**weboldal**	[vɛboldɒl]
webpagina (de)	**weboldal**	[vɛboldɒl]
adres (het)	**cím**	[tsi:m]
adresboek (het)	**címkönyv**	[tsi:mkøɲv]
postvak (het)	**postaláda**	[poʃtɒla:dɒ]
post (de)	**posta**	[poʃtɒ]
bericht (het)	**levél**	[lɛve:l]
verzender (de)	**feladó**	[fɛlɒdo:]
verzenden (ww)	**felad**	[fɛlɒd]
verzending (de)	**feladás**	[fɛlɒda:ʃ]
ontvanger (de)	**címzett**	[tsi:mzɛtt]
ontvangen (ww)	**kap**	[kɒp]
correspondentie (de)	**levelezés**	[lɛvɛlɛze:ʃ]
corresponderen (met ...)	**levelez**	[lɛvɛlɛz]
bestand (het)	**fájl**	[fa:jl]
downloaden (ww)	**letölt**	[lɛtølt]
creëren (ww)	**teremt**	[tɛrɛmt]
verwijderen (een bestand ~)	**töröl**	[tørøl]
verwijderd (bn)	**törölt**	[tørølt]
verbinding (de)	**kapcsolat**	[kɒpʧolɒt]
snelheid (de)	**sebesség**	[ʃɛbɛʃe:g]
modem (de)	**modem**	[modɛm]
toegang (de)	**hozzáférés**	[hoz:a:fe:re:ʃ]
poort (de)	**port**	[port]
aansluiting (de)	**csatlakozás**	[ʧɒtlɒkoza:ʃ]
zich aansluiten (ww)	**csatlakozik**	[ʧɒtlɒkozik]
selecteren (ww)	**választ**	[va:lɒst]
zoeken (ww)	**keres**	[kɛrɛʃ]

Vervoer

141. Vliegtuig

vliegtuig (het)	**repülőgép**	[rɛpylø:ge:p]
vliegticket (het)	**repülőjegy**	[rɛpylø:jɛɟ]
luchtvaartmaatschappij (de)	**légitársaság**	[le:gi ta:rʃɒʃa:g]
luchthaven (de)	**repülőtér**	[rɛpylø:te:r]
supersonisch (bn)	**szuperszónikus**	[supɛrso:nikuʃ]
gezagvoerder (de)	**kapitány**	[kɒpita:ɲ]
bemanning (de)	**személyzet**	[sɛme:jzɛt]
piloot (de)	**pilóta**	[pilo:tɒ]
stewardess (de)	**légikisasszony**	[le:gikiʃɒssoɲ]
stuurman (de)	**navigátor**	[nɒviga:tor]
vleugels (mv.)	**szárnyak**	[sa:rɲɒk]
staart (de)	**vég**	[ve:g]
cabine (de)	**fülke**	[fylkɛ]
motor (de)	**motor**	[motor]
landingsgestel (het)	**futómű**	[futo:my:]
turbine (de)	**turbina**	[turbinɒ]
propeller (de)	**légcsavar**	[le:gʧɒvɒr]
zwarte doos (de)	**fekete doboz**	[fɛkɛtɛ doboz]
stuur (het)	**kormány**	[korma:ɲ]
brandstof (de)	**üzemanyag**	[yzɛmɒɲɒg]
veiligheidskaart (de)	**instrukció**	[inʃtruktsio:]
zuurstofmasker (het)	**oxigénmaszk**	[oksige:nmɒsk]
uniform (het)	**egyenruha**	[ɛɟɛnruhɒ]
reddingsvest (de)	**mentőmellény**	[mɛntø:mɛlle:ɲ]
parachute (de)	**ejtőernyő**	[ɛjtø:ɛrɲø:]
opstijgen (het)	**felszállás**	[fɛlsa:lla:ʃ]
opstijgen (ww)	**felszáll**	[fɛlsa:ll]
startbaan (de)	**kifutópálya**	[kifuto:pa:jɒ]
zicht (het)	**láthatóság**	[la:thɒto:ʃa:g]
vlucht (de)	**repülés**	[rɛpyle:ʃ]
hoogte (de)	**magasság**	[mɒgɒʃa:g]
luchtzak (de)	**turbulencia**	[turbulɛntsiɒ]
plaats (de)	**hely**	[hɛj]
koptelefoon (de)	**fejhallgató**	[fɛlhɒllgɒto:]
tafeltje (het)	**felhajtható asztal**	[fɛlhɒjthɒto: ɒstɒl]
venster (het)	**repülőablak**	[rɛpylø:ɒblɒk]
gangpad (het)	**járat**	[ja:rɒt]

142. Trein

trein (de)	**vonat**	[vonɒt]
elektrische trein (de)	**villanyvonat**	[villɒɲvonɒt]
sneltrein (de)	**gyorsvonat**	[ɟørʃvonɒt]
diesellocomotief (de)	**dízelmozdony**	[di:zɛlmozdoɲ]
stoomlocomotief (de)	**gőzmozdony**	[gø:zmozdoɲ]
rijtuig (het)	**személykocsi**	[sɛme:jkoʧi]
restauratierijtuig (het)	**étkezőkocsi**	[e:tkɛzø:koʧi]
rails (mv.)	**sín**	[ʃi:n]
spoorweg (de)	**vasút**	[vɒʃu:t]
dwarsligger (de)	**talpfa**	[tɒlpfɒ]
perron (het)	**peron**	[pɛron]
spoor (het)	**vágány**	[va:ga:ɲ]
semafoor (de)	**karjelző**	[kɒrjɛlzø:]
halte (bijv. kleine treinhalte)	**állomás**	[a:lloma:ʃ]
machinist (de)	**vonatvezető**	[vonɒtvɛzɛtø:]
kruier (de)	**hordár**	[horda:r]
conducteur (de)	**kalauz**	[kɒlɒuz]
passagier (de)	**utas**	[utɒʃ]
controleur (de)	**ellenőr**	[ɛllɛnø:r]
gang (in een trein)	**folyosó**	[fojoʃo:]
noodrem (de)	**vészfék**	[ve:sfe:k]
coupé (de)	**fülke**	[fylkɛ]
bed (slaapplaats)	**polc**	[polts]
bovenste bed (het)	**felső polc**	[fɛlʃø: polts]
onderste bed (het)	**alsó polc**	[ɒlʃo: polts]
beddengoed (het)	**ágynemű**	[a:ɟnɛmy:]
kaartje (het)	**jegy**	[jɛɟ]
dienstregeling (de)	**menetrend**	[mɛnɛtrɛnd]
informatiebord (het)	**tabló**	[tɒblo:]
vertrekken (De trein vertrekt ...)	**indul**	[indul]
vertrek (ov. een trein)	**indulás**	[indula:ʃ]
aankomen (ov. de treinen)	**érkezik**	[e:rkɛzik]
aankomst (de)	**érkezés**	[e:rkɛze:ʃ]
aankomen per trein	**vonaton érkezik**	[vonɒton e:rkɛzik]
in de trein stappen	**felszáll a vonatra**	[fɛlsa:ll ɒ vonɒtrɒ]
uit de trein stappen	**leszáll a vonatról**	[lɛsa:ll ɒ vonɒtro:l]
treinwrak (het)	**vasúti szerencsétlenség**	[vɒʃu:ti sɛrɛnʧe:tlɛnʃe:g]
stoomlocomotief (de)	**gőzmozdony**	[gø:zmozdoɲ]
stoker (de)	**kazánfűtő**	[kɒza:nfy:tø:]
stookplaats (de)	**tűztér**	[ty:zte:r]
steenkool (de)	**szén**	[se:n]

143. Schip

schip (het)	**hajó**	[hɒjo:]
vaartuig (het)	**vízi jármű**	[vi:zi ja:rmy:]
stoomboot (de)	**gőzhajó**	[gø:zhɒjo:]
motorschip (het)	**motoros hajó**	[motoroʃ hɒjo:]
lijnschip (het)	**óceánjáró**	[o:tsɛa:nja:ro:]
kruiser (de)	**cirkáló**	[tsirka:lo:]
jacht (het)	**jacht**	[jɒxt]
sleepboot (de)	**vontatóhajó**	[vontɒto: hɒjo:]
duwbak (de)	**uszály**	[usa:j]
ferryboot (de)	**komp**	[komp]
zeilboot (de)	**vitorlás hajó**	[vitorla:ʃ hɒjo:]
brigantijn (de)	**brigantine**	[brigantin]
ijsbreker (de)	**jégtörő hajó**	[je:gtørø: hɒjo:]
duikboot (de)	**tengeralattjáró**	[tɛŋgɛrɒlɒttja:ro:]
boot (de)	**csónak**	[ʧo:nɒk]
sloep (de)	**csónak**	[ʧo:nɒk]
reddingssloep (de)	**mentőcsónak**	[mɛntø:ʧo:nɒk]
motorboot (de)	**motorcsónak**	[motor ʧo:nɒk]
kapitein (de)	**kapitány**	[kɒpita:ɲ]
zeeman (de)	**tengerész**	[tɛŋgɛre:s]
matroos (de)	**tengerész**	[tɛŋgɛre:s]
bemanning (de)	**személyzet**	[sɛme:jzɛt]
bootsman (de)	**fedélzetmester**	[fɛde:lzɛtmɛʃtɛr]
scheepsjongen (de)	**matrózinas**	[mɒtro:zinɒʃ]
kok (de)	**hajószakács**	[hɒjo:sɒka:ʧ]
scheepsarts (de)	**hajóorvos**	[hɒjo:orvoʃ]
dek (het)	**fedélzet**	[fɛde:lzɛt]
mast (de)	**árboc**	[a:rbots]
zeil (het)	**vitorla**	[vitorlɒ]
ruim (het)	**hajóűr**	[hɒjo:y:r]
voorsteven (de)	**orr**	[orr]
achtersteven (de)	**hajófar**	[hɒjo:fɒr]
roeispaan (de)	**evező**	[ɛvɛzø:]
schroef (de)	**csavar**	[ʧɒvɒr]
kajuit (de)	**hajófülke**	[hɒjo:fylkɛ]
officierskamer (de)	**társalgó**	[ta:rʃɒlgo:]
machinekamer (de)	**gépház**	[ge:pha:z]
brug (de)	**parancsnoki híd**	[pɒrɒnʧnoki hi:d]
radiokamer (de)	**rádiófülke**	[ra:dio:fylkɛ]
radiogolf (de)	**hullám**	[hulla:m]
logboek (het)	**hajónapló**	[hɒjo:nɒplo:]
verrekijker (de)	**távcső**	[ta:vʧø:]
klok (de)	**harang**	[hɒrɒŋg]

vlag (de)	**zászló**	[za:slo:]
kabel (de)	**kötél**	[køte:l]
knoop (de)	**tengeri csomó**	[tɛŋgɛri ʧomo:]
leuning (de)	**korlát**	[korla:t]
trap (de)	**hajólépcső**	[hɒjo:le:pʧø:]
anker (het)	**horgony**	[horgoɲ]
het anker lichten	**horgonyt felszed**	[horgoɲt fɛlsɛd]
het anker neerlaten	**horgonyt vet**	[horgoɲt vɛt]
ankerketting (de)	**horgonylánc**	[horgoɲla:nts]
haven (bijv. containerhaven)	**kikötő**	[kikøtø:]
kaai (de)	**móló, kikötő**	[mo:lo:], [kikøtø:]
aanleggen (ww)	**kiköt**	[kikøt]
wegvaren (ww)	**elold**	[ɛlold]
reis (de)	**utazás**	[utɒza:ʃ]
cruise (de)	**hajóút**	[hɒjo:u:t]
koers (de)	**irány**	[ira:ɲ]
route (de)	**járat**	[ja:rɒt]
vaarwater (het)	**hajózható út**	[hɒjo:zhɒto: u:t]
zandbank (de)	**zátony**	[za:toɲ]
stranden (ww)	**zátonyra fut**	[za:toɲrɒ fut]
storm (de)	**vihar**	[vihɒr]
signaal (het)	**jelzés**	[jɛlze:ʃ]
zinken (ov. een boot)	**elmerül**	[ɛlmɛryl]
SOS (noodsignaal)	**SOS**	[sos]
reddingsboei (de)	**mentőöv**	[mɛntø:øv]

144. Vliegveld

luchthaven (de)	**repülőtér**	[rɛpylø:te:r]
vliegtuig (het)	**repülőgép**	[rɛpylø:ge:p]
luchtvaartmaatschappij (de)	**légitársaság**	[le:gi ta:rʃɒʃa:g]
luchtverkeersleider (de)	**diszpécser**	[dispe:ʧɛr]
vertrek (het)	**elrepülés**	[ɛlrɛpyle:ʃ]
aankomst (de)	**megérkezés**	[mɛge:rkɛze:ʃ]
aankomen (per vliegtuig)	**megérkezik**	[mɛge:rkɛzik]
vertrektijd (de)	**az indulás ideje**	[ɒz indula:ʃ idɛjɛ]
aankomstuur (het)	**a leszállás ideje**	[ɒ lɛsa:lla:ʃ idɛjɛ]
vertraagd zijn (ww)	**késik**	[ke:ʃik]
vluchtvertraging (de)	**a felszállás késése**	[ɒ fɛlsa:lla:ʃ ke:ʃe:ʃɛ]
informatiebord (het)	**tájékoztató tabló**	[ta:je:koztɒto: tɒblo:]
informatie (de)	**információ**	[informa:tsio:]
aankondigen (ww)	**bemond**	[bɛmond]
vlucht (bijv. KLM ~)	**járat**	[ja:rɒt]
douane (de)	**vám**	[va:m]

douanier (de)	**vámos**	[va:moʃ]
douaneaangifte (de)	**vámnyilatkozat**	[va:mɲilɒtkozɒt]
paspoortcontrole (de)	**útlevélvizsgálat**	[u:tlɛve:lviʒga:lɒt]
bagage (de)	**poggyász**	[poɟɟa:s]
handbagage (de)	**kézipoggyász**	[ke:zipodɟa:s]
bagagekarretje (het)	**kocsi**	[koʧi]
landing (de)	**leszállás**	[lɛsa:lla:ʃ]
landingsbaan (de)	**leszállóhely**	[lɛsa:llo:U4947hɛj]
landen (ww)	**leszáll**	[lɛsa:ll]
vliegtuigtrap (de)	**utaslépcső**	[utɒʃ le:pʧø:]
inchecken (het)	**bejegyzés**	[bɛjɛɟze:ʃ]
incheckbalie (de)	**jegy és poggyászkezelés**	[jɛɟ e:ʃ poɟɟa:s kɛzɛle:ʃ]
inchecken (ww)	**bejegyzi magát**	[bɛjɛɟzi mɒga:t]
instapkaart (de)	**beszállókártya**	[bɛsa:llo:ka:rcɒ]
gate (de)	**kapu**	[kɒpu]
transit (de)	**tranzit**	[trɒnzit]
wachten (ww)	**vár**	[va:r]
wachtzaal (de)	**váróterem**	[va:ro:tɛrɛm]
begeleiden (uitwuiven)	**kísér**	[ki:ʃe:r]
afscheid nemen (ww)	**elbúcsúzik**	[ɛlbu:ʧu:zik]

145. Fiets. Motorfiets

fiets (de)	**kerékpár**	[kɛre:kpa:r]
bromfiets (de)	**robogó**	[robogo:]
motorfiets (de)	**motorkerékpár**	[motorkɛre:kpa:r]
met de fiets rijden	**biciklizik**	[bitsiklizik]
stuur (het)	**kormány**	[korma:ɲ]
pedaal (de/het)	**pedál**	[pɛda:l]
remmen (mv.)	**fék**	[fe:k]
fietszadel (de/het)	**nyereg**	[ɲɛrɛg]
pomp (de)	**szivattyú**	[sivɒc:u:]
bagagedrager (de)	**csomagtartó**	[ʧomɒgtɒrto:]
fietslicht (het)	**lámpa**	[la:mpɒ]
helm (de)	**sisak**	[ʃiʃɒk]
wiel (het)	**kerék**	[kɛre:k]
spatbord (het)	**sárhányó**	[sa:rha:nø:]
velg (de)	**felni**	[fɛlni]
spaak (de)	**küllő**	[kyllø:]

Auto's

146. Soorten auto's

auto (de)	**autó**	[ɒuto:]
sportauto (de)	**sportautó**	[ʃport ɒuto:]
limousine (de)	**limuzin**	[limuzin]
terreinwagen (de)	**terepjáró**	[tɛrɛpja:ro:]
cabriolet (de)	**kabrió**	[kabrio:]
minibus (de)	**mikrobusz**	[mikrobus]
ambulance (de)	**mentőautó**	[mɛntø:ɒuto:]
vrachtwagen (de)	**teherautó**	[tɛhɛrɒuto:]
tankwagen (de)	**tartálykocsi**	[tɒrta:jkoʧi]
bestelwagen (de)	**furgon**	[furgon]
trekker (de)	**vontató gép**	[vontɒto: ge:p]
aanhangwagen (de)	**pótkocsi**	[po:tkoʧi]
comfortabel (bn)	**kényelmes**	[ke:nɛlmɛʃ]
tweedehands (bn)	**használt**	[hɒsna:lt]

147. Auto's. Carrosserie

motorkap (de)	**motorháztető**	[motorha:z tɛtø:]
spatbord (het)	**sárvédő**	[ʃa:rve:dø:]
dak (het)	**tető**	[tɛtø:]
voorruit (de)	**szélvédő**	[se:lve:dø:]
achterruit (de)	**visszapillantó tükör**	[vissɒpillɒnto: tykør]
ruitensproeier (de)	**ablakmosó**	[ɒblɒk moʃo:]
wisserbladen (mv.)	**ablaktörlő**	[ɒblɒktørlø:]
zijruit (de)	**oldalablak**	[oldɒl ɒblɒk]
raamlift (de)	**ablakemelő**	[ɒblɒkɛmɛlø:]
antenne (de)	**antenna**	[ɒntɛnnɒ]
zonnedak (het)	**tolótető**	[tolo:tɛtø:]
bumper (de)	**lökhárító**	[løkha:ri:to:]
koffer (de)	**csomagtartó**	[ʧomɒgtɒrto:]
portier (het)	**ajtó**	[ɒjto:]
handvat (het)	**kilincs**	[kilinʧ]
slot (het)	**zár**	[za:r]
nummerplaat (de)	**rendszámtábla**	[rɛntsa:mta:blɒ]
knalpot (de)	**hangtompító**	[hɒŋg tompi:to:]
benzinetank (de)	**benzintartály**	[bɛnzintɒrta:j]
uitlaatpijp (de)	**kipufogócső**	[kipufogo:ʧø:]

gas (het)	**gáz**	[ga:z]
pedaal (de/het)	**pedál**	[pɛda:l]
gaspedaal (de/het)	**gázpedál**	[ga:zpɛda:l]
rem (de)	**fék**	[fe:k]
rempedaal (de/het)	**fékpedál**	[fe:kpɛda:l]
remmen (ww)	**fékez**	[fe:kɛz]
handrem (de)	**kézifék**	[ke:zife:k]
koppeling (de)	**kuplung**	[kupluŋg]
koppelingspedaal (de/het)	**kuplungpedál**	[kupluŋg pɛda:l]
koppelingsschijf (de)	**kuplungtárcsa**	[kupluŋg ta:rʧɒ]
schokdemper (de)	**lengéscsillapító**	[lɛŋge:ʃʧillɒpi:to:]
wiel (het)	**kerék**	[kɛre:k]
reservewiel (het)	**pótkerék**	[po:tkɛre:k]
wieldop (de)	**dísztárcsa**	[di:sta:rʧɒ]
aandrijfwielen (mv.)	**hajtókerekek**	[hɒjto: kɛrɛkɛk]
met voorwielaandrijving	**elsőkerékmeghajtású**	[ɛlʃø: kɛre:kmɛghɒjta:ʃu:]
met achterwielaandrijving	**hátsókerékmeghajtású**	[ha:ʧo:kɛre:kmɛghɒjta:ʃu:]
met vierwielaandrijving	**négykerékmeghajtású**	[ne:ckɛre:kmɛghɒjta:ʃu:]
versnellingsbak (de)	**sebességváltó**	[ʃɛbɛʃe:gva:lto:]
automatisch (bn)	**automatikus**	[ɒutomɒtikuʃ]
mechanisch (bn)	**mechanikus**	[mɛhɒnikuʃ]
versnellingspook (de)	**sebességváltókar**	[ʃɛbɛʃe:g va:lto:kɒr]
voorlicht (het)	**fényszóró**	[fe:ɲso:ro:]
voorlichten (mv.)	**fényszóró**	[fe:ɲso:ro:]
dimlicht (het)	**tompított fényszóró**	[tompi:tott fe:ɲso:ro:]
grootlicht (het)	**fényszóró**	[fe:ɲso:ro:]
stoplicht (het)	**stoplámpa**	[ʃtopla:mpɒ]
standlichten (mv.)	**helyzetjelző lámpa**	[hɛjzɛtjɛlzø: la:mpɒ]
noodverlichting (de)	**villogó lámpa**	[villogo: la:mpɒ]
mistlichten (mv.)	**ködlámpa**	[kødla:mpɒ]
pinker (de)	**indexlámpa**	[indɛksla:mpɒ]
achteruitrijdlicht (het)	**tolatólámpa**	[tolɒto: la:mpɒ]

148. Auto's. Passagiersruimte

interieur (het)	**utastér**	[utaste:r]
leren (van leer gemaak)	**bőr**	[bø:r]
fluwelen (abn)	**velúr**	[vɛlu:r]
bekleding (de)	**kárpitozás**	[ka:rpitoza:ʃ]
toestel (het)	**készülék**	[ke:syle:k]
instrumentenbord (het)	**szerelvényfal**	[sɛrɛlve:ɲfɒl]
snelheidsmeter (de)	**sebességmérő**	[ʃɛbɛʃe:gme:rø:]
pijltje (het)	**mutató**	[mutɒto:]
kilometerteller (de)	**kilométerszámláló**	[kilome:tɛrsa:mla:lo:]
sensor (de)	**érzékelő**	[e:rze:kɛlø:]

niveau (het)	**szint**	[sint]
controlelampje (het)	**figyelmeztető lámpa**	[fiɟɛlmɛstɛtø: la:mpɒ]
stuur (het)	**kormány**	[korma:ɲ]
toeter (de)	**kürt**	[kyrt]
knopje (het)	**gomb**	[gomb]
schakelaar (de)	**átkapcsoló**	[a:tkɒpʧolo:]
stoel (bestuurders~)	**ülés**	[yle:ʃ]
rugleuning (de)	**támla**	[ta:mlɒ]
hoofdsteun (de)	**fejtámla**	[fɛjta:mlɒ]
veiligheidsgordel (de)	**biztonsági öv**	[bistonʃa:gi øv]
de gordel aandoen	**övet csatol**	[øvɛt ʧɒtol]
regeling (de)	**szabályozás**	[sɒba:joza:ʃ]
airbag (de)	**légpárna**	[le:gpa:rnɒ]
airconditioner (de)	**légkondicionáló**	[le:gkonditsiona:lo:]
radio (de)	**rádió**	[ra:dio:]
CD-speler (de)	**CDlejátszó**	[tsɛdɛlɛja:tso:]
aanzetten (bijv. radio ~)	**bekapcsol**	[bɛkɒpʧol]
antenne (de)	**antenna**	[ɒntɛnnɒ]
handschoenenkastje (het)	**kesztyűtartó**	[kɛscytɒrto:]
asbak (de)	**hamutartó**	[hɒmutɒrto:]

149. Auto's. Motor

motor (de)	**motor**	[motor]
diesel- (abn)	**diesel**	[dizɛl]
benzine- (~motor)	**benzin**	[bɛnzin]
motorinhoud (de)	**hengerűrtartalom**	[hɛŋgɛr y:r tɒrtɒlom]
vermogen (het)	**teljesítmény**	[tɛjɛʃi:tme:ɲ]
paardenkracht (de)	**lóerő**	[lo:ɛrø:]
zuiger (de)	**dugattyú**	[dugɒc:u:]
cilinder (de)	**henger**	[hɛŋgɛr]
klep (de)	**szelep**	[sɛlɛp]
injectie (de)	**injektor**	[inʒɛktor]
generator (de)	**generátor**	[gɛnɛra:tor]
carburator (de)	**karburátor**	[kɒrbura:tor]
motorolie (de)	**motorolaj**	[motorolɒj]
radiator (de)	**radiátor**	[rɒdia:tor]
koelvloeistof (de)	**hűtővíz**	[hy:tø:vi:z]
ventilator (de)	**ventilátor**	[vɛntila:tor]
accu (de)	**akkumulátor**	[ɒkkumula:tor]
starter (de)	**indító**	[indi:to:]
contact (ontsteking)	**gyújtó**	[ɟu:jto:]
bougie (de)	**gyújtógyertya**	[ɟu:jto:ɟɛrcɒ]
pool (de)	**csatlakozócsavar**	[ʧɒtlɒkozo:ʧɒvɒr]
positieve pool (de)	**plusz**	[plus]

negatieve pool (de)	**mínusz**	[mi:nus]
zekering (de)	**biztosíték**	[bistoʃi:te:k]
luchtfilter (de)	**légszűrő**	[le:gsy:rø:]
oliefilter (de)	**olajszűrő**	[olɒjsy:rø:]
benzinefilter (de)	**üzemanyagszűrő**	[yzɛmɒɲɒgsy:rø:]

150. Auto's. Botsing. Reparatie

auto-ongeval (het)	**baleset**	[bɒlɛʃɛt]
verkeersongeluk (het)	**közlekedési baleset**	[køzlɛkɛde:ʃi bɒlɛʃɛt]
aanrijden (tegen een boom, enz.)	**belerohan**	[bɛlɛrohɒn]
verongelukken (ww)	**karambolozik**	[kɒrɒmbolozik]
beschadiging (de)	**kár**	[ka:r]
heelhuids (bn)	**sértetlen**	[ʃe:rtɛtlɛn]
kapot gaan (zijn gebroken)	**eltörik**	[ɛltørik]
sleeptouw (het)	**vontatókötél**	[vontɒto:køte:l]
lek (het)	**gumi defekt**	[gumi dɛfɛkt]
lekke krijgen (band)	**leenged**	[lɛɛŋgɛd]
oppompen (ww)	**felfúj**	[fɛlfu:j]
druk (de)	**nyomás**	[ɲoma:ʃ]
checken (ww)	**ellenőriz**	[ɛllɛnø:riz]
reparatie (de)	**javítás**	[jɒvi:ta:ʃ]
garage (de)	**szerviz**	[sɛrvis]
wisselstuk (het)	**pótalkatrész**	[po:tɒlkɒtre:s]
onderdeel (het)	**alkatrész**	[ɒlkɒtre:s]
bout (de)	**csavar**	[ʧɒvɒr]
schroef (de)	**csavar**	[ʧɒvɒr]
moer (de)	**csavaranya**	[ʧɒvɒrɒɲɒ]
sluitring (de)	**alátétlemez**	[ɒla:te:tlɛmɛz]
kogellager (de/het)	**csapágy**	[ʧɒpa:ɟ]
pijp (de)	**cső**	[ʧø:]
pakking (de)	**alátét**	[ɒla:te:t]
kabel (de)	**vezeték**	[vɛzɛte:k]
dommekracht (de)	**emelő**	[ɛmɛlø:]
moersleutel (de)	**csavarkulcs**	[ʧɒvɒr kulʧ]
hamer (de)	**kalapács**	[kɒlɒpa:ʧ]
pomp (de)	**szivattyú**	[sivɒc:u:]
schroevendraaier (de)	**csavarhúzó**	[ʧɒvɒrhu:zo:]
brandblusser (de)	**tűzoltó készülék**	[ty:zolto: ke:syle:k]
afslaan (ophouden te werken)	**lefullaszt**	[lɛfullast]
uitvallen (het)	**leállítás**	[lɛa:lli:ta:ʃ]
zijn gebroken	**el van törve**	[ɛl vɒn tørvɛ]
oververhitten (ww)	**túlmelegszik**	[tu:lmɛlɛgsik]
verstopt raken (ww)	**eldugul**	[ɛldugul]

bevriezen (autodeur, enz.)	**megfagy**	[mɛgfɒɟ]
barsten (leidingen, enz.)	**elreped**	[ɛlrɛpɛd]
druk (de)	**nyomás**	[ɲoma:ʃ]
niveau (bijv. olieniveau)	**szint**	[sint]
slap (de drijfriem is ~)	**ernyedt**	[ɛrɲɛtt]
deuk (de)	**horpadás**	[horpɒda:ʃ]
geklop (vreemde geluiden)	**kopogás**	[kopoga:ʃ]
barst (de)	**repedés**	[rɛpɛde:ʃ]
kras (de)	**karcolás**	[kɒrtsola:ʃ]

151. Auto's. Weg

weg (de)	**út**	[u:t]
snelweg (de)	**autópálya**	[ɒuto:pa:jɒ]
autoweg (de)	**országút**	[orsa:gu:t]
richting (de)	**irány**	[ira:ɲ]
afstand (de)	**távolság**	[ta:volʃa:g]
brug (de)	**híd**	[hi:d]
parking (de)	**parkolóhely**	[pɒrkolo:hɛj]
plein (het)	**tér**	[te:r]
verkeersknooppunt (het)	**autópálya kereszteződése**	[ɒuto:pa:jɒ kɛrɛstɛzø:de:sɛ]
tunnel (de)	**alagút**	[ɒlɒgu:t]
benzinestation (het)	**benzinkút**	[bɛnziŋku:t]
parking (de)	**parkolóhely**	[pɒrkolo:hɛj]
benzinepomp (de)	**kútoszlop**	[ku:toslop]
garage (de)	**autóműhely**	[ɒutomy:hɛj]
tanken (ww)	**feltölt**	[fɛltølt]
brandstof (de)	**üzemanyag**	[yzɛmɒɲɒg]
jerrycan (de)	**kanna**	[kɒnnɒ]
asfalt (het)	**aszfalt**	[ɒsfɒlt]
markering (de)	**indexálás**	[indɛksa:la:ʃ]
trottoirband (de)	**útszegély**	[u:tsɛge:j]
geleiderail (de)	**kerítés**	[kɛri:te:ʃ]
greppel (de)	**útárok**	[u:ta:rok]
vluchtstrook (de)	**útszél**	[u:tse:l]
lichtmast (de)	**utcai lámpa**	[uts:ɒj la:mpɒ]
besturen (een auto ~)	**vezet**	[vɛzɛt]
afslaan (naar rechts ~)	**fordul**	[fordul]
U-bocht maken (ww)	**visszafordul**	[vis:ɒfordul]
achteruit (de)	**tolatás**	[tolɒta:ʃ]
toeteren (ww)	**jelez**	[jɛlɛz]
toeter (de)	**hangjel**	[hɒŋgjɛl]
vastzitten (in modder)	**elakad**	[ɛlɒkɒd]
spinnen (wielen gaan ~)	**megcsúszni**	[mɛkʧu:sni]
uitzetten (ww)	**lefojt**	[lɛfojt]
snelheid (de)	**sebesség**	[ʃɛbɛʃe:g]
een snelheidsovertreding maken	**túllépi a sebességet**	[tu:lle:pi ɒ ʃɛbɛʃe:gɛt]

bekeuren (ww)	**büntet**	[byntɛt]
verkeerslicht (het)	**lámpa**	[la:mpɒ]
rijbewijs (het)	**jogosítvány**	[jogoʃi:tva:ɲ]

overgang (de)	**átjáró**	[a:tja:ro:]
kruispunt (het)	**kereszteződés**	[kɛrɛstɛzø:de:s]
zebrapad (oversteekplaats)	**zebra**	[zɛbrɒ]
bocht (de)	**forduló**	[fordulo:]
voetgangerszone (de)	**gyalogút**	[ɟologu:t]

MENSEN. GEBEURTENISSEN IN HET LEVEN

Gebeurtenissen in het leven

152. Vakanties. Evenement

feest (het)	**ünnep**	[ynnɛp]
nationale feestdag (de)	**nemzeti ünnep**	[nɛmzɛti ynnɛp]
feestdag (de)	**ünnepnap**	[ynnɛpnɒp]
herdenken (ww)	**ünnepel**	[ynnɛpɛl]
gebeurtenis (de)	**esemény**	[ɛʃɛme:ɲ]
evenement (het)	**rendezvény**	[rɛndɛzve:ɲ]
banket (het)	**díszvacsora**	[di:svɒʧorɒ]
receptie (de)	**fogadás**	[fogɒda:ʃ]
feestmaal (het)	**lakoma**	[lɒkomɒ]
verjaardag (de)	**évforduló**	[e:vfordulo:]
jubileum (het)	**jubileum**	[jubilɛum]
vieren (ww)	**megemlékezik**	[mɛgɛmle:kɛzik]
Nieuwjaar (het)	**Újév**	[u:je:v]
Gelukkig Nieuwjaar!	**Boldog Újévet!**	[boldog u:je:vɛt]
Kerstfeest (het)	**karácsony**	[kɒra:ʧoɲ]
Vrolijk kerstfeest!	**Boldog karácsonyt!**	[boldog kɒra:ʧoɲt]
kerstboom (de)	**karácsonyfa**	[kɒra:ʧoɲfɒ]
vuurwerk (het)	**tűzijáték**	[ty:zija:te:k]
bruiloft (de)	**lakodalom**	[lɒkodɒlom]
bruidegom (de)	**vőlegény**	[vø:lɛge:ɲ]
bruid (de)	**mennyasszony**	[mɛɲɲɒssoɲ]
uitnodigen (ww)	**meghív**	[mɛghi:v]
uitnodigingskaart (de)	**meghívó**	[mɛghi:vo:]
gast (de)	**vendég**	[vɛnde:g]
op bezoek gaan	**vendégségbe megy**	[vɛnde:gʃe:gbɛ mɛɟ]
gasten verwelkomen	**vendéget fogad**	[vɛnde:gɛt fogɒd]
geschenk, cadeau (het)	**ajándék**	[ɒja:nde:k]
geven (iets cadeau ~)	**ajándékoz**	[ɒja:nde:koz]
geschenken ontvangen	**ajándékot kap**	[ɒja:nde:kot kɒp]
boeket (het)	**csokor**	[ʧokor]
felicitaties (mv.)	**üdvözlet**	[ydvøzlɛt]
feliciteren (ww)	**gratulál**	[grɒtula:l]
wenskaart (de)	**üdvözlő képeslap**	[ydvøzlø: ke:pɛʃlɒp]
een kaartje versturen	**képeslapot küld**	[ke:pɛʃlɒpot kyld]

een kaartje ontvangen	**képeslapot kap**	[ke:pɛʃlɒpot kɒp]
toast (de)	**pohárköszöntő**	[poha:rkøsøntø:]
aanbieden (een drankje ~)	**kínál**	[ki:na:l]
champagne (de)	**pezsgő**	[pɛʒgø:]
plezier hebben (ww)	**szórakozik**	[so:rɒkozik]
plezier (het)	**vidámság**	[vida:mʃa:g]
vreugde (de)	**öröm**	[ørøm]
dans (de)	**tánc**	[ta:nts]
dansen (ww)	**táncol**	[ta:ntsol]
wals (de)	**keringő**	[kɛriŋgø:]
tango (de)	**tangó**	[tɒŋgo:]

153. Begrafenissen. Begrafenis

kerkhof (het)	**temető**	[tɛmɛtø:]
graf (het)	**sír**	[ʃi:r]
kruis (het)	**kereszt**	[kɛrɛst]
grafsteen (de)	**sírkő**	[ʃi:rkø:]
omheining (de)	**kerítés**	[kɛri:te:ʃ]
kapel (de)	**kápolna**	[ka:polnɒ]
dood (de)	**halál**	[hɒla:l]
sterven (ww)	**meghal**	[mɛghɒl]
overledene (de)	**halott**	[hɒlott]
rouw (de)	**gyász**	[ɟa:s]
begraven (ww)	**temet**	[tɛmɛt]
begrafenisonderneming (de)	**temetkezési vállalat**	[tɛmɛtkɛze:ʃi va:llɒlɒt]
begrafenis (de)	**temetés**	[tɛmɛte:ʃ]
krans (de)	**koszorú**	[kosoru:]
doodskist (de)	**koporsó**	[koporʃo:]
lijkwagen (de)	**ravatal**	[rɒvɒtɒl]
lijkkleed (de)	**halotti ruha**	[hɒlotti ruhɒ]
urn (de)	**urna**	[urnɒ]
crematorium (het)	**krematórium**	[krɛmɒto:rium]
overlijdensbericht (het)	**nekrológ**	[nɛkrolo:g]
huilen (wenen)	**sír**	[ʃi:r]
snikken (huilen)	**zokog**	[zokog]

154. Oorlog. Soldaten

peloton (het)	**szakasz**	[sɒkɒs]
compagnie (de)	**század**	[sa:zɒd]
regiment (het)	**ezred**	[ɛzrɛd]
leger (armee)	**hadsereg**	[hɒtʃɛrɛg]
divisie (de)	**hadosztály**	[hɒdosta:j]

sectie (de)	**csapat**	[ʧɒpɒt]
troep (de)	**hadsereg**	[hɒʧɛrɛg]
soldaat (militair)	**katona**	[kɒtonɒ]
officier (de)	**tiszt**	[tist]
soldaat (rang)	**közlegény**	[køzlɛge:ɲ]
sergeant (de)	**őrmester**	[ø:rmɛʃtɛr]
luitenant (de)	**hadnagy**	[hɒdnɒɟ]
kapitein (de)	**százados**	[sa:zɒdoʃ]
majoor (de)	**őrnagy**	[ø:rnɒɟ]
kolonel (de)	**ezredes**	[ɛzrɛdɛʃ]
generaal (de)	**tábornok**	[ta:bornok]
matroos (de)	**tengerész**	[tɛŋgɛre:s]
kapitein (de)	**kapitány**	[kɒpita:ɲ]
bootsman (de)	**fedélzetmester**	[fɛde:lzɛtmɛʃtɛr]
artillerist (de)	**tüzér**	[tyze:r]
valschermjager (de)	**deszantos**	[dɛsɒntoʃ]
piloot (de)	**pilóta**	[pilo:tɒ]
stuurman (de)	**kormányos**	[korma:nøʃ]
mecanicien (de)	**gépész**	[ge:pe:s]
sappeur (de)	**utász**	[uta:s]
parachutist (de)	**ejtőernyős**	[ɛjtø:ɛrɲø:ʃ]
verkenner (de)	**felderítő**	[fɛldɛri:tø:]
scherpschutter (de)	**mesterlövész**	[mɛʃtɛrløve:s]
patrouille (de)	**őrjárat**	[ø:rja:rɒt]
patrouilleren (ww)	**őrjáratoz**	[ø:rja:rɒtoz]
wacht (de)	**őr**	[ø:r]
krijger (de)	**harcos**	[hɒrtsoʃ]
patriot (de)	**hazafi**	[hɒzɒfi]
held (de)	**hős**	[hø:ʃ]
heldin (de)	**hősnő**	[hø:ʃnø:]
verrader (de)	**áruló**	[a:rulo:]
deserteur (de)	**szökevény**	[søkve:ɲ]
deserteren (ww)	**megszökik**	[mɛgsøkik]
huurling (de)	**zsoldos**	[ʒoldoʃ]
rekruut (de)	**újonc**	[u:jonts]
vrijwilliger (de)	**önkéntes**	[øŋke:ntɛʃ]
gedode (de)	**halott**	[hɒlott]
gewonde (de)	**sebesült**	[ʃɛbɛʃylt]
krijgsgevangene (de)	**fogoly**	[fogoj]

155. Oorlog. Militaire acties. Deel 1

oorlog (de)	**háború**	[ha:boru:]
oorlog voeren (ww)	**harcol**	[hɒrtsol]

burgeroorlog (de)	**polgárháború**	[polga:rha:boru:]
achterbaks (bw)	**alattomos**	[alattomos]
oorlogsverklaring (de)	**hadüzenet**	[hɒdyzɛnɛt]
verklaren (de oorlog ~)	**hadat üzen**	[hɒdɒt yzɛn]
agressie (de)	**agresszió**	[ɒgrɛssio:]
aanvallen (binnenvallen)	**támad**	[ta:mɒd]
binnenvallen (ww)	**meghódít**	[mɛgho:di:t]
invaller (de)	**megszállók**	[mɛksa:llo:k]
veroveraar (de)	**hódító**	[ho:di:to:]
verdediging (de)	**védelem**	[ve:dɛlɛm]
verdedigen (je land ~)	**védelmez**	[ve:dɛlmɛz]
zich verdedigen (ww)	**védekezik**	[ve:dɛkɛzik]
vijand (de)	**ellenség**	[ɛllɛnʃe:g]
tegenstander (de)	**ellenfél**	[ɛllɛnfe:l]
vijandelijk (bn)	**ellenséges**	[ɛllɛnʃe:gɛʃ]
strategie (de)	**hadászat**	[hɒda:sɒt]
tactiek (de)	**taktika**	[tɒktikɒ]
order (de)	**parancs**	[pɒrɒntʃ]
bevel (het)	**parancs**	[pɒrɒntʃ]
bevelen (ww)	**parancsol**	[pɒrɒntʃol]
opdracht (de)	**megbízás**	[mɛgbi:za:ʃ]
geheim (bn)	**titkos**	[titkoʃ]
veldslag (de)	**csata**	[tʃɒtɒ]
strijd (de)	**harc**	[hɒrts]
aanval (de)	**támadás**	[ta:mɒda:ʃ]
bestorming (de)	**roham**	[rohɒm]
bestormen (ww)	**megrohamoz**	[mɛgrohɒmoz]
bezetting (de)	**ostrom**	[oʃtrom]
aanval (de)	**támadás**	[ta:mɒda:ʃ]
in het offensief te gaan	**támad**	[ta:mɒd]
terugtrekking (de)	**visszavonulás**	[vissɒvonula:ʃ]
zich terugtrekken (ww)	**visszavonul**	[vissɒvonul]
omsingeling (de)	**bekerítés**	[bɛkɛri:te:ʃ]
omsingelen (ww)	**körülvesz**	[kørylvɛs]
bombardement (het)	**bombázás**	[bomba:za:ʃ]
een bom gooien	**bombáz**	[bomba:z]
bombarderen (ww)	**bombáz**	[bomba:z]
ontploffing (de)	**robbanás**	[robbɒna:ʃ]
schot (het)	**lövés**	[løve:ʃ]
een schot lossen	**lő**	[lø:]
schieten (het)	**tüzelés**	[tyzɛle:ʃ]
mikken op (ww)	**céloz**	[tse:loz]
aanleggen (een wapen ~)	**céloz**	[tse:loz]

treffen (doelwit ~)	**eltalál**	[ɛltɒla:l]
zinken (tot zinken brengen)	**elsüllyeszt**	[ɛlʃyj:ɛst]
kogelgat (het)	**lék**	[le:k]
zinken (gezonken zijn)	**elsüllyed**	[ɛlʃyj:ɛd]
front (het)	**front**	[front]
evacuatie (de)	**kitelepítés**	[kitɛlɛpi:te:ʃ]
evacueren (ww)	**kitelepít**	[kitɛlɛpi:t]
prikkeldraad (de)	**tüskésdrót**	[tyʃke:ʃdro:t]
verdedigingsobstakel (het)	**torlasz**	[torlɒs]
wachttoren (de)	**torony**	[toroɲ]
hospitaal (het)	**katonai kórház**	[kɒtonɒj ko:rha:z]
verwonden (ww)	**megsebez**	[mɛgʃɛbɛz]
wond (de)	**seb**	[ʃɛb]
gewonde (de)	**sebesült**	[ʃɛbɛʃylt]
gewond raken (ww)	**megsebesül**	[mɛgʃɛbɛʃyl]
ernstig (~e wond)	**súlyos**	[ʃu:joʃ]

156. Wapens

wapens (mv.)	**fegyver**	[fɛɟvɛr]
vuurwapens (mv.)	**lőfegyver**	[lø:fɛɟvɛr]
koude wapens (mv.)	**vágó és szúrófegyver**	[va:go: e:ʃ su:ro:fɛɟvɛr]
chemische wapens (mv.)	**vegyifegyver**	[vɛɟifɛɟvɛr]
kern-, nucleair (bn)	**nukleáris**	[nuklɛa:riʃ]
kernwapens (mv.)	**nukleáris fegyver**	[nuklɛa:riʃ fɛɟvɛr]
bom (de)	**bomba**	[bombɒ]
atoombom (de)	**atombomba**	[ɒtombombɒ]
pistool (het)	**pisztoly**	[pistoj]
geweer (het)	**puska**	[puʃkɒ]
machinepistool (het)	**géppisztoly**	[ge:ppistoj]
machinegeweer (het)	**géppuska**	[ge:ppuʃkɒ]
loop (schietbuis)	**cső**	[ʧø:]
loop (bijv. geweer met kortere ~)	**fegyvercső**	[fɛɟvɛrʧø:]
kaliber (het)	**kaliber**	[kɒlibɛr]
trekker (de)	**ravasz**	[rɒvɒs]
korrel (de)	**irányzék**	[ira:ɲze:k]
magazijn (het)	**tár**	[ta:r]
geweerkolf (de)	**puskatus**	[puʃkɒtuʃ]
granaat (handgranaat)	**gránát**	[gra:na:t]
explosieven (mv.)	**robbanóanyag**	[robbɒno:ɒɲɒg]
kogel (de)	**golyó**	[gojo:]
patroon (de)	**töltény**	[tølte:ɲ]
lading (de)	**töltet**	[tøltɛt]

ammunitie (de)	**lőszer**	[lø:sɛr]
bommenwerper (de)	**bombázó**	[bomba:zo:]
straaljager (de)	**vadászgép**	[vɒda:sge:p]
helikopter (de)	**helikopter**	[hɛlikoptɛr]
afweergeschut (het)	**légvédelmi ágyú**	[le:gve:dɛlmi a:ɟu:]
tank (de)	**harckocsi**	[hɒrtskotʃi]
kanon (tank met een ~ van 76 mm)	**ágyú**	[a:ɟu:]
artillerie (de)	**tüzérség**	[tyze:rʃe:g]
aanleggen (een wapen ~)	**céloz**	[tse:loz]
projectiel (het)	**lövedék**	[løvɛde:k]
mortiergranaat (de)	**akna**	[ɒknɒ]
mortier (de)	**aknavető**	[ɒknɒvɛtø:]
granaatscherf (de)	**szilánk**	[sila:ŋk]
duikboot (de)	**tengeralattjáró**	[tɛŋgɛrɒlɒttja:ro:]
torpedo (de)	**torpedó**	[torpɛdo:]
raket (de)	**rakéta**	[rɒke:tɒ]
laden (geweer, kanon)	**megtölt**	[mɛgtølt]
schieten (ww)	**lő**	[lø:]
richten op (mikken)	**céloz**	[tse:loz]
bajonet (de)	**szurony**	[suroɲ]
degen (de)	**párbajtőr**	[pa:rbɒjtø:r]
sabel (de)	**szablya**	[sɒbjɒ]
speer (de)	**dárda**	[da:rdɒ]
boog (de)	**íj**	[i:j]
pijl (de)	**nyíl**	[ɲi:l]
musket (de)	**muskéta**	[muʃke:tɒ]
kruisboog (de)	**számszeríj**	[sa:msɛri:j]

157. Oude mensen

primitief (bn)	**ősi**	[ø:ʃi]
voorhistorisch (bn)	**történelem előtti**	[tørte:nɛlɛm ɛlø:tti]
eeuwenoude (~ beschaving)	**ősi**	[ø:ʃi]
Steentijd (de)	**kőkorszak**	[kø:korsɒk]
Bronstijd (de)	**bronzkor**	[bronskor]
IJstijd (de)	**jégkorszak**	[je:gkorsɒk]
stam (de)	**törzs**	[tørʒ]
menseneter (de)	**emberevő**	[ɛmbɛrɛvø:]
jager (de)	**vadász**	[vɒda:s]
jagen (ww)	**vadászik**	[vɒda:sik]
mammoet (de)	**mamut**	[mɒmut]
grot (de)	**barlang**	[bɒrlɒŋg]
vuur (het)	**tűz**	[ty:z]
kampvuur (het)	**tábortűz**	[ta:borty:z]

rotstekening (de)	**barlangrajz**	[bɒrlɒŋg rɒjz]
werkinstrument (het)	**munkaeszköz**	[muŋkɒɛskøz]
speer (de)	**dárda**	[da:rdɒ]
stenen bijl (de)	**kőfejsze**	[kø:fɛjsɛ]
oorlog voeren (ww)	**harcol**	[hɒrtsol]
temmen (bijv. wolf ~)	**szelídít**	[sɛli:di:t]
idool (het)	**bálvány**	[ba:lva:ɲ]
aanbidden (ww)	**imád**	[ima:d]
bijgeloof (het)	**babona**	[bɒbonɒ]
evolutie (de)	**fejlődés**	[fɛjlø:de:ʃ]
ontwikkeling (de)	**fejlődés**	[fɛjlø:de:ʃ]
verdwijning (de)	**eltűnés**	[ɛlty:ne:ʃ]
zich aanpassen (ww)	**alkalmazkodik**	[ɒlkɒlmɒskodik]
archeologie (de)	**régészet**	[re:ge:sɛt]
archeoloog (de)	**régész**	[re:ge:s]
archeologisch (bn)	**régészeti**	[re:ge:sɛti]
opgravingsplaats (de)	**ásatások**	[a:ʃɒta:ʃok]
opgravingen (mv.)	**ásatások**	[a:ʃɒta:ʃok]
vondst (de)	**lelet**	[lɛlɛt]
fragment (het)	**töredék**	[tørɛde:k]

158. Middeleeuwen

volk (het)	**nép**	[ne:p]
volkeren (mv.)	**népek**	[ne:pɛk]
stam (de)	**törzs**	[tørʒ]
stammen (mv.)	**törzsek**	[tørʒɛk]
barbaren (mv.)	**barbárok**	[bɒrba:rok]
Galliërs (mv.)	**gallok**	[gɒllok]
Goten (mv.)	**gótok**	[go:tok]
Slaven (mv.)	**szlávok**	[sla:vok]
Vikings (mv.)	**vikingek**	[vikiŋgɛk]
Romeinen (mv.)	**rómaiak**	[ro:mɒjɒk]
Romeins (bn)	**római**	[ro:mɒi]
Byzantijnen (mv.)	**bizánciak**	[biza:ntsiɒk]
Byzantium (het)	**Bizánc**	[biza:nts]
Byzantijns (bn)	**bizánci**	[biza:ntsi]
keizer (bijv. Romeinse ~)	**császár**	[ʧa:sa:r]
opperhoofd (het)	**törzsfőnök**	[tørʒfø:nøk]
machtig (bn)	**hatalmas**	[hɒtɒlmɒʃ]
koning (de)	**király**	[kira:j]
heerser (de)	**uralkodó**	[urɒlkodo:]
ridder (de)	**lovag**	[lovɒg]
feodaal (de)	**hűbérúr**	[hy:be:ru:r]
feodaal (bn)	**hűbéri**	[hy:be:ri]

vazal (de)	**hűbéres**	[hy:be:rɛʃ]
hertog (de)	**herceg**	[hɛrtsɛg]
graaf (de)	**gróf**	[gro:f]
baron (de)	**báró**	[ba:ro:]
bisschop (de)	**püspök**	[pyʃpøk]
harnas (het)	**fegyverzet**	[fɛɟvɛrzɛt]
schild (het)	**pajzs**	[pɒjʒ]
zwaard (het)	**kard**	[kɒrd]
vizier (het)	**sisakrostély**	[ʃiʃɒkroʃte:j]
maliënkolder (de)	**páncéling**	[pa:ntse:liŋg]
kruistocht (de)	**keresztes hadjárat**	[kɛrɛstɛʃ hɒdja:rɒt]
kruisvaarder (de)	**keresztes lovag**	[kɛrɛstɛʃ lovɒg]
gebied (bijv. bezette ~en)	**terület**	[tɛrylɛt]
aanvallen (binnonvallon)	**támad**	[ta:mɒd]
veroveren (ww)	**meghódít**	[mɛgho:di:t]
innemen (binnenvallen)	**meghódít**	[mɛgho:di:t]
bezetting (de)	**ostrom**	[oʃtrom]
belegerd (bn)	**ostromolt**	[oʃtromolt]
belegeren (ww)	**ostromol**	[oʃtromol]
inquisitie (de)	**inkvizíció**	[iŋkvizi:tsio:]
inquisiteur (de)	**inkvizítor**	[iŋkvizi:tor]
foltering (de)	**kínvallatás**	[ki:nvɒllɒta:ʃ]
wreed (bn)	**kegyetlen**	[kɛɟɛtlɛn]
ketter (de)	**eretnek**	[ɛrɛtnɛk]
ketterij (de)	**eretnekség**	[ɛrɛtnɛkʃe:g]
zeevaart (de)	**tengerhajózás**	[tɛŋgɛr hɒjo:za:ʃ]
piraat (de)	**kalóz**	[kɒlo:z]
piraterij (de)	**kalózság**	[kɒlo:zʃa:g]
enteren (het)	**csáklyázás**	[ʧa:kja:za:ʃ]
buit (de)	**zsákmány**	[ʒa:kma:ɲ]
schatten (mv.)	**kincsek**	[kinʧɛk]
ontdekking (de)	**felfedezés**	[fɛlfɛdɛze:ʃ]
ontdekken (bijv. nieuw land)	**felfedez**	[fɛlfɛdɛz]
expeditie (de)	**kutatóút**	[kutɒto:u:t]
musketier (de)	**muskétás**	[muʃke:ta:ʃ]
kardinaal (de)	**bíboros**	[bi:boroʃ]
heraldiek (de)	**címertan**	[tsi:mɛrtɒn]
heraldisch (bn)	**címertani**	[tsi:mɛrtɒni]

159. Leider. Baas. Autoriteiten

koning (de)	**király**	[kira:j]
koningin (de)	**királynő**	[kira:jnø:]
koninklijk (bn)	**királyi**	[kira:ji]
koninkrijk (het)	**királyság**	[kira:jʃa:g]
prins (de)	**herceg**	[hɛrtsɛg]

prinses (de)	**hercegnő**	[hɛrtsɛgnø:]
president (de)	**elnök**	[ɛlnøk]
vicepresident (de)	**alelnök**	[ɒlɛlnøk]
senator (de)	**szenátor**	[sɛna:tor]
monarch (de)	**egyeduralkodó**	[ɛɟɛɟurɒlkodo:]
heerser (de)	**uralkodó**	[urɒlkodo:]
dictator (de)	**diktátor**	[dikta:tor]
tiran (de)	**zsarnok**	[ʒɒrnok]
magnaat (de)	**mágnás**	[ma:gna:ʃ]
directeur (de)	**igazgató**	[igɒzgɒto:]
chef (de)	**főnök**	[fø:nøk]
beheerder (de)	**vezető**	[vɛzɛtø:]
baas (de)	**főnök**	[fø:nøk]
eigenaar (de)	**tulajdonos**	[tulɒjdonoʃ]
hoofd (bijv. ~ van de delegatie)	**vezető**	[vɛzɛtø:]
autoriteiten (mv.)	**hatóságok**	[hɒto:ʃa:gok]
superieuren (mv.)	**vezetőség**	[vɛzɛtø:ʃe:g]
gouverneur (de)	**kormányzó**	[korma:ɲzo:]
consul (de)	**konzul**	[konzul]
diplomaat (de)	**diplomata**	[diplomɒtɒ]
burgemeester (de)	**polgármester**	[polga:rmɛʃtɛr]
sheriff (de)	**seriff**	[ʃɛriff]
keizer (bijv. Romeinse ~)	**császár**	[ʧa:sa:r]
tsaar (de)	**cár**	[tsa:r]
farao (de)	**fáraó**	[fa:rɒo:]
kan (de)	**kán**	[ka:n]

160. De wet overtreden. Criminelen. Deel 1

bandiet (de)	**bandita**	[bɒnditɒ]
misdaad (de)	**bűntett**	[by:ntɛtt]
misdadiger (de)	**bűnöző**	[by:nøzø:]
dief (de)	**tolvaj**	[tolvɒj]
stelen (ww)	**lop**	[lop]
stelen, diefstal (de)	**lopás**	[lopa:ʃ]
kidnappen (ww)	**elrabol**	[ɛlrɒbol]
kidnapping (de)	**elrablás**	[ɛlrɒbla:ʃ]
kidnapper (de)	**elrabló**	[ɛlrɒblo:]
losgeld (het)	**váltságdíj**	[va:lʧa:gdi:j]
eisen losgeld (ww)	**váltságdíjat követel**	[va:lʧa:gdi:jɒt køvɛtɛl]
overvallen (ww)	**kirabol**	[kirɒbol]
overvaller (de)	**rabló**	[rɒblo:]
afpersen (ww)	**kizsarol**	[kiʒɒrol]
afperser (de)	**zsaroló**	[ʒɒrolo:]

afpersing (de)	**zsarolás**	[ʒɒrola:ʃ]
vermoorden (ww)	**megöl**	[mɛgøl]
moord (de)	**gyilkosság**	[ɟilkoʃa:g]
moordenaar (de)	**gyilkos**	[ɟilkoʃ]
schot (het)	**lövés**	[løve:ʃ]
een schot lossen	**lő**	[lø:]
neerschieten (ww)	**agyonlő**	[ɒɟønlø:]
schieten (ww)	**tüzel**	[tyzɛl]
schieten (het)	**tüzelés**	[tyzɛle:ʃ]
ongeluk (gevecht, enz.)	**eset**	[ɛʃɛt]
gevecht (het)	**verekedés**	[vɛrɛkɛde:ʃ]
Help!	**Segítség!**	[ʃɛgi:ʧe:g]
slachtoffer (het)	**áldozat**	[a:ldozɒt]
beschadigen (ww)	**megrongál**	[mɛgroŋga:l]
schade (de)	**kár**	[ka:r]
lijk (het)	**hulla**	[hullɒ]
zwaar (~ misdrijf)	**súlyos**	[ʃu:joʃ]
aanvallen (ww)	**támad**	[ta:mɒd]
slaan (iemand ~)	**üt**	[yt]
in elkaar slaan (toetakelen)	**megver**	[mɛgvɛr]
ontnemen (beroven)	**elvesz**	[ɛlvɛs]
steken (met een mes)	**levág**	[lɛva:g]
verminken (ww)	**megcsonkít**	[mɛgʧoŋki:t]
verwonden (ww)	**megsebez**	[mɛgʃɛbɛz]
chantage (de)	**zsarolás**	[ʒɒrola:ʃ]
chanteren (ww)	**zsarol**	[ʒɒrol]
chanteur (de)	**zsaroló**	[ʒɒrolo:]
afpersing (de)	**védelmi pénz zsarolása**	[ve:dɛlmi pe:nz ʒɒrola:ʃɒ]
afperser (de)	**védelmi pénz beszedője**	[ve:dɛlmi pe:nz bɛsɛdø:jɛ]
gangster (de)	**gengszter**	[gɛŋgstɛr]
maffia (de)	**maffia**	[mɒffiɒ]
kruimeldief (de)	**zsebtolvaj**	[ʒɛptolvɒj]
inbreker (de)	**betörő**	[bɛtørø:]
smokkelen (het)	**csempészés**	[ʧɛmpe:se:ʃ]
smokkelaar (de)	**csempész**	[ʧɛmpe:s]
namaak (de)	**hamisítás**	[hɒmiʃi:ta:ʃ]
namaken (ww)	**hamisít**	[hɒmiʃi:t]
namaak-, vals (bn)	**hamisított**	[hɒmiʃi:tott]

161. De wet overtreden. Criminelen. Deel 2

verkrachting (de)	**erőszakolás**	[ɛrø:sɒkola:ʃ]
verkrachten (ww)	**erőszakol**	[ɛrø:sɒkol]
verkrachter (de)	**erőszakos**	[ɛrø:sɒkoʃ]
maniak (de)	**megszállott**	[mɛksa:llott]
prostituee (de)	**prostituált nő**	[proʃtitua:lt nø:]

prostitutie (de)	**prostitúció**	[proʃtitu:tsio:]
pooier (de)	**strici**	[ʃtritsi]
drugsverslaafde (de)	**narkós**	[nɒrko:ʃ]
drugshandelaar (de)	**kábítószerkereskedő**	[ka:bi:to:sɛrkɛrɛʃkɛdø]
opblazen (ww)	**felrobbant**	[fɛlrobbɒnt]
explosie (de)	**robbanás**	[robbɒna:ʃ]
in brand steken (ww)	**felgyújt**	[fɛlɟu:jt]
brandstichter (de)	**gyújtogató**	[ɟu:jtogɒto:]
terrorisme (het)	**terrorizmus**	[tɛrrorizmuʃ]
terrorist (de)	**terrorista**	[tɛrroriʃtɒ]
gijzelaar (de)	**túsz**	[tu:s]
bedriegen (ww)	**megcsal**	[mɛgtʃɒl]
bedrog (het)	**csalás**	[tʃɒla:ʃ]
oplichter (de)	**csaló**	[tʃɒlo:]
omkopen (ww)	**megveszteget**	[mɛgvɛstɛgɛt]
omkoperij (de)	**megvesztegetés**	[mɛgvɛstɛgɛte:ʃ]
smeergeld (het)	**csúszópénz**	[tʃu:so:pe:nz]
vergif (het)	**méreg**	[me:rɛg]
vergiftigen (ww)	**megmérgez**	[mɛgme:rgɛz]
vergif innemen (ww)	**megmérgezi magát**	[mɛgme:rgɛzi mɒga:t]
zelfmoord (de)	**öngyilkosság**	[øɲɟilkoʃa:g]
zelfmoordenaar (de)	**öngyilkos**	[øɲɟilkoʃ]
bedreigen (bijv. met een pistool)	**fenyeget**	[fɛɲɛgɛt]
bedreiging (de)	**fenyegetés**	[fɛɲɛgɛte:ʃ]
een aanslag plegen	**megkísért**	[mɛkki:ʃe:rt]
aanslag (de)	**merénylet**	[mɛre:ɲlɛt]
stelen (een auto)	**ellop**	[ɛllop]
kapen (een vliegtuig)	**eltérít**	[ɛlte:ri:t]
wraak (de)	**bosszú**	[bossu:]
wreken (ww)	**megbosszul**	[mɛgbossul]
martelen (gevangenen)	**kínoz**	[ki:noz]
foltering (de)	**kínvallatás**	[ki:nvɒllɒta:ʃ]
folteren (ww)	**gyötör**	[ɟøtør]
piraat (de)	**kalóz**	[kɒlo:z]
straatschender (de)	**huligán**	[huliga:n]
gewapend (bn)	**fegyveres**	[fɛɟvɛrɛʃ]
geweld (het)	**erőszak**	[ɛrø:sɒk]
spionage (de)	**kémkedés**	[ke:mkɛde:ʃ]
spioneren (ww)	**kémkedik**	[ke:mkɛdik]

162. Politie. Wet. Deel 1

justitie (de)	**igazságügy**	[igɒʃa:gyɟ]
gerechtshof (het)	**bíróság**	[bi:ro:ʃa:g]
rechter (de)	**bíró**	[bi:ro:]
jury (de)	**esküdtek**	[ɛʃkyttɛk]
juryrechtspraak (de)	**esküdtbíróság**	[ɛʃkyttbi:ro:ʃa:g]
berechten (ww)	**elítél**	[ɛli:te:l]
advocaat (de)	**ügyvéd**	[yɟve:d]
beklaagde (de)	**vádlott**	[va:dlott]
beklaagdenbank (de)	**vádlottak padja**	[va:dlottɒk pɒɟɒ]
beschuldiging (de)	**vád**	[va:d]
beschuldigde (de)	**vádlott**	[va:dlott]
vonnis (het)	**ítélet**	[i:te:lɛt]
veroordelen (in een rechtszaak)	**elítél**	[ɛli:te:l]
schuldige (de)	**bűnös**	[by:nøʃ]
straffen (ww)	**büntet**	[byntɛt]
bestraffing (de)	**büntetés**	[byntɛte:ʃ]
boete (de)	**pénzbüntetés**	[pe:nzbyntɛte:ʃ]
doodstraf (de)	**halálbüntetés**	[hɒla:lbyntɛte:ʃ]
elektrische stoel (de)	**villamosszék**	[villɒmoʃse:k]
schavot (het)	**akasztófa**	[ɒkɒsto:fɒ]
executeren (ww)	**kivégez**	[kive:gɛz]
executie (de)	**kivégzés**	[kive:gze:ʃ]
gevangenis (de)	**börtön**	[børtøn]
cel (de)	**cella**	[tsɛllɒ]
konvooi (het)	**őrkíséret**	[ø:rki:ʃe:rɛt]
gevangenisbewaker (de)	**börtönőr**	[børtønø:r]
gedetineerde (de)	**fogoly**	[fogoj]
handboeien (mv.)	**kézbilincs**	[ke:zbilinʧ]
handboeien omdoen	**megbilincsel**	[mɛgbilinʧɛl]
ontsnapping (de)	**szökés**	[søke:ʃ]
ontsnappen (ww)	**megszökik**	[mɛgsøkik]
verdwijnen (ww)	**eltűnik**	[ɛlty:nik]
vrijlaten (uit de gevangenis)	**megszabadít**	[mɛgsɒbɒdi:t]
amnestie (de)	**közkegyelem**	[køskɛɟɛlɛm]
politie (de)	**rendőrség**	[rɛndø:rʃe:g]
politieagent (de)	**rendőr**	[rɛndø:r]
politiebureau (het)	**rendőrőrszoba**	[rɛndø:rø:rsobɒ]
knuppel (de)	**gumibot**	[gumibot]
megafoon (de)	**hangtölcsér**	[hɒŋg tølʧe:r]
patrouilleerwagen (de)	**járőrszolgálat**	[ja:rø:r solga:lɒt]

sirene (de)	**sziréna**	[sire:na]
de sirene aansteken	**bekapcsolja a szirénát**	[bɛkɒpʧojo ɒ sire:na:t]
geloei (het) van de sirene	**szirénahang**	[sire:nɒhɒŋg]
plaats delict (de)	**helyszín**	[hɛjsi:n]
getuige (de)	**tanú**	[tɒnu:]
vrijheid (de)	**szabadság**	[sɒbɒdʃa:g]
handlanger (de)	**bűntárs**	[by:nta:rʃ]
ontvluchten (ww)	**elbújik**	[ɛlbu:jik]
spoor (het)	**nyom**	[ɲom]

163. Politie. Wet. Deel 2

opsporing (de)	**körözés**	[kørøze:ʃ]
opsporen (ww)	**keres**	[kɛrɛʃ]
verdenking (de)	**gyanú**	[ɟonu:]
verdacht (bn)	**gyanús**	[ɟonu:ʃ]
aanhouden (stoppen)	**megállít**	[mɛga:lli:t]
tegenhouden (ww)	**letartóztat**	[lɛtɒrto:ztɒt]
strafzaak (de)	**ügy**	[yɟ]
onderzoek (het)	**vizsgálat**	[viʒga:lɒt]
detective (de)	**nyomozó**	[ɲomozo:]
onderzoeksrechter (de)	**vizsgáló**	[viʒga:lo:]
versie (de)	**verzió**	[vɛrzio:]
motief (het)	**indok**	[indok]
verhoor (het)	**vallatás**	[vɒllɒta:ʃ]
ondervragen (door de politie)	**vallat**	[vɒllɒt]
ondervragen (omstanders ~)	**kikérdez**	[kike:rdɛz]
controle (de)	**ellenőrzés**	[ɛllɛnø:rze:ʃ]
razzia (de)	**razzia**	[rɒzziɒ]
huiszoeking (de)	**átkutatás**	[a:tkutɒta:ʃ]
achtervolging (de)	**üldözés**	[yldøze:ʃ]
achtervolgen (ww)	**üldöz**	[yldøz]
opsporen (ww)	**követ**	[køvɛt]
arrest (het)	**letartóztatás**	[lɛtɒrto:ztɒta:ʃ]
arresteren (ww)	**letartóztat**	[lɛtɒrto:ztɒt]
vangen, aanhouden (een dief, enz.)	**elfog**	[ɛlfog]
aanhouding (de)	**elfogás**	[ɛlfoga:ʃ]
document (het)	**irat**	[irɒt]
bewijs (het)	**bizonyíték**	[bizoni:te:k]
bewijzen (ww)	**bebizonyít**	[bɛbizoni:t]
voetspoor (het)	**nyom**	[ɲom]
vingerafdrukken (mv.)	**ujjlenyomat**	[ujjlɛnømɒt]
bewijs (het)	**bizonyíték**	[bizoni:te:k]
alibi (het)	**alibi**	[ɒlibi]
onschuldig (bn)	**ártatlan**	[a:rtɒtlɒn]
onrecht (het)	**igazságtalanság**	[igɒʃa:gtɒlɒnʃa:g]

onrechtvaardig (bn)	**igazságtalan**	[igɒʃa:gtɒlɒn]
crimineel (bn)	**krimi**	[krimi]
confisqueren (in beslag nemen)	**elkoboz**	[ɛlkoboz]
drug (de)	**kábítószer**	[ka:bi:to:sɛr]
wapen (het)	**fegyver**	[fɛɟvɛr]
ontwapenen (ww)	**lefegyverez**	[lɛfɛɟvɛrɛz]
bevelen (ww)	**parancsol**	[pɒrɒnʧol]
verdwijnen (ww)	**eltűnik**	[ɛlty:nik]
wet (de)	**törvény**	[tørve:ɲ]
wettelijk (bn)	**törvényes**	[tørve:nɛʃ]
onwettelijk (bn)	**törvénytelen**	[tørve:ɲtɛlɛn]
verantwoordelijkheid (de)	**felelősség**	[fɛlɛlø:ʃe:g]
verantwoordelijk (bn)	**felelős**	[fɛlɛlø:ʃ]

NATUUR

De Aarde. Deel 1

164. De kosmische ruimte

kosmos (de)	**világűr**	[vila:gy:r]
kosmisch (bn)	**űr**	[y:r]
kosmische ruimte (de)	**világűr**	[vila:gy:r]
wereld (de)	**világmindenség**	[vila:g mindɛnʃe:g]
heelal (het)	**világegyetem**	[vila:gɛɟɛtɛm]
sterrenstelsel (het)	**galaxis**	[gɒlɒksis]
ster (de)	**csillag**	[ʧillɒg]
sterrenbeeld (het)	**csillagzat**	[ʧillɒgzɒt]
planeet (de)	**bolygó**	[bojgo:]
satelliet (de)	**műhold**	[my:hold]
meteoriet (de)	**meteorit**	[mɛtɛorit]
komeet (de)	**üstökös**	[yʃtøkøʃ]
asteroïde (de)	**aszteroida**	[ɒstɛroidɒ]
baan (de)	**égitest pályája**	[e:gitɛʃt pa:ja:jɒ]
draaien (om de zon, enz.)	**kering**	[kɛriŋg]
atmosfeer (de)	**légkör**	[le:gkør]
Zon (de)	**a Nap**	[ɒ nɒp]
zonnestelsel (het)	**naprendszer**	[nɒprɛndsɛr]
zonsverduistering (de)	**napfogyatkozás**	[nɒpfoɟotkoza:ʃ]
Aarde (de)	**a Föld**	[ɒ føld]
Maan (de)	**a Hold**	[ɒ hold]
Mars (de)	**Mars**	[mɒrʃ]
Venus (de)	**Vénusz**	[ve:nus]
Jupiter (de)	**Jupiter**	[jupitɛr]
Saturnus (de)	**Szaturnusz**	[sɒturnus]
Mercurius (de)	**Merkúr**	[mɛrkur]
Uranus (de)	**Uranus**	[urɒnuʃ]
Neptunus (de)	**Neptunusz**	[nɛptunus]
Pluto (de)	**Plútó**	[plu:to:]
Melkweg (de)	**Tejút**	[tɛju:t]
Grote Beer (de)	**Göncölszekér**	[gøntsølsɛke:r]
Poolster (de)	**Sarkcsillag**	[ʃɒrkʧillɒg]
marsmannetje (het)	**marslakó**	[mɒrʃlɒko:]
buitenaards wezen (het)	**földönkívüli**	[føldøŋki:vyli]

bovenaards (het)	**űrlény**	[y:rle:ɲ]
vliegende schotel (de)	**ufó**	[ufo:]
ruimtevaartuig (het)	**űrhajó**	[y:rhɒjo:]
ruimtestation (het)	**orbitális űrállomás**	[orbita:liʃ y:ra:lloma:ʃ]
start (de)	**rajt**	[rɒjt]
motor (de)	**hajtómű**	[hɒjto:my:]
straalpijp (de)	**fúvóka**	[fu:vo:kɒ]
brandstof (de)	**fűtőanyag**	[fy:tø:ɒɲɒg]
cabine (de)	**fülke**	[fylkɛ]
antenne (de)	**antenna**	[ɒntɛnnɒ]
patrijspoort (de)	**hajóablak**	[hɒjo:ɒblɒk]
zonnebatterij (de)	**napelem**	[nɒpɛlɛm]
ruimtepak (het)	**űrhajósruha**	[y:rhɒjo:ʃ ruhɒ]
gewichtloosheid (de)	**súlytalanság**	[ʃu:jtɒlɒnʃa:g]
zuurstof (de)	**oxigén**	[oksige:n]
koppeling (de)	**összekapcsolás**	[øssɛkɒpʧola:ʃ]
koppeling maken	**összekapcsol**	[øssɛkɒpʧol]
observatorium (het)	**csillagvizsgáló**	[ʧillɒgviʒga:lo:]
telescoop (de)	**távcső**	[ta:vʧø:]
waarnemen (ww)	**figyel**	[fiɟɛl]
exploreren (ww)	**kutat**	[kutɒt]

165. De Aarde

Aarde (de)	**a Föld**	[ɒ føld]
aardbol (de)	**földgolyó**	[føldgojo:]
planeet (de)	**bolygó**	[bojgo:]
atmosfeer (de)	**légkör**	[le:gkør]
aardrijkskunde (de)	**földrajz**	[føldrɒjz]
natuur (de)	**természet**	[tɛrme:sɛt]
wereldbol (de)	**földgömb**	[føldgomb]
kaart (de)	**térkép**	[te:rke:p]
atlas (de)	**atlasz**	[ɒtlɒs]
Europa (het)	**Európa**	[ɛuro:pɒ]
Azië (het)	**Ázsia**	[a:ʒiɒ]
Afrika (het)	**Afrika**	[ɒfrikɒ]
Australië (het)	**Ausztrália**	[ɒustra:liɒ]
Amerika (het)	**Amerika**	[ɒmɛrikɒ]
Noord-Amerika (het)	**ÉszakAmerika**	[e:sɒkɒmɛrikɒ]
Zuid-Amerika (het)	**DélAmerika**	[de:lɒmɛrikɒ]
Antarctica (het)	**Antarktisz**	[ɒntɒrktis]
Arctis (de)	**Arktisz**	[ɒrktis]

166. Windrichtingen

noorden (het)	**észak**	[e:sɒk]
naar het noorden	**északra**	[e:sɒkrɒ]
in het noorden	**északon**	[e:sɒkon]
noordelijk (bn)	**északi**	[e:sɒki]
zuiden (het)	**dél**	[de:l]
naar het zuiden	**délre**	[de:lrɛ]
in het zuiden	**délen**	[de:lɛn]
zuidelijk (bn)	**déli**	[de:li]
westen (het)	**nyugat**	[ɲugɒt]
naar het westen	**nyugatra**	[ɲugɒtrɒ]
in het westen	**nyugaton**	[ɲugɒton]
westelijk (bn)	**nyugati**	[ɲugɒti]
oosten (het)	**kelet**	[kɛlɛt]
naar het oosten	**keletre**	[kɛlɛtrɛ]
in het oosten	**keleten**	[kɛlɛtɛn]
oostelijk (bn)	**keleti**	[kɛlɛti]

167. Zee. Oceaan

zee (de)	**tenger**	[tɛŋgɛr]
oceaan (de)	**óceán**	[o:tsɛa:n]
golf (baai)	**öböl**	[øbøl]
straat (de)	**tengerszoros**	[tɛŋgɛrsoroʃ]
continent (het)	**földrész**	[føldre:s]
eiland (het)	**sziget**	[sigɛt]
schiereiland (het)	**félsziget**	[fe:lsigɛt]
archipel (de)	**szigetcsoport**	[sigɛttʃoport]
baai, bocht (de)	**öböl**	[øbøl]
haven (de)	**rév**	[re:v]
lagune (de)	**lagúna**	[lɒgu:nɒ]
kaap (de)	**fok**	[fok]
atol (de)	**atoll**	[ɒtoll]
rif (het)	**szirt**	[sirt]
koraal (het)	**korall**	[korɒll]
koraalrif (het)	**korallszirt**	[korɒllsirt]
diep (bn)	**mély**	[me:j]
diepte (de)	**mélység**	[me:jʃe:g]
diepzee (de)	**abisszikus**	[abissikus]
trog (bijv. Marianentrog)	**mélyedés**	[me:jɛde:ʃ]
stroming (de)	**folyás**	[foja:ʃ]
omspoelen (ww)	**körülvesz**	[kørylvɛs]
oever (de)	**part**	[pɒrt]
kust (de)	**part**	[pɒrt]

vloed (de)	**dagály**	[dɒga:j]
eb (de)	**apály**	[ɒpa:j]
ondiepte (ondiep water)	**zátony**	[za:toɲ]
bodem (de)	**alj**	[ɒj]
golf (hoge ~)	**hullám**	[hulla:m]
golfkam (de)	**taraj**	[tɒrɒj]
schuim (het)	**hab**	[hɒb]
orkaan (de)	**orkán**	[orka:n]
tsunami (de)	**szökőár**	[søkø:a:r]
windstilte (de)	**szélcsend**	[se:lʧɛnd]
kalm (bijv. ~e zee)	**csendes**	[ʧɛndɛʃ]
pool (de)	**sark**	[ʃɒrk]
polair (bn)	**sarki**	[ʃɒrki]
breedtegraad (de)	**szélesség**	[se:lɛʃe:g]
lengtegraad (de)	**hosszúság**	[hossu:ʃa:g]
parallel (de)	**szélességi kör**	[se:lɛʃe:gi kør]
evenaar (de)	**egyenlítő**	[ɛɟɛnli:tø:]
hemel (de)	**ég**	[e:g]
horizon (de)	**látóhatár**	[la:to:hɒta:r]
lucht (de)	**levegő**	[lɛvɛgø:]
vuurtoren (de)	**világítótorony**	[vila:gi:to:toroɲ]
duiken (ww)	**lemerül**	[lɛmɛryl]
zinken (ov. een boot)	**elsüllyed**	[ɛlʃyj:ɛd]
schatten (mv.)	**kincsek**	[kinʧɛk]

168. Bergen

berg (de)	**hegy**	[hɛɟ]
bergketen (de)	**hegylánc**	[hɛɟla:nts]
gebergte (het)	**hegygerinc**	[hɛɟgɛrints]
bergtop (de)	**csúcs**	[ʧu:ʧ]
bergpiek (de)	**hegyfok**	[hɛɟfok]
voet (ov. de berg)	**láb**	[la:b]
helling (de)	**lejtő**	[lɛjtø:]
vulkaan (de)	**vulkán**	[vulka:n]
actieve vulkaan (de)	**működő vulkán**	[mykødø: vulka:n]
uitgedoofde vulkaan (de)	**kialudt vulkán**	[kiɒlutt vulka:n]
uitbarsting (de)	**kitörés**	[kitøre:ʃ]
krater (de)	**vulkántölcsér**	[vulka:ntølʧe:r]
magma (het)	**magma**	[mɒgmɒ]
lava (de)	**láva**	[la:vɒ]
gloeiend (~e lava)	**izzó**	[izzo:]
kloof (canyon)	**kanyon**	[kɒɲon]
bergkloof (de)	**hegyszoros**	[hɛɟsoroʃ]

spleet (de)	**hasadék**	[hɒʃɒde:k]
bergpas (de)	**hágó**	[ha:go:]
plateau (het)	**fennsík**	[fɛnnʃi:k]
klip (de)	**szikla**	[siklɒ]
heuvel (de)	**domb**	[domb]
gletsjer (de)	**gleccser**	[glɛʧɛr]
waterval (de)	**vízesés**	[vi:zɛʃe:ʃ]
geiser (de)	**szökőforrás**	[søkø:forra:ʃ]
meer (het)	**tó**	[to:]
vlakte (de)	**síkság**	[ʃi:kʃa:g]
landschap (het)	**táj**	[ta:j]
echo (de)	**visszhang**	[visshɒŋg]
alpinist (de)	**alpinista**	[ɒlpiniʃtɒ]
bergbeklimmer (de)	**sziklamászó**	[siklɒ ma:so:]
trotseren (berg ~)	**meghódít**	[mɛgho:di:t]
beklimming (de)	**megmászás**	[mɛgma:sa:ʃ]

169. Rivieren

rivier (de)	**folyó**	[fojo:]
bron (~ van een rivier)	**forrás**	[forra:ʃ]
rivierbedding (de)	**meder**	[mɛdɛr]
rivierbekken (het)	**medence**	[mɛdɛntsɛ]
uitmonden in ...	**befolyik**	[bɛfojik]
zijrivier (de)	**mellékfolyó**	[mɛlle:kfojo:]
oever (de)	**part**	[pɒrt]
stroming (de)	**folyás**	[foja:ʃ]
stroomafwaarts (bw)	**folyón lefelé**	[fojo:n lɛfɛle:]
stroomopwaarts (bw)	**folyón fölfelé**	[fojo:n følfɛle:]
overstroming (de)	**árvíz**	[a:rvi:z]
overstroming (de)	**áradás**	[a:rɒda:ʃ]
buiten zijn oevers treden	**kiárad**	[kia:rɒd]
overstromen (ww)	**eláraszt**	[ɛla:rɒst]
zandbank (de)	**zátony**	[za:toɲ]
stroomversnelling (de)	**zuhogó**	[zuhogo:]
dam (de)	**gát**	[ga:t]
kanaal (het)	**csatorna**	[ʧɒtornɒ]
spaarbekken (het)	**víztároló**	[vi:zta:rolo:]
sluis (de)	**zsilip**	[ʒilip]
waterlichaam (het)	**vizek**	[vizɛk]
moeras (het)	**mocsár**	[moʧa:r]
broek (het)	**ingovány**	[iŋgova:ɲ]
draaikolk (de)	**forgatag**	[forgɒtɒg]
stroom (de)	**patak**	[pɒtɒk]
drink- (abn)	**iható**	[ihɒto:]

zoet (~ water)	**édesvízi**	[e:dɛʃvi:zi]
ijs (het)	**jég**	[je:g]
bevriezen (rivier, enz.)	**befagy**	[bɛfɒɟ]

170. Bos

bos (het)	**erdő**	[ɛrdø:]
bos- (abn)	**erdő**	[ɛrdø:]
oerwoud (dicht bos)	**sűrűség**	[ʃy:ry:ʃe:g]
bosje (klein bos)	**erdőcske**	[ɛrdø:ʧkɛ]
open plek (de)	**tisztás**	[tista:ʃ]
struikgewas (het)	**bozót**	[bozo:t]
struiken (mv.)	**cserje**	[ʧɛrjɛ]
paadje (het)	**gyalogút**	[ɟologu:t]
ravijn (het)	**vízmosás**	[vi:zmoʃa:ʃ]
boom (de)	**fa**	[fɒ]
blad (het)	**levél**	[lɛve:l]
gebladerte (het)	**lomb**	[lomb]
vallende bladeren (mv.)	**lombhullás**	[lombhulla:ʃ]
vallen (ov. de bladeren)	**lehull**	[lɛhull]
boomtop (de)	**tető**	[tɛtø:]
tak (de)	**ág**	[a:g]
ent (de)	**ág**	[a:g]
knop (de)	**rügy**	[ryɟ]
naald (de)	**tűlevél**	[ty:lɛve:l]
dennenappel (de)	**toboz**	[toboz]
boom holte (de)	**odú**	[odu:]
nest (het)	**fészek**	[fe:sɛk]
hol (het)	**üreg**	[yrɛg]
stam (de)	**törzs**	[tørʒ]
wortel (bijv. boom~s)	**gyökér**	[ɟøke:r]
schors (de)	**kéreg**	[ke:rɛg]
mos (het)	**moha**	[mohɒ]
ontwortelen (een boom)	**kiás**	[kia:ʃ]
kappen (een boom ~)	**irt**	[irt]
ontbossen (ww)	**irt**	[irt]
stronk (de)	**tönk**	[tøŋk]
kampvuur (het)	**tábortűz**	[ta:borty:z]
bosbrand (de)	**erdőtűz**	[ɛrdø:ty:z]
blussen (ww)	**olt**	[olt]
boswachter (de)	**erdész**	[ɛrde:s]
bescherming (de)	**őrzés**	[ø:rze:ʃ]
beschermen (bijv. de natuur ~)	**őriz**	[ø:riz]

stroper (de)	**vadorzó**	[vɒdorzo:]
val (de)	**csapda**	[ʧɒbdɒ]
plukken (paddestoelen ~)	**gombázik**	[gomba:zik]
plukken (bessen ~)	**szed**	[sɛd]
verdwalen (de weg kwijt zijn)	**eltéved**	[ɛlte:vɛd]

171. Natuurlijke hulpbronnen

natuurlijke rijkdommen (mv.)	**természeti kincsek**	[tɛrme:sɛti kinʧɛk]
delfstoffen (mv.)	**ásványkincsek**	[a:ʃva:ɲ kinʧɛk]
lagen (mv.)	**rétegek**	[re:tɛgɛk]
veld (bijv. olie~)	**lelőhely**	[lɛlø:hɛj]
winnen (uit erts ~)	**kitermel**	[kitɛrmɛl]
winning (de)	**kitermelés**	[kitɛrmɛle:ʃ]
erts (het)	**érc**	[e:rts]
mijn (bijv. kolenmijn)	**bánya**	[ba:ɲɒ]
mijnschacht (de)	**akna**	[ɒknɒ]
mijnwerker (de)	**bányász**	[ba:nja:s]
gas (het)	**gáz**	[ga:z]
gasleiding (de)	**gázvezeték**	[ga:zvɛzɛte:k]
olie (aardolie)	**nyersolaj**	[ɲɛrʃolɒj]
olieleiding (de)	**olajvezeték**	[olɒjvɛzɛte:k]
oliebron (de)	**olajkút**	[olɒjku:t]
boortoren (de)	**fúrótorony**	[fu:ro:toroɲ]
tanker (de)	**tartályhajó**	[tɒrta:jhɒjo:]
zand (het)	**homok**	[homok]
kalksteen (de)	**mészkő**	[me:skø:]
grind (het)	**kavics**	[kɒviʧ]
veen (het)	**tőzeg**	[tø:zɛg]
klei (de)	**agyag**	[ɒɟog]
steenkool (de)	**szén**	[se:n]
ijzer (het)	**vas**	[vɒʃ]
goud (het)	**arany**	[ɒrɒɲ]
zilver (het)	**ezüst**	[ɛzyʃt]
nikkel (het)	**nikkel**	[nikkɛl]
koper (het)	**réz**	[re:z]
zink (het)	**horgany**	[horgɒɲ]
mangaan (het)	**mangán**	[mɒŋga:n]
kwik (het)	**higany**	[higɒɲ]
lood (het)	**ólom**	[o:lom]
mineraal (het)	**ásvány**	[a:ʃva:ɲ]
kristal (het)	**kristály**	[kriʃta:j]
marmer (het)	**márvány**	[ma:rva:ɲ]
uraan (het)	**uránium**	[ura:nium]

De Aarde. Deel 2

172. Weer

weer (het)	**időjárás**	[idø:ja:ra:ʃ]
weersvoorspelling (de)	**időjárásjelentés**	[idø:ja:ra:ʃjɛlɛnte:ʃ]
temperatuur (de)	**hőmérséklet**	[hø:me:rʃe:klɛt]
thermometer (de)	**hőmérő**	[hø:me:rø:]
barometer (de)	**légsúlymérő**	[le:gʃu:jme:rø:]
vochtigheid (de)	**nedvesség**	[nɛdvɛʃe:g]
hitte (de)	**hőség**	[hø:ʃe:g]
heet (bn)	**forró**	[forro:]
het is heet	**hőség van**	[hø:ʃe:g vɒn]
het is warm	**meleg van**	[mɛlɛg vɒn]
warm (bn)	**meleg**	[mɛlɛg]
het is koud	**hideg van**	[hidɛg vɒn]
koud (bn)	**hideg**	[hidɛg]
zon (de)	**nap**	[nɒp]
schijnen (de zon)	**süt**	[ʃyt]
zonnig (~e dag)	**napos**	[nɒpoʃ]
opgaan (ov. de zon)	**felkel**	[fɛlkɛl]
ondergaan (ww)	**lemegy**	[lɛmɛɟ]
wolk (de)	**felhő**	[fɛlhø:]
bewolkt (bn)	**felhős**	[fɛlhø:ʃ]
regenwolk (de)	**esőfelhő**	[ɛʃø:fɛlhø:]
somber (bn)	**borús**	[boru:ʃ]
regen (de)	**eső**	[ɛʃø:]
het regent	**esik az eső**	[ɛʃik ɒz ɛʃø:]
regenachtig (bn)	**esős**	[ɛʃø:ʃ]
motregenen (ww)	**szemerkél**	[sɛmɛrke:l]
plensbui (de)	**zápor**	[za:por]
stortbui (de)	**zápor**	[za:por]
hard (bn)	**erős**	[ɛrø:ʃ]
plas (de)	**tócsa**	[to:ʧɒ]
nat worden (ww)	**ázik**	[a:zik]
mist (de)	**köd**	[kød]
mistig (bn)	**ködös**	[kødøʃ]
sneeuw (de)	**hó**	[ho:]
het sneeuwt	**havazik**	[hɒvɒzik]

173. Zwaar weer. Natuurrampen

noodweer (storm)	**zivatar**	[zivɒtɒr]
bliksem (de)	**villám**	[villa:m]
flitsen (ww)	**villámlik**	[villa:mlik]
donder (de)	**mennydörgés**	[mɛɲɲdørge:ʃ]
donderen (ww)	**dörög**	[dørøg]
het dondert	**mennydörög**	[mɛɲɲdørøg]
hagel (de)	**jégeső**	[je:gɛʃø:]
het hagelt	**jég esik**	[je:g ɛʃik]
overstromen (ww)	**elárad**	[ɛla:rɒd]
overstroming (de)	**árvíz**	[a:rvi:z]
aardbeving (de)	**földrengés**	[føldrɛŋge:ʃ]
aardschok (de)	**lökés**	[løke:ʃ]
epicentrum (het)	**epicentrum**	[ɛpitsɛntrum]
uitbarsting (de)	**kitörés**	[kitøre:ʃ]
lava (de)	**láva**	[la:vɒ]
wervelwind (de)	**forgószél**	[forgo:se:l]
windhoos (de)	**tornádó**	[torna:do:]
tyfoon (de)	**tájfun**	[ta:jfun]
orkaan (de)	**orkán**	[orka:n]
storm (de)	**vihar**	[vihɒr]
tsunami (de)	**szökőár**	[søkø:a:r]
cycloon (de)	**ciklon**	[tsiklon]
onweer (het)	**rossz idő**	[ross idø:]
brand (de)	**tűz**	[ty:z]
ramp (de)	**katasztrófa**	[kɒtɒstro:fɒ]
meteoriet (de)	**meteorit**	[mɛtɛorit]
lawine (de)	**lavina**	[lɒvinɒ]
sneeuwverschuiving (de)	**hógörgeteg**	[ho:gørgɛtɛg]
sneeuwjacht (de)	**hóvihar**	[ho:vihɒr]
sneeuwstorm (de)	**hóvihar**	[ho:vihɒr]

Fauna

174. Zoogdieren. Roofdieren

roofdier (het)	**ragadozó állat**	[rɒgɒdozo: a:llɒt]
tijger (de)	**tigris**	[tigriʃ]
leeuw (de)	**oroszlán**	[orosla:n]
wolf (de)	**farkas**	[fɒrkɒʃ]
vos (de)	**róka**	[ro:kɒ]
jaguar (de)	**jaguár**	[jɒgua:r]
luipaard (de)	**leopárd**	[lɛopa:rd]
jachtluipaard (de)	**gepárd**	[gɛpa:rd]
panter (de)	**párduc**	[pa:rduts]
poema (de)	**puma**	[pumɒ]
sneeuwluipaard (de)	**hópárduc**	[ho:pa:rduts]
lynx (de)	**hiúz**	[hiu:z]
coyote (de)	**prérifarkas**	[pre:rifɒrkɒʃ]
jakhals (de)	**sakál**	[ʃɒka:l]
hyena (de)	**hiéna**	[hie:nɒ]

175. Wilde dieren

dier (het)	**állat**	[a:llɒt]
beest (het)	**vadállat**	[vɒda:llɒt]
eekhoorn (de)	**mókus**	[mo:kuʃ]
egel (de)	**sündisznó**	[ʃyndisno:]
haas (de)	**nyúl**	[ɲu:l]
konijn (het)	**nyúl**	[ɲu:l]
das (de)	**borz**	[borz]
wasbeer (de)	**mosómedve**	[moʃo:mɛdvɛ]
hamster (de)	**hörcsög**	[hørʧøg]
marmot (de)	**mormota**	[mormotɒ]
mol (de)	**vakond**	[vɒkond]
muis (de)	**egér**	[ɛge:r]
rat (de)	**patkány**	[pɒtka:ɲ]
vleermuis (de)	**denevér**	[dɛnɛve:r]
hermelijn (de)	**hermelin**	[hɛrmɛlin]
sabeldier (het)	**coboly**	[tsoboj]
marter (de)	**nyuszt**	[ɲust]
wezel (de)	**menyét**	[mɛɲe:t]
nerts (de)	**nyérc**	[ɲe:rts]

bever (de)	**hódprém**	[ho:dpre:m]
otter (de)	**vidra**	[vidrɒ]
paard (het)	**ló**	[lo:]
eland (de)	**jávorszarvas**	[ja:vorsɒrvɒʃ]
hert (het)	**szarvas**	[sɒrvɒʃ]
kameel (de)	**teve**	[tɛvɛ]
bizon (de)	**bölény**	[bøle:ɲ]
wisent (de)	**európai bölény**	[ɛuro:pɒj bøle:ɲ]
buffel (de)	**bivaly**	[bivɒj]
zebra (de)	**zebra**	[zɛbrɒ]
antilope (de)	**antilop**	[ɒntilop]
ree (de)	**őz**	[ø:z]
damhert (het)	**dámszarvas**	[da:msɒrvɒʃ]
gems (de)	**zerge**	[zɛrgɛ]
everzwijn (het)	**vaddisznó**	[vɒddisno:]
walvis (de)	**bálna**	[ba:lnɒ]
rob (de)	**fóka**	[fo:kɒ]
walrus (de)	**rozmár**	[rozma:r]
zeebeer (de)	**medvefóka**	[mɛdvɛfo:kɒ]
dolfijn (de)	**delfin**	[dɛlfin]
beer (de)	**medve**	[mɛdvɛ]
ijsbeer (de)	**jegesmedve**	[jɛgɛʃmɛdvɛ]
panda (de)	**panda**	[pɒndɒ]
aap (de)	**majom**	[mɒjom]
chimpansee (de)	**csimpánz**	[ʧimpa:nz]
orang-oetan (de)	**orangután**	[orɒŋguta:n]
gorilla (de)	**gorilla**	[gorillɒ]
makaak (de)	**makákó**	[mɒka:ko:]
gibbon (de)	**gibbon**	[gibbon]
olifant (de)	**elefánt**	[ɛlɛfa:nt]
neushoorn (de)	**orrszarvú**	[orrsɒrvu:]
giraffe (de)	**zsiráf**	[ʒira:f]
nijlpaard (het)	**víziló**	[vi:zilo:]
kangoeroe (de)	**kenguru**	[kɛŋguru]
koala (de)	**koala**	[koɒlɒ]
mangoest (de)	**mongúz**	[moŋgu:z]
chinchilla (de)	**csincsilla**	[ʧinʧillɒ]
stinkdier (het)	**bűzös borz**	[by:zøʃ borz]
stekelvarken (het)	**tarajos sül**	[tɒrɒjoʃ ʃyl]

176. Huisdieren

poes (de)	**macska**	[mɒʧkɒ]
kater (de)	**kandúr**	[kɒndu:r]
paard (het)	**ló**	[lo:]

hengst (de)	**mén**	[me:n]
merrie (de)	**kanca**	[kɒntsɒ]
koe (de)	**tehén**	[tɛhe:n]
bul, stier (de)	**bika**	[bikɒ]
os (de)	**ökör**	[økør]
schaap (het)	**juh**	[juh]
ram (de)	**kos**	[koʃ]
geit (de)	**kecske**	[kɛʧkɛ]
bok (de)	**bakkecske**	[bɒkkɛʧkɛ]
ezel (de)	**szamár**	[sɒma:r]
muilezel (de)	**öszvér**	[øsve:r]
varken (het)	**disznó**	[disno:]
biggetje (het)	**malac**	[mɒlɒts]
konijn (het)	**nyúl**	[ɲu:l]
kip (de)	**tyúk**	[cu:k]
haan (de)	**kakas**	[kɒkɒʃ]
eend (de)	**kacsa**	[kɒʧɒ]
woerd (de)	**gácsér**	[ga:ʧe:r]
gans (de)	**liba**	[libɒ]
kalkoen haan (de)	**pulykakakas**	[pujkɒkɒkɒʃ]
kalkoen (de)	**pulyka**	[pujkɒ]
huisdieren (mv.)	**háziállatok**	[ha:zi a:llɒtok]
tam (bijv. hamster)	**szelíd**	[sɛli:d]
temmen (tam maken)	**megszelídít**	[mɛgsɛli:di:t]
fokken (bijv. paarden ~)	**tenyészt**	[tɛne:st]
boerderij (de)	**telep**	[tɛlɛp]
gevogelte (het)	**baromfi**	[bɒromfi]
rundvee (het)	**jószág**	[jo:sa:g]
kudde (de)	**nyáj**	[nja:j]
paardenstal (de)	**istálló**	[iʃta:llo:]
zwijnenstal (de)	**disznóól**	[disno:o:l]
koeienstal (de)	**tehénistálló**	[tɛhe:niʃta:llo:]
konijnenhok (het)	**nyúlketrec**	[ɲu:lkɛtrɛts]
kippenhok (het)	**tyúkól**	[cu:ko:l]

177. Honden. Hondenrassen

hond (de)	**kutya**	[kucɒ]
herdershond (de)	**juhászkutya**	[juha:skucɒ]
poedel (de)	**uszkár**	[uska:r]
teckel (de)	**dakszli**	[dɒksli]
buldog (de)	**buldog**	[buldog]
boxer (de)	**boxer**	[boksɛr]

mastiff (de)	**masztiff**	[mɒstiff]
rottweiler (de)	**rottweiler**	[rottvɛjlɛr]
doberman (de)	**dobermann**	[dobɛrmɒnn]
basset (de)	**Basset hound**	[bɒssɛt hɒund]
bobtail (de)	**bobtél**	[bopte:l]
dalmatièr (de)	**dalmata**	[dɒlmɒtɒ]
cockerspanièl (de)	**spániel**	[ʃpa:niɛl]
Newfoundlander (de)	**újfundlandi**	[u:jfundlɒdi]
sint-bernard (de)	**bernáthegyi kutya**	[bɛrna:thɛɟi kucɒ]
husky (de)	**husky**	[hɒski]
chowchow (de)	**Csau csau**	[ʧau-ʧau]
spits (de)	**spicc**	[ʃpits]
mopshond (de)	**mopsz**	[mops]

178. Dierengeluiden

geblaf (het)	**ugatás**	[ugɒta:ʃ]
blaffen (ww)	**ugat**	[ugɒt]
miauwen (ww)	**nyávog**	[ɲa:vog]
spinnen (katten)	**dorombol**	[dorombol]
loeien (ov. een koe)	**bőg**	[bø:g]
brullen (stier)	**bőg**	[bø:g]
grommen (ov. de honden)	**morog**	[morog]
gehuil (het)	**üvöltés**	[yvølte:ʃ]
huilen (wolf, enz.)	**üvölt**	[yvølt]
janken (ov. een hond)	**szűköl**	[sy:køl]
mekkeren (schapen)	**béget**	[be:gɛt]
knorren (varkens)	**röfög**	[røføg]
gillen (bijv. varken)	**visít**	[viʃi:t]
kwaken (kikvorsen)	**brekeg**	[brɛkɛg]
zoemen (hommel, enz.)	**zümmög**	[zymmøg]
tjirpen (sprinkhanen)	**ciripel**	[tsiripɛl]

179. Vogels

vogel (de)	**madár**	[mɒda:r]
duif (de)	**galamb**	[gɒlɒmb]
mus (de)	**veréb**	[vɛre:b]
koolmees (de)	**cinke**	[tsiŋkɛ]
ekster (de)	**szarka**	[sɒrkɒ]
raaf (de)	**holló**	[hollo:]
kraai (de)	**varjú**	[vɒrju:]
kauw (de)	**csóka**	[ʧo:kɒ]
roek (de)	**vetési varjú**	[vɛte:ʃi vɒrju:]

eend (de)	**kacsa**	[kɒʧɒ]
gans (de)	**liba**	[libɒ]
fazant (de)	**fácán**	[fa:tsa:n]
arend (de)	**sas**	[ʃɒʃ]
havik (de)	**héja**	[he:jɒ]
valk (de)	**sólyom**	[ʃo:jom]
gier (de)	**griff**	[griff]
condor (de)	**kondor**	[kondor]
zwaan (de)	**hattyú**	[hɒc:u:]
kraanvogel (de)	**daru**	[dɒru]
ooievaar (de)	**gólya**	[go:jɒ]
papegaai (de)	**papagáj**	[pɒpɒga:j]
kolibrie (de)	**kolibri**	[kolibri]
pauw (de)	**páva**	[pa:vɒ]
struisvogel (de)	**strucc**	[ʃtruts]
reiger (de)	**kócsag**	[ko:ʧɒg]
flamingo (de)	**flamingó**	[flɒmiŋgo:]
pelikaan (de)	**pelikán**	[pɛlika:n]
nachtegaal (de)	**fülemüle**	[fylɛmylɛ]
zwaluw (de)	**fecske**	[fɛʧkɛ]
lijster (de)	**rigó**	[rigo:]
zanglijster (de)	**énekes rigó**	[e:nɛkɛʃ rigo:]
merel (de)	**fekete rigó**	[fɛkɛtɛ rigo:]
gierzwaluw (de)	**sarlós fecske**	[ʃɒrlo:ʃ fɛʧkɛ]
leeuwerik (de)	**pacsirta**	[pɒʧirtɒ]
kwartel (de)	**fürj**	[fyrj]
specht (de)	**harkály**	[hɒrka:j]
koekoek (de)	**kakukk**	[kɒkukk]
uil (de)	**bagoly**	[bɒgoj]
oehoe (de)	**fülesbagoly**	[fylɛʃbɒgoj]
auerhoen (het)	**süketfajd**	[ʃykɛtfɒjd]
korhoen (het)	**nyírfajd**	[ɲi:rfɒjd]
patrijs (de)	**fogoly**	[fogoj]
spreeuw (de)	**seregély**	[ʃɛrɛge:j]
kanarie (de)	**kanári**	[kɒna:ri]
hazelhoen (het)	**császármadár**	[ʧa:sa:rmɒda:r]
vink (de)	**erdei pinty**	[ɛrdɛi piɲc]
goudvink (de)	**pirók**	[piro:k]
meeuw (de)	**sirály**	[ʃira:j]
albatros (de)	**albatrosz**	[ɒlbɒtros]
pinguïn (de)	**pingvin**	[piŋgvin]

180. Vogels. Zingen en geluiden

fluiten, zingen (ww)	**énekel**	[e:nɛkɛl]
schreeuwen (dieren, vogels)	**kiabál**	[kiɒba:l]

kraaien (ov. een haan)	**kukorékol**	[kukore:kol]
kukeleku	**kukurikú**	[kukuriku:]
klokken (hen)	**kotkodácsol**	[kotkoda:ʧol]
krassen (kraai)	**károg**	[ka:rog]
kwaken (eend)	**hápog**	[ha:pog]
piepen (kuiken)	**csipog**	[ʧipog]
tjilpen (bijv. een mus)	**csiripel**	[ʧiripɛl]

181. Vis. Zeedieren

brasem (de)	**dévérkeszeg**	[de:ve:rkɛsɛg]
karper (de)	**ponty**	[poɲc]
baars (de)	**folyami sügér**	[fojɒmi ʃyge:r]
meerval (de)	**harcsa**	[hɒrʧɒ]
snoek (de)	**csuka**	[ʧukɒ]
zalm (de)	**lazac**	[lɒzɒts]
steur (de)	**tokhal**	[tokhɒl]
haring (de)	**hering**	[hɛriŋg]
atlantische zalm (de)	**lazac**	[lɒzɒts]
makreel (de)	**makréla**	[mɒkre:lɒ]
platvis (de)	**lepényhal**	[lɛpe:ɲhɒl]
snoekbaars (de)	**fogas**	[fogɒʃ]
kabeljauw (de)	**tőkehal**	[tø:kɛhɒl]
tonijn (de)	**tonhal**	[tonhɒl]
forel (de)	**pisztráng**	[pistra:ŋg]
paling (de)	**angolna**	[ɒŋgolnɒ]
sidderrog (de)	**villamos rája**	[villɒmoʃ ra:jɒ]
murene (de)	**muréna**	[mure:nɒ]
piranha (de)	**pirája**	[pira:jo]
haai (de)	**cápa**	[tsa:pɒ]
dolfijn (de)	**delfin**	[dɛlfin]
walvis (de)	**bálna**	[ba:lnɒ]
krab (de)	**tarisznyarák**	[tɒrisɲɒra:k]
kwal (de)	**medúza**	[mɛdu:zɒ]
octopus (de)	**nyolckarú polip**	[ɲoltskɒru: polip]
zeester (de)	**tengeri csillag**	[tɛŋgɛri ʧillɒg]
zee-egel (de)	**tengeri sün**	[tɛŋgɛri ʃyn]
zeepaardje (het)	**tengeri csikó**	[tɛŋgɛri ʧiko:]
oester (de)	**osztriga**	[ostrigɒ]
garnaal (de)	**garnélarák**	[gɒrne:lɒra:k]
kreeft (de)	**homár**	[homa:r]
langoest (de)	**languszta**	[lɒŋgustɒ]

182. Amfibieën. Reptielen

slang (de)	**kígyó**	[ki:ɟø:]
giftig (slang)	**mérges**	[me:rgɛʃ]
adder (de)	**vipera**	[vipɛrɒ]
cobra (de)	**kobra**	[kobrɒ]
python (de)	**piton**	[piton]
boa (de)	**boa**	[boɒ]
ringslang (de)	**sikló**	[ʃiklo:]
ratelslang (de)	**csörgőkígyó**	[ʧørgø:kiɟø:]
anaconda (de)	**anakonda**	[ɒnɒkondɒ]
hagedis (de)	**gyík**	[ɟi:k]
leguaan (de)	**leguán**	[lɛgua:n]
varaan (de)	**varánusz**	[vɒra:nus]
salamander (de)	**szalamandra**	[sɒlɒmɒndrɒ]
kameleon (de)	**kaméleon**	[kɒme:lɛon]
schorpioen (de)	**skorpió**	[ʃkorpio:]
schildpad (de)	**teknősbéka**	[tɛknø:ʃbe:kɒ]
kikker (de)	**béka**	[be:kɒ]
pad (de)	**varangy**	[vɒrɒɲɟ]
krokodil (de)	**krokodil**	[krokodil]

183. Insecten

insect (het)	**rovar**	[rovɒr]
vlinder (de)	**lepke**	[lɛpkɛ]
mier (de)	**hangya**	[hɒɲɟɒ]
vlieg (de)	**légy**	[le:ɟ]
mug (de)	**szúnyog**	[su:nøg]
kever (de)	**bogár**	[boga:r]
wesp (de)	**darázs**	[dɒra:ʒ]
bij (de)	**méh**	[me:h]
hommel (de)	**poszméh**	[posme:h]
horzel (de)	**bögöly**	[bøgøj]
spin (de)	**pók**	[po:k]
spinnenweb (het)	**pókháló**	[po:kha:lo:]
libel (de)	**szitakötő**	[sitɒkøtø:]
sprinkhaan (de)	**tücsök**	[tyʧøk]
nachtvlinder (de)	**pillangó**	[pillɒŋgo:]
kakkerlak (de)	**svábbogár**	[ʃva:bboga:r]
teek (de)	**kullancs**	[kullɒnʧ]
vlo (de)	**bolha**	[bolhɒ]
kriebelmug (de)	**muslica**	[muʃlitsɒ]
treksprinkhaan (de)	**sáska**	[ʃa:ʃkɒ]
slak (de)	**csiga**	[ʧigɒ]

krekel (de)	**tücsök**	[tytʃøk]
glimworm (de)	**szentjánosbogár**	[sɛntja:noʃboga:r]
lieveheersbeestje (het)	**katicabogár**	[kɒtitsɒboga:r]
meikever (de)	**cserebogár**	[tʃɛrɛboga:r]
bloedzuiger (de)	**pióca**	[pio:tsɒ]
rups (de)	**hernyó**	[hɛrnø:]
aardworm (de)	**kukac**	[kukɒts]
larve (de)	**lárva**	[la:rvɒ]

184. Dieren. Lichaamsdelen

snavel (de)	**csőr**	[tʃø:r]
vleugels (mv.)	**szárnyak**	[sa:rɲɒk]
poot (ov. een vogel)	**láb**	[la:b]
verenkleed (het)	**tollazat**	[tollɒzɒt]
veer (de)	**toll**	[toll]
kuifje (het)	**bóbita**	[bo:bitɒ]
kieuwen (mv.)	**kopoltyúk**	[kopolcu:k]
kuit, dril (de)	**halikra**	[hɒlikrɒ]
larve (de)	**lárva**	[la:rvɒ]
vin (de)	**uszony**	[usoɲ]
schubben (mv.)	**pikkely**	[pikkɛj]
slagtand (de)	**agyar**	[ɒɟor]
poot (bijv. ~ van een kat)	**mancs**	[mɒntʃ]
muil (de)	**pofa**	[pofɒ]
bek (mond van dieren)	**torok**	[torok]
staart (de)	**farok**	[fɒrok]
snorharen (mv.)	**bajusz**	[bɒjus]
hoef (de)	**pata**	[pɒtɒ]
hoorn (de)	**szarv**	[sɒrv]
schild (schildpad, enz.)	**páncél**	[pa:ntse:l]
schelp (de)	**kagyló**	[kɒɟlo:]
eierschaal (de)	**héj**	[he:j]
vacht (de)	**szőr**	[sø:r]
huid (de)	**bőr**	[bø:r]

185. Dieren. Leefomgevingen

leefgebied (het)	**lakókörnyezet**	[lɒko: kørnɛzɛt]
migratie (de)	**vándorlás**	[va:ndorla:ʃ]
berg (de)	**hegy**	[hɛɟ]
rif (het)	**szirt**	[sirt]
klip (de)	**szikla**	[siklɒ]
bos (het)	**erdő**	[ɛrdø:]
jungle (de)	**dzsungel**	[ʤuŋgɛl]

savanne (de)	**szavanna**	[sɒvɒnnɒ]
toendra (de)	**tundra**	[tundrɒ]
steppe (de)	**sztyepp**	[scɛpp]
woestijn (de)	**sivatag**	[ʃivɒtɒg]
oase (de)	**oázis**	[oa:ziʃ]
zee (de)	**tenger**	[tɛŋgɛr]
meer (het)	**tó**	[to:]
oceaan (de)	**óceán**	[o:tsɛa:n]
moeras (het)	**mocsár**	[motʃa:r]
zoetwater- (abn)	**édesvízi**	[e:dɛʃvi:zi]
vijver (de)	**tó**	[to:]
rivier (de)	**folyó**	[fojo:]
berenhol (het)	**medvebarlang**	[mɛdvɛ bɒrlɒŋg]
nest (het)	**fészek**	[fe:sɛk]
boom holte (de)	**odú**	[odu:]
hol (het)	**üreg**	[yrɛg]
mierenhoop (de)	**hangyaboly**	[hɒɲɟɒboj]

Flora

186. Bomen

boom (de)	**fa**	[fɒ]
loof- (abn)	**lombos**	[lomboʃ]
dennen- (abn)	**tűlevelű**	[ty:lɛvɛly:]
groenblijvend (bn)	**örökzöld**	[ørøgzøld]
appelboom (de)	**almafa**	[ɒlmɒfɒ]
perenboom (de)	**körte**	[kørtɛ]
zoete kers (de)	**cseresznyefa**	[ʧɛrɛsnɛfɒ]
zure kers (de)	**meggyfa**	[mɛɟfɒ]
pruimelaar (de)	**szilvafa**	[silvɒfɒ]
berk (de)	**nyírfa**	[ɲi:rfɒ]
eik (de)	**tölgy**	[tølɟ]
linde (de)	**hársfa**	[ha:rʃfɒ]
esp (de)	**rezgő nyár**	[rɛzgø: ɲa:r]
esdoorn (de)	**jávorfa**	[ja:vorfɒ]
spar (de)	**lucfenyő**	[lutsfɛɲø:]
den (de)	**erdei fenyő**	[ɛrdɛi fɛɲø:]
lariks (de)	**vörösfenyő**	[vørøʃfɛɲø:]
zilverspar (de)	**jegenyefenyő**	[jɛgɛnɛfɛɲø:]
ceder (de)	**cédrus**	[tse:druʃ]
populier (de)	**nyárfa**	[ɲa:rfɒ]
lijsterbes (de)	**berkenye**	[bɛrkɛnɛ]
wilg (de)	**fűzfa**	[fy:zfɒ]
els (de)	**égerfa**	[ɛge:rfɒ]
beuk (de)	**bükkfa**	[bykkfɒ]
iep (de)	**szilfa**	[silfɒ]
es (de)	**kőrisfa**	[kø:riʃfɒ]
kastanje (de)	**gesztenye**	[gɛstɛnɛ]
magnolia (de)	**magnólia**	[mɒgno:liɒ]
palm (de)	**pálma**	[pa:lmɒ]
cipres (de)	**ciprusfa**	[tsipruʃfɒ]
mangrove (de)	**mangrove**	[mɒŋgrov]
baobab (apenbroodboom)	**Majomkenyérfa**	[mɒjomkɛne:rfɒ]
eucalyptus (de)	**eukaliptusz**	[ɛukɒliptus]
mammoetboom (de)	**mamutfenyő**	[mɒmutfɛɲø:]

187. Heesters

struik (de)	**bokor**	[bokor]
heester (de)	**cserje**	[ʧɛrjɛ]

wijnstok (de)	**szőlő**	[sø:lø:]
wijngaard (de)	**szőlőskert**	[sø:lø:ʃkɛrt]
frambozenstruik (de)	**málna**	[ma:lnɒ]
rode bessenstruik (de)	**ribizli**	[ribizli]
kruisbessenstruik (de)	**egres**	[ɛgrɛʃ]
acacia (de)	**akácfa**	[ɒka:tsfɒ]
zuurbes (de)	**sóskaborbolya**	[ʃo:ʃkɒ borbojɒ]
jasmijn (de)	**jázmin**	[ja:zmin]
jeneverbes (de)	**boróka**	[boro:kɒ]
rozenstruik (de)	**rózsabokor**	[ro:ʒɒ bokor]
hondsroos (de)	**vadrózsa**	[vɒdro:ʒɒ]

188. Champignons

paddenstoel (de)	**gomba**	[gombɒ]
eetbare paddenstoel (de)	**ehető gomba**	[ɛhɛtø: gombɒ]
giftige paddenstoel (de)	**mérges gomba**	[me:rgɛʃ gombɒ]
hoed (de)	**kalap**	[kɒlɒp]
steel (de)	**tönk**	[tøŋk]
eekhoorntjesbrood (het)	**ízletes vargánya**	[i:zlɛtɛʃ vɒrga:ɲɒ]
rosse populierboleet (de)	**vörös érdesnyelű tinóru**	[vørøʃ e:rdɛʃɲɛly: tinoru:]
berkenboleet (de)	**barna érdestinóru**	[bɒrnɒ e:rdɛʃtino:ru]
cantharel (de)	**rókagomba**	[ro:kɒgombɒ]
russula (de)	**galambgomba**	[gɒlɒmbgombɒ]
morielje (de)	**kucsmagomba**	[kuʧmɒgombɒ]
vliegenzwam (de)	**légyölő gomba**	[le:ɟølø: gombɒ]
groene knolamaniet (de)	**mérges gomba**	[me:rgɛʃ gombɒ]

189. Vruchten. Bessen

appel (de)	**alma**	[ɒlmɒ]
peer (de)	**körte**	[kørtɛ]
pruim (de)	**szilva**	[silvɒ]
aardbei (de)	**eper**	[ɛpɛr]
zure kers (de)	**meggy**	[mɛdɟ]
zoete kers (de)	**cseresznye**	[ʧɛrɛsnɛ]
druif (de)	**szőlő**	[sø:lø:]
framboos (de)	**málna**	[ma:lnɒ]
zwarte bes (de)	**feketeribizli**	[fɛkɛtɛ ribizli]
rode bes (de)	**pirosribizli**	[piroʃribizli]
kruisbes (de)	**egres**	[ɛgrɛʃ]
veenbes (de)	**áfonya**	[a:foɲɒ]
sinaasappel (de)	**narancs**	[nɒrɒnʧ]
mandarijn (de)	**mandarin**	[mɒndɒrin]

ananas (de)	**ananász**	[ɒnɒna:s]
banaan (de)	**banán**	[bɒna:n]
dadel (de)	**datolya**	[dɒtojɒ]
citroen (de)	**citrom**	[tsitrom]
abrikoos (de)	**sárgabarack**	[ʃa:rgɒbɒrɒtsk]
perzik (de)	**őszibarack**	[ø:sibɒrɒtsk]
kiwi (de)	**kivi**	[kivi]
grapefruit (de)	**citrancs**	[tsitrɒnʧ]
bes (de)	**bogyó**	[boɟø:]
bessen (mv.)	**bogyók**	[boɟø:k]
vossenbes (de)	**vörös áfonya**	[vørøʃ a:foɲɒ]
bosaardbei (de)	**szamóca**	[sɒmo:tsɒ]
blauwe bosbes (de)	**fekete áfonya**	[fɛkɛtɛ a:foɲɒ]

190. Bloemen. Planten

bloem (de)	**virág**	[vira:g]
boeket (het)	**csokor**	[ʧokor]
roos (de)	**rózsa**	[ro:ʒɒ]
tulp (de)	**tulipán**	[tulipa:n]
anjer (de)	**szegfű**	[sɛgfy:]
gladiool (de)	**gladiólusz**	[glɒdio:lus]
korenbloem (de)	**búzavirág**	[bu:zɒvira:g]
klokje (het)	**harangvirág**	[hɒrɒŋgvira:g]
paardenbloem (de)	**pitypang**	[picpɒŋg]
kamille (de)	**kamilla**	[kɒmillɒ]
aloè (de)	**aloé**	[ɒloe:]
cactus (de)	**kaktusz**	[kɒktus]
ficus (de)	**gumifa**	[gumifɒ]
lelie (de)	**liliom**	[liliom]
geranium (de)	**muskátli**	[muʃka:tli]
hyacint (de)	**jácint**	[ja:tsint]
mimosa (de)	**mimóza**	[mimo:zɒ]
narcis (de)	**nárcisz**	[na:rtsis]
Oost-Indische kers (de)	**sarkantyúvirág**	[ʃɒrkɒɲcu:vira:g]
orchidee (de)	**orchidea**	[orhidɛɒ]
pioenroos (de)	**pünkösdi rózsa**	[pyŋkøʃdi ro:ʒɒ]
viooltje (het)	**ibolya**	[ibojɒ]
driekleurig viooltje (het)	**árvácska**	[a:rva:rʧkɒ]
vergeet-mij-nietje (het)	**nefelejcs**	[nɛfɛlɛjʧ]
madeliefje (het)	**százszorszép**	[sa:zsorse:p]
papaver (de)	**mák**	[ma:k]
hennep (de)	**kender**	[kɛndɛr]
munt (de)	**menta**	[mɛntɒ]

lelietje-van-dalen (het)	**gyöngyvirág**	[døɲɟvira:g]
sneeuwklokje (het)	**hóvirág**	[ho:vira:g]
brandnetel (de)	**csalán**	[ʧɒla:n]
veldzuring (de)	**sóska**	[ʃo:ʃkɒ]
waterlelie (de)	**tündérrózsa**	[tynde:rro:ʒɒ]
varen (de)	**páfrány**	[pa:fra:ɲ]
korstmos (het)	**sömör**	[ʃømør]
oranjerie (de)	**melegház**	[mɛlɛkha:z]
gazon (het)	**gyep**	[ɟɛp]
bloemperk (het)	**virágágy**	[vira:ga:ɟ]
plant (de)	**növény**	[nøve:ɲ]
gras (het)	**fű**	[fy:]
grasspriet (de)	**fűszál**	[fy:sa:l]
blad (het)	**levél**	[lɛve:l]
bloemblad (het)	**szirom**	[sirom]
stengel (de)	**szár**	[sa:r]
knol (de)	**gumó**	[gumo:]
scheut (de)	**hajtás**	[hɒjta:ʃ]
doorn (de)	**tüske**	[tyʃkɛ]
bloeien (ww)	**virágzik**	[vira:gzik]
verwelken (ww)	**elhervad**	[ɛlhɛrvɒd]
geur (de)	**illat**	[illɒt]
snijden (bijv. bloemen ~)	**lemetsz**	[lɛmɛts]
plukken (bloemen ~)	**leszakít**	[lɛsɒki:t]

191. Granen, graankorrels

graan (het)	**gabona**	[gɒbonɒ]
graangewassen (mv.)	**gabonanövény**	[gɒbonɒnøve:ɲ]
aar (de)	**kalász**	[kɒla:s]
tarwe (de)	**búza**	[bu:zɒ]
rogge (de)	**rozs**	[roʒ]
haver (de)	**zab**	[zɒb]
gierst (de)	**köles**	[kølɛʃ]
gerst (de)	**árpa**	[a:rpɒ]
maïs (de)	**kukorica**	[kukoritsɒ]
rijst (de)	**rizs**	[riʒ]
boekweit (de)	**hajdina**	[hɒjdinɒ]
erwt (de)	**borsó**	[borʃo:]
nierboon (de)	**bab**	[bɒb]
soja (de)	**szója**	[so:jɒ]
linze (de)	**lencse**	[lɛnʧɛ]
bonen (mv.)	**bab**	[bɒb]

REGIONALE AARDRIJKSKUNDE

Landen. Nationaliteiten

192. Politiek. Overheid. Deel 1

politiek (de)	**politika**	[politikɒ]
politiek (bn)	**politikai**	[politikɒi]
politicus (de)	**politikus**	[politikuʃ]
staat (land)	**állam**	[a:llɒm]
burger (de)	**állampolgár**	[a:llɒmpolga:r]
staatsburgerschap (het)	**állampolgárság**	[a:llɒmpolga:rʃa:g]
nationaal wapen (het)	**nemzeti címer**	[nɛmzɛti tsi:mɛr]
volkslied (het)	**állami himnusz**	[a:llɒmi himnus]
regering (de)	**kormány**	[korma:ɲ]
staatshoofd (het)	**államfő**	[a:llɒmfø:]
parlement (het)	**parlament**	[pɒrlɒmɛnt]
partij (de)	**párt**	[pa:rt]
kapitalisme (het)	**tőkés rendszer**	[tø:ke:ʃ rɛndsɛr]
kapitalistisch (bn)	**tőkés**	[tø:ke:ʃ]
socialisme (het)	**szocializmus**	[sotsiɒlizmuʃ]
socialistisch (bn)	**szocialista**	[sotsiɒliʃtɒ]
communisme (het)	**kommunizmus**	[kommunizmuʃ]
communistisch (bn)	**kommunista**	[kommuniʃtɒ]
communist (de)	**kommunista**	[kommuniʃtɒ]
democratie (de)	**demokrácia**	[dɛmokra:tsiɒ]
democraat (de)	**demokrata**	[dɛmokrɒtɒ]
democratisch (bn)	**demokratikus**	[dɛmokrɒtikuʃ]
democratische partij (de)	**demokrata párt**	[dɛmokrɒtɒ pa:rt]
liberaal (de)	**liberális párt tagja**	[libɛra:liʃ pa:rt tɒgjɒ]
liberaal (bn)	**liberális**	[libɛra:liʃ]
conservator (de)	**konzervatív párt tagja**	[konzɛrvɒti:v pa:rt tɒgjɒ]
conservatief (bn)	**konzervatív**	[konzɛrvɒti:v]
republiek (de)	**köztársaság**	[køsta:rʃɒʃa:g]
republikein (de)	**köztársaságpárti**	[køsta:rʃɒʃa:gpa:rti]
Republikeinse Partij (de)	**köztársaságpárt**	[køsta:rʃɒʃa:gpa:rt]
verkiezing (de)	**választások**	[va:lɒsta:ʃok]
kiezen (ww)	**választ**	[va:lɒst]

kiezer (de)	**választó**	[va:lɒsto:]
verkiezingscampagne (de)	**választási kampány**	[va:lɒsta:ʃi kɒmpa:ɲ]
stemming (de)	**szavazás**	[sɒvɒza:ʃ]
stemmen (ww)	**szavaz**	[sɒvɒz]
stemrecht (het)	**szavazási jog**	[sɒvɒza:ʃi jog]
kandidaat (de)	**jelölt**	[jɛlølt]
zich kandideren	**jelölteti magát**	[jɛløltɛti mɒga:t]
campagne (de)	**kampány**	[kɒmpa:ɲ]
oppositie- (abn)	**ellenzéki**	[ɛllɛnze:ki]
oppositie (de)	**ellenzék**	[ɛllɛnze:k]
bezoek (het)	**látogatás**	[la:togɒta:ʃ]
officieel bezoek (het)	**hivatalos látogatás**	[hivɒtɒloʃ la:togɒta:ʃ]
internationaal (bn)	**nemzetközi**	[nɛmzɛtkøzi]
onderhandelingen (mv.)	**tárgyalások**	[ta:rɟola:ʃok]
onderhandelen (ww)	**tárgyal**	[ta:rɟol]

193. Politiek. Overheid. Deel 2

maatschappij (de)	**társaság**	[ta:rʃɒʃa:g]
grondwet (de)	**alkotmány**	[ɒlkotma:ɲ]
macht (politieke ~)	**hatalom**	[hɒtɒlom]
corruptie (de)	**korrupció**	[korruptsio:]
wet (de)	**törvény**	[tørve:ɲ]
wettelijk (bn)	**törvényes**	[tørve:nɛʃ]
rechtvaardigheid (de)	**igazság**	[igɒʃa:g]
rechtvaardig (bn)	**igazságos**	[igɒʃa:goʃ]
comité (het)	**bizottság**	[bizottʃa:g]
wetsvoorstel (het)	**törvényjavaslat**	[tørve:ɲɒvɒʃlɒt]
begroting (de)	**költségvetés**	[køltʃe:gvɛte:ʃ]
beleid (het)	**politika**	[politikɒ]
hervorming (de)	**reform**	[rɛform]
radicaal (bn)	**radikális**	[rɒdika:liʃ]
macht (vermogen)	**hatalom**	[hɒtɒlom]
machtig (bn)	**hatalmos**	[hɒtɒlmoʃ]
aanhanger (de)	**hív**	[hi:v]
invloed (de)	**hatás**	[hɒta:ʃ]
regime (het)	**rendszer**	[rɛndsɛr]
conflict (het)	**konfliktus**	[konfliktuʃ]
samenzwering (de)	**összeesküvés**	[øssɛɛʃkyve:ʃ]
provocatie (de)	**provokáció**	[provoka:tsio:]
omverwerpen (ww)	**letaszít**	[lɛtɒsi:t]
omverwerping (de)	**letaszítás**	[lɛtɒsi:ta:ʃ]
revolutie (de)	**forradalom**	[forrɒdɒlom]

staatsgreep (de)	**államcsíny**	[a:llɒmtʃi:ɲ]
militaire coup (de)	**katonai puccs**	[kɒtonɒi putʃ]
crisis (de)	**válság**	[va:lʃa:g]
economische recessie (de)	**gazdasági hanyatlás**	[gɒzdɒʃa:gi hɒɲɒtla:ʃ]
betoger (de)	**felvonuló**	[fɛlvonulo:]
betoging (de)	**felvonulás**	[fɛlvonula:ʃ]
krijgswet (de)	**hadiállapot**	[hɒdia:llɒpot]
militaire basis (de)	**támaszpont**	[ta:mɒspont]
stabiliteit (de)	**szilárdság**	[sila:rdʃa:g]
stabiel (bn)	**szilárd**	[sila:rd]
uitbuiting (de)	**kizsákmányolás**	[kiʒa:kma:nøla:ʃ]
uitbuiten (ww)	**kizsákmányol**	[kiʒa:kma:nøl]
racisme (het)	**fajelmélet**	[fɒjɛlme:lɛt]
racist (de)	**fajvédő**	[fɒjve:dø:]
fascisme (het)	**fasizmus**	[fɒʃizmuʃ]
fascist (de)	**fasiszta**	[fɒʃistɒ]

194. Landen. Diversen

vreemdeling (de)	**külföldi**	[kylføldi]
buitenlands (bn)	**idegen**	[idɛgɛn]
in het buitenland (bw)	**külföldön**	[kylføldøn]
emigrant (de)	**emigráns**	[ɛmigra:nʃ]
emigratie (de)	**emigrálás**	[ɛmigra:la:ʃ]
emigreren (ww)	**emigrál**	[ɛmigra:l]
Westen (het)	**a Nyugat**	[ɒ ɲugɒt]
Oosten (het)	**a Kelet**	[ɒ kɛlɛt]
Verre Oosten (het)	**TávolKelet**	[ta:volkɛlɛt]
beschaving (de)	**civilizáció**	[tsiviliza:tsio:]
mensheid (de)	**emberiség**	[ɛmbɛriʃe:g]
wereld (de)	**világ**	[vila:g]
vrede (de)	**béke**	[be:kɛ]
wereld- (abn)	**világ**	[vila:g]
vaderland (het)	**haza**	[hɒzɒ]
volk (het)	**nép**	[ne:p]
bevolking (de)	**lakosság**	[lɒkoʃa:g]
mensen (mv.)	**emberek**	[ɛmbɛrɛk]
natie (de)	**nemzet**	[nɛmzɛt]
generatie (de)	**nemzedék**	[nɛmzɛde:k]
gebied (bijv. bezette ~en)	**terület**	[tɛrylɛt]
regio, streek (de)	**régió**	[re:gio:]
deelstaat (de)	**állam**	[a:llɒm]
traditie (de)	**hagyomány**	[hɒɟøma:ɲ]
gewoonte (de)	**szokás**	[soka:ʃ]

ecologie (de) **ökológia** [økolo:giɒ]
Indiaan (de) **indián** [india:n]
zigeuner (de) **cigány** [tsiga:ɲ]
zigeunerin (de) **cigány nő** [tsiga:ɲ nø:]
zigeuner- (abn) **cigány** [tsiga:ɲ]

rijk (het) **birodalom** [birodɒlom]
kolonie (de) **gyarmat** [ɟormɒt]
slavernij (de) **rabság** [rɒbʃa:g]
invasie (de) **invázió** [inva:zio:]
hongersnood (de) **éhség** [e:hʃe:g]

195. Grote religieuze groepen. Bekentenissen

religie (de) **vallás** [vɒlla:ʃ]
religieus (bn) **vallásos** [vɒlla:ʃoʃ]

geloof (het) **hit** [hit]
geloven (ww) **hisz** [his]
gelovige (de) **istenhívő** [iʃtɛnhi:vø:]

atheïsme (het) **ateizmus** [ɒtɛizmuʃ]
atheïst (de) **ateista** [ɒtɛiʃtɒ]

christendom (het) **kereszténység** [kɛrɛste:ɲʃe:g]
christen (de) **keresztény** [kɛrɛste:ɲ]
christelijk (bn) **keresztény** [kɛrɛste:ɲ]

katholicisme (het) **katolicizmus** [kɒtolitsizmuʃ]
katholiek (de) **katolikus** [kɒtolikuʃ]
katholiek (bn) **katolikus** [kɒtolikuʃ]

protestantisme (het) **protestantizmus** [protɛʃtɒntizmuʃ]
Protestante Kerk (de) **protestáns egyház** [protɛsta:nʃ ɛɟha:z]
protestant (de) **protestáns** [protɛsta:nʃ]

orthodoxie (de) **igazhitűség** [igɒzhity:se:g]
Orthodoxe Kerk (de) **ortodox egyház** [ortodoks ɛcha:z]
orthodox **ortodox** [ortodoks]

presbyterianisme (het) **presbiteriánus egyház** [prɛʃbitɛria:nuʃ ɛɟha:z]
Presbyteriaanse Kerk (de) **presbiteriánus egyház** [prɛʃbitɛria:nuʃ ɛɟha:z]
presbyteriaan (de) **presbiteriánus** [prɛʃbitɛria:nuʃ]

lutheranisme (het) **lutheránus egyház** [lutɛra:nuʃ ɛɟha:z]
lutheraan (de) **lutheránus** [lutɛra:nuʃ]

baptisme (het) **baptizmus** [bɒptizmuʃ]
baptist (de) **baptista** [bɒptiʃtɒ]

Anglicaanse Kerk (de) **anglikán egyház** [ɒŋglika:n ɛɟha:z]
anglicaan (de) **anglikán** [ɒŋglika:n]
mormonisme (het) **mormon vallás** [mormon vɒlla:ʃ]
mormoon (de) **mormon** [mormon]

Jodendom (het)	**judaizmus**	[judɒizmuʃ]
jood (aanhanger van het Jodendom)	**zsidó férfi**	[ʒido: fe:rfi]
boeddhisme (het)	**buddhizmus**	[buddizmuʃ]
boeddhist (de)	**buddhista**	[buddiʃtɒ]
hindoeïsme (het)	**hinduizmus**	[hinduizmuʃ]
hindoe (de)	**hinduista**	[induiʃtɒ]
islam (de)	**iszlám**	[isla:m]
islamiet (de)	**muzulmán**	[muzulma:n]
islamitisch (bn)	**muzulmán**	[muzulma:n]
sjiisme (het)	**síita vallás**	[ʃi:itɒ vɒlla:ʃ]
sjiiet (de)	**síita hívő**	[ʃi:itɒ hi:vø:]
soennisme (het)	**szunnita vallás**	[sunnitɒ vɒlla:ʃ]
soenniet (de)	**szunnita**	[sunnitɒ]

196. Religies. Priesters

priester (de)	**pap**	[pɒp]
paus (de)	**a római pápa**	[ɒ ro:mɒi pa:pɒ]
monnik (de)	**barát**	[bɒra:t]
non (de)	**apáca**	[ɒpa:tsɒ]
pastoor (de)	**lelki pásztor**	[lɛlki pa:stor]
abt (de)	**apát**	[ɒpa:t]
vicaris (de)	**vikárius**	[vika:riuʃ]
bisschop (de)	**püspök**	[pyʃpøk]
kardinaal (de)	**bíboros**	[bi:boroʃ]
predikant (de)	**prédikátor**	[pre:dika:tor]
preek (de)	**prédikáció**	[pre:dika:tsio:]
kerkgangers (mv.)	**parókia**	[pɒro:kiɒ]
gelovige (de)	**istenhívő**	[iʃtɛnhi:vø:]
atheïst (de)	**ateista**	[ɒtɛiʃtɒ]

197. Geloof. Christendom. Islam

Adam	**Ádám**	[a:da:m]
Eva	**Éva**	[e:vɒ]
God (de)	**Isten**	[iʃtɛn]
Heer (de)	**Úr**	[u:r]
Almachtige (de)	**Mindenható**	[mindɛnhɒto:]
zonde (de)	**bűn**	[by:n]
zondigen (ww)	**bűnt követ el**	[by:nt køvɛt ɛl]

zondaar (de)	**bűnös**	[by:nøʃ]
zondares (de)	**bűnös nő**	[by:nøʃ nø:]
hel (de)	**pokol**	[pokol]
paradijs (het)	**paradicsom**	[pɒrɒdiʧom]
Jezus	**Jézus**	[je:zuʃ]
Jezus Christus	**Jézus Krisztus**	[je:zuʃ kristuʃ]
Heilige Geest (de)	**szentlélek**	[sɛntle:lɛk]
Verlosser (de)	**Megváltó**	[mɛgva:lto:]
Maagd Maria (de)	**Szűzanya**	[sy:zɒɲɒ]
duivel (de)	**ördög**	[ørdøg]
duivels (bn)	**ördögi**	[ørdøgi]
Satan	**sátán**	[ʃa:ta:n]
satanisch (bn)	**sátáni**	[ʃa:ta:ni]
engel (de)	**angyal**	[ɒɲɟɒl]
beschermengel (de)	**őrangyal**	[ø:rɒɲɟɒl]
engelachtig (bn)	**angyali**	[ɒɲɟɒli]
apostel (de)	**apostol**	[ɒpoʃtol]
aartsengel (de)	**arkangyal**	[ɒrkɒɲɟɒl]
antichrist (de)	**Antikrisztus**	[ɒntikristuʃ]
Kerk (de)	**Egyház**	[ɛɟha:z]
bijbel (de)	**Biblia**	[bibliɒ]
bijbels (bn)	**bibliai**	[bibliɒi]
Oude Testament (het)	**Ószövetség**	[o:søvɛʧe:g]
Nieuwe Testament (het)	**Újszövetség**	[u:jsøvɛʧe:g]
evangelie (het)	**evangélium**	[ɛvɒŋge:lium]
Heilige Schrift (de)	**szentírás**	[sɛnti:ra:ʃ]
Hemel, Hemelrijk (de)	**mennyország**	[mɛɲɲorsa:g]
gebod (het)	**parancs**	[pɒrɒnʧ]
profeet (de)	**próféta**	[pro:fe:tɒ]
profetie (de)	**jóslat**	[jo:ʃlɒt]
Allah	**Allah**	[ɒllɒh]
Mohammed	**Mohamed**	[mohɒme:d]
Koran (de)	**Korán**	[kora:n]
moskee (de)	**mecset**	[mɛʧɛt]
moellah (de)	**mullah**	[mullɒ]
gebed (het)	**ima**	[imɒ]
bidden (ww)	**imádkozik**	[ima:dkozik]
pelgrimstocht (de)	**zarándoklat**	[zɒra:ndoklɒt]
pelgrim (de)	**zarándok**	[zɒra:ndok]
Mekka	**Mekka**	[mɛkkɒ]
kerk (de)	**templom**	[tɛmplom]
tempel (de)	**templom**	[tɛmplom]
kathedraal (de)	**székesegyház**	[se:kɛʃɛɟha:z]

gotisch (bn)	**gótikus**	[go:tikuʃ]
synagoge (de)	**zsinagóga**	[ʒinɒgo:gɒ]
moskee (de)	**mecset**	[mɛʧɛt]
kapel (de)	**kápolna**	[ka:polnɒ]
abdij (de)	**apátság**	[ɒpa:ʧa:g]
nonnenklooster (het)	**zárda**	[za:rdɒ]
mannenklooster (het)	**kolostor**	[kolostor]
klok (de)	**harang**	[hɒrɒŋg]
klokkentoren (de)	**harangtorony**	[hɒrɒŋktoroɲ]
luiden (klokken)	**cseng**	[ʧɛŋg]
kruis (het)	**kereszt**	[kɛrɛst]
koepel (de)	**kupola**	[kupolɒ]
icoon (de)	**ikon**	[ikon]
ziel (de)	**lélek**	[le:lɛk]
lot, noodlot (het)	**sors**	[ʃorʃ]
kwaad (het)	**gonosz**	[gonos]
goed (het)	**jó**	[jo:]
vampier (de)	**vámpír**	[va:mpi:r]
heks (de)	**boszorkány**	[bosorka:ɲ]
demoon (de)	**démon**	[de:mon]
geest (de)	**lélek**	[le:lɛk]
verzoeningsleer (de)	**levezeklés**	[lɛvɛzɛkle:ʃ]
vrijkopen (ww)	**levezekel**	[lɛvɛzɛkɛl]
mis (de)	**istentisztelet**	[iʃtɛntistɛlɛt]
de mis opdragen	**celebrál**	[tsɛlɛbra:l]
biecht (de)	**gyónás**	[ɟø:na:ʃ]
biechten (ww)	**gyón**	[ɟø:n]
heilige (de)	**szent**	[sɛnt]
heilig (bn)	**szent**	[sɛnt]
wijwater (het)	**szenteltvíz**	[sɛntɛltvi:z]
ritueel (het)	**rítus**	[ri:tuʃ]
ritueel (bn)	**rituális**	[ritua:liʃ]
offerande (de)	**áldozati szertartás**	[a:ldozɒti sɛrtɒrta:ʃ]
bijgeloof (het)	**babona**	[bɒbonɒ]
bijgelovig (bn)	**babonás**	[bɒbona:ʃ]
hiernamaals (het)	**túlvilág**	[tu:lvila:g]
eeuwige leven (het)	**örökélet**	[ørøke:lɛt]

DIVERSEN

198. Diverse nuttige woorden

achtergrond (de)	**háttér**	[ha:tte:r]
balans (de)	**mérleg**	[me:rlɛg]
basis (de)	**alap**	[ɒlɒp]
begin (het)	**kezdet**	[kɛzdɛt]
beurt (wie is aan de ~?)	**sor**	[ʃor]
categorie (de)	**kategória**	[kɒtɛgo:riɒ]
comfortabel (~ bed, enz.)	**kényelmes**	[ke:nɛlmɛʃ]
compensatie (de)	**térítés**	[te:ri:te:ʃ]
deel (gedeelte)	**rész**	[re:s]
deeltje (het)	**részecske**	[re:sɛʧkɛ]
ding (object, voorwerp)	**holmi**	[holmi]
dringend (bn, urgent)	**sürgős**	[ʃyrgø:ʃ]
dringend (bw, met spoed)	**sürgősen**	[ʃyrgø:ʃɛn]
effect (het)	**hatás**	[hɒta:ʃ]
eigenschap (kwaliteit)	**sajátosság**	[ʃɒja:toʃa:g]
einde (het)	**vég**	[ve:g]
element (het)	**elem**	[ɛlɛm]
feit (het)	**tény**	[te:ɲ]
fout (de)	**hiba**	[hibɒ]
geheim (het)	**titok**	[titok]
graad (mate)	**fokozat**	[fokozɒt]
groei (ontwikkeling)	**növekedés**	[nøvɛkɛde:ʃ]
hindernis (de)	**akadály**	[ɒkɒda:j]
hinderpaal (de)	**akadály**	[ɒkɒda:j]
hulp (de)	**segítség**	[ʃɛgi:ʧe:g]
ideaal (het)	**eszménykép**	[ɛsme:ɲke:p]
inspanning (de)	**erűfeszítés**	[ɛrø:fɛsi:te:ʃ]
keuze (een grote ~)	**választás**	[va:lɒsta:ʃ]
labyrint (het)	**labirintus**	[lɒbirintuʃ]
manier (de)	**módszer**	[mo:dsɛr]
moment (het)	**pillanat**	[pillɒnɒt]
nut (bruikbaarheid)	**haszon**	[hɒson]
onderscheid (het)	**különbség**	[kylønbʃe:g]
ontwikkeling (de)	**fejlűdés**	[fɛjlø:de:ʃ]
oplossing (de)	**megoldás**	[mɛgolda:ʃ]
origineel (het)	**az eredeti**	[ɒz ɛrɛdɛti]
pauze (de)	**szünet**	[synɛt]
positie (de)	**helyzet**	[hɛjzɛt]
principe (het)	**elv**	[ɛlv]

probleem (het)	**probléma**	[proble:mɒ]
proces (het)	**folyamat**	[fojɒmɒt]
reactie (de)	**reakció**	[rɛɒktsio:]
reden (om ~ van)	**ok**	[ok]
risico (het)	**kockázat**	[kotska:zɒt]
samenvallen (het)	**egybeesés**	[ɛɟbɛɛʃe:ʃ]
serie (de)	**sorozat**	[ʃorozɒt]
situatie (de)	**helyzet**	[hɛjzɛt]
soort (bijv. ~ sport)	**fajta**	[fɒjtɒ]
standaard (bn)	**szabványos**	[sɒbva:nøʃ]
standaard (de)	**szabvány**	[sɒbva:ɲ]
stijl (de)	**stílus**	[ʃti:luʃ]
stop (korte onderbreking)	**szünet**	[synɛt]
systeem (het)	**rendszer**	[rɛndsɛr]
tabel (bijv. ~ van Mendelejev)	**táblázat**	[ta:bla:zɒt]
tempo (langzaam ~)	**tempó**	[tɛmpo:]
term (medische ~en)	**szakkifejezés**	[sɒkkifɛjɛze:ʃ]
type (soort)	**típus**	[ti:puʃ]
variant (de)	**változat**	[va:ltozɒt]
veelvuldig (bn)	**gyakori**	[ɟokori]
vergelijking (de)	**összehasonlítás**	[øssɛhɒʃonli:ta:ʃ]
voorbeeld (het goede ~)	**példa**	[pe:ldɒ]
voortgang (de)	**haladás**	[hɒlɒda:ʃ]
voorwerp (ding)	**tárgy**	[ta:rɟ]
vorm (uiterlijke ~)	**forma**	[formɒ]
waarheid (de)	**igazság**	[igɒʃa:g]
zone (de)	**övezet**	[øvɛzɛt]

www.ingramcontent.com/pod-product-compliance
Lightning Source LLC
LaVergne TN
LVHW051310080426
835509LV00020B/3207

* 9 7 8 1 7 8 4 9 2 3 0 4 4 *